イギリス重商主義と
ウィリアム・ペティ

近代的租税論の先駆

吉田克己

八千代出版

はしがき

　経済学において、重商主義をめぐる議論は、伝統的に経済史あるいは経済学説史の領域で主に取りあげられてきた。20世紀末以降には、「経済のグローバル化」と「社会の高度情報化」が急速に進展する中で、重商主義についての関心が一層強まり、その見直しが進められてきた。そうした中で、17世紀イギリスのウィリアム・ペティは、経済学説史上において、これまで独自の位置評価を受けてきた。

　本書は、イギリス重商主義研究、あるいはペティにおける科学としての租税論の形成とその意義を明らかにしようとする、広い意味におけるペティ研究の一環をなすものである。その場合に、ペティの著作に直接取り組むことを通して、当時におけるイギリスの政治、経済、社会および国際関係などの現実的背景との関連から論じることに意を注いだ。周知のように、ペティは、17世紀のイギリス重商主義期を代表する財政経済論者で、その多面的かつ旺盛な著述活動は、まさに西欧近代の黎明を告げるものであった。本書において、ペティの租税論を論じる理由は、資本主義における租税をめぐる主要な問題がかれによって提起され、かつなんらかの形態をもって一応の解答を与えられたといえるからである。今日における租税をめぐる多くの議論は、おおむねペティにおいてその淵源をもち、また原型を与えられたといってよい。

　いうまでもなく、このようなペティの租税論について論じる場合には、当然にそれと密接な関連をもつかれの財政経済全体についての所論の解明を必要とする。このことを前提として、はじめてかれの租税論の内容を正しく捉えることができるものと思われる。しかし、こうしたペティの財政経済論を総体として論じることは、浅学非才な私の能力を超えている。そこで、本書では、ペティの租税論に限定して論じることとした。しかし、租税論だけにしぼっても、かれの論点は多岐にわたっており、本書でかれの租税論全体を

十分に論じきっているとはいいがたい。それでも、ペティの展開した租税論の基本的枠組みと特質だけは描き出すことができるように努めたつもりである。

　本書の大部分は、これまで著者が書き溜めてきたペティにかかわる論稿を一冊にまとめたものである。本書のもとになった論稿は以下の通りであるが、それらが書かれた時期にはかなりの時間的ズレがあり、また重複する部分が含まれているので、本書の取りまとめに当たっては、序章、第2章および終章の新稿は別として、それらに部分的に修正を加え、若干の追加や組み替えも行った。しかし、基本的には、できうるかぎり旧稿をそのままに再録する方針をとった。

　(1)「ペティの公共経費理論」(日本大学文理学部〔三島〕『研究年報』第 22 集、1974 年 1 月)

　(2)「ペティの租税原則について」(同上、第 23 集、1975 年 1 月)

　(3)「イギリス重商主義における内国消費税について」(同上、第 24 集、1976 年 1 月)

　(4)「ペティにおける地租と家屋税および特権収入論」(同上、第 25 集、1977 年 2 月)

　(5)「租税と国家―ペティの現実的租税論をめぐって―」(岩波書店『思想』第 741 号、1986 年 3 月)

　(6)「イギリス重商主義の公債論 (1) ―W. ペティを中心として―」(日本大学国際関係学部『国際関係研究』第 12 巻第 1 号、1991 年 10 月)

　(7)「ペティ財政経済論の評価―国際的展開の中で―」(同上、第 16 巻第 2 号、1995 年 12 月)

　(8)「ペティ租税論の構造と特質」(日本大学短期大学部〔三島〕『研究年報』第 8 集、1996 年 2 月)

　(9)「ペティ財政経済論の方法的特徴」(日本大学法学部『政経研究』第 33 巻第 1 号、1996 年 4 月)

　(10)「ペティ租税論の背景―イギリス 17 世紀の財政収入制度を中心に―」

（日本大学国際関係学部『研究年報』第29集、2008年3月）
(11)「ペティ租税論における方法的基礎―『政治算術』の考案に対する先駆的貢献者を中心に―」（同上、第30集、2009年2月）
(12)「ウィリアム・ペティの政治算術―社会科学への適用を中心に―」（同上、第31集、2010年2月）

　本来、より望ましいのは全体を再編して書き下ろしにすることである。ましてや、ペティ研究について、いまなお新たに精緻な研究成果が付け加えられていることを考えると、旧稿の寄せ集めからいくらも踏み出していないこの書のごとき本を上梓することに忸怩たるものすら覚える。本書をあえてこのような形で公刊することにしたのは、ペティによって展開された租税論の全体像の究明を目指して著者の今後の研究をさらに一歩進めるために、これまでの研究を、あくまでも過度的なものであるけれども、ひとまずまとめておきたいと考えたからにほかならない。

　本書は未熟で不満足な研究成果ではあるが、著者は、これまでの研究過程において多くの人々の御教示と御協力を得ることができたことに心から感謝しなければならない。著者が租税財政の研究領域に足を踏み入れることになったのは、日本大学において故小林幾次郎先生のゼミナールに所属することが許され、さらに大学院での研究へと導いていただいたことによる。同じく日本大学の故大淵利男先生には、イギリス重商主義期の租税財政論研究へと誘っていただき、長年にわたって御指導を賜った。まずは、両恩師の示してくださった厳しくも温かい御指導に感謝申し上げるとともに、本書の内容が御二人の期待に添えないものであることに対してお詫び申し上げたい。故井手文雄先生と故杉山忠平先生には、租税財政論における学説史・思想史的研究関心の重要性と、その場合に求められる厳しい学問態度について御教示いただいた。山﨑怜先生には1995年12月に岡山大学で開催された日本財政学会第52回大会において、著者の拙い研究発表の討論者を務めていただき、鋭い批判と有益なコメントを多く頂戴した。また、その後も、山﨑先生には

変わることなく研究の進行について励ましのお言葉をいただいている。以上にお名前を挙げた方々に、直接教えを乞うことができたことは、著者にとって望外の喜びである。また、心からのお礼を申し上げる。その他、ここに逐一お名前を挙げることのできない多くの方々から受けた御恩は計り知れない。ここに記して感謝を申し上げたい。

　最後になったが、本書刊行の機会を与えてくださった八千代出版社長の大野俊郎氏に対して、深く感謝申し上げたい。研究書の出版事情がきわめて困難な状況の中で、このような著書を公刊することができたのは、ひとえに大野氏のご尽力によるものである。また、面倒な原稿の整理と校正に当たっていただいた深浦美代子氏にも、感謝の意を表したい。

　なお、本書の中に多くの不備と誤りのあることが懸念される。それはすべて著者の責任であり、大方の叱正を得て、今後漸次改善を加えていきたい。

　　2012 年 5 月

　　　　　　　　　　　　　　　　　　　　　　　　　　吉田　克己

目　次

はしがき　i

序　章　イギリス重商主義の政策と思想 _____ 1
　第1節　重商主義の生成と本質　1
　第2節　イギリス重商主義の政策―国庫政策的性格―　5
　第3節　イギリス重商主義経済思想の系譜　15
　第4節　イギリス重商主義期経済論の課題　20

第1章　ペティの学問的活動と評価 _____ 37
　第1節　主要な著作　37
　第2節　学問的評価　42

第2章　ペティ租税論の時代的背景 _____ 51
　第1節　イギリス経済の動向と重商主義の変容　51
　第2節　イギリス政治の動向―課税権をめぐる対立―　59
　第3節　イギリスを取り巻く国際情勢　67

第3章　イギリス重商主義期の財政収入体系 _____ 87
　第1節　絶対王政期の財政収入形態　87
　第2節　市民革命と近代的租税の導入　94

第4章　ペティ租税論の課題 _____ 113
　第1節　『租税および貢納論』の構成と特徴　113
　第2節　『賢者一言』の構成と特徴　119

第5章　ペティ租税論の方法―政治算術― _____ 125
　第1節　政治算術の確立とその内容　125
　第2節　政治算術の意義　140

第6章　公共経費の再検討—租税制度改革の前提— _____ 155
　第1節　公共経費の種類—国家の諸機能—　155
　第2節　公共経費の節減—安価な政府の要請—　158

第7章　税外収入論—租税国家の要請— _____ 165
　第1節　中世的・封建的特権収入論　165
　第2節　公債収入論　170

第8章　租税収入論(1)—基本的原理— _____ 179
　第1節　租税根拠論　179
　第2節　租税原則論　183
　第3節　租税体系の再検討　190

第9章　租税収入論(2)—内国消費税の推奨— _____ 203
　第1節　内国消費税の負担公平論　203
　第2節　内国消費税の経済的作用論　206
　第3節　内国消費税の構造　210

第10章　『賢者一言』における戦時租税論 _____ 219
　第1節　戦費調達における租税主義　219
　第2節　内国消費税絶対主義の修正　223

終　章　ペティ租税論の歴史的意義 _____ 227

参 考 文 献　237
人 名 索 引　263
事 項 索 引　266

序　章　イギリス重商主義の政策と思想

第1節　重商主義の生成と本質

　15世紀末ないし16世紀初頭から18世紀の60、70年代までの、西ヨーロッパ諸国の経済政策とその基礎をなすところの経済的な見解は、経済学説史あるいは経済史のうえで、重商主義（Mercantilism, mercantile system, commercial system）と呼ばれている。この重商主義と呼ばれる時代は、経済学説史ではフランスの重農主義（Physiocracy, Physiocrate）やイギリスの古典学派（Classical School）に先立つ段階、経済史では資本主義の形成期、政治史では近代的統一国家の形成期に当たる。さらに、これを思想史上の時期という点から見ると、近代自然法思想の展開として示される。

　ヨーロッパでは、中世の終わりから近世のはじめにかけて、政治の方面において重大な変化が起きた。すなわち、中央集権的な近世国家の建設である。15世紀に入って、まずイギリスとフランスに、中央権力の下に整備された行政と立法組織を備えた強大な統一国家が建設された。同じような展開は、やや遅れて、スペイン、ポルトガル、オランダなどにも見られた。近世的な国家の実を備えた政治組織は、貨幣経済が最も早く発達した中世のイタリアにも見られた。ドイツにおいては、ついに19世紀まで統一的な民族国家は成立しえなかった。しかし、その代わりに、一層強大な封建君主が15世紀以来着々とその領土内の都市を制圧して、一層広い基盤に立って独自の政策を実行しうるようになった。これらの国家権力は、16世紀と17世紀に入って、宗教改革やその他の出来事によって著しく強固なものとなり、また至るところで専制国家の形態をとるようになった[1]。このように、封建制度を崩

壊させ、近世国家を成立させるに至った経済的要因は、人口の増加と交易の発展であった。商業が発達し、交易が盛んとなると、封建的孤立主義は障害と考えられるに至り、一層広い経済的領域が求められるのは当然であった。とくに外国貿易が行われる場合に、これを安全なものとするためには、強力な政治的背景をもつことが何よりも重要なことであった。こうして、新興市民階級、とくに商業資本家にとって強力な中央集権的統一国家が出現することは最も望ましいことであったのである[2]。また、他方において、専制的中央政府は、種々の封建的残存勢力を抑圧し、外国との競争に勝ち抜くために、多くの専門的な官僚や強大な兵力を維持しなければならなかった。そのためには、莫大な経費を必要としたが、もはや君主の私財もしくは土地収入によって、これを賄うことは困難な状況となっていた。そこで政府は、これを租税または公債により、貨幣収入として国民一般から調達しなければならなかったのである。そして、この貨幣的経費をもっぱら負担した者は新興市民階級であった。こうして、新興市民階級はその発展のために統一国家の強固化を必要とし、統一国家はまたその完成のために新興市民階級に依存するところがきわめて大であったのである[3]。

他方において、15世紀末以降におけるコロンブス（Cristoforo Colombo）のアメリカ新大陸発見（1492年）、ヴァスコ・ダ・ガマ（Vasco da Gama）の喜望峰を経由する東インド航路の開拓（1498年）、マゼラン（Ferdinand Magellan）による世界周航（1519-1521年）などが、ヨーロッパ近世経済の生誕とその発展に対して大きな影響を与えた。アダム・スミス（Adam Smith）は、これら地理上の発見について、「アメリカの発見や、そこへの植民は、だれしも容易にみとめるであろうように、まず第1に、それと直接に貿易するすべての国々、たとえばスペイン、ポルトガル、フランス、イングランドのような国々の産業の発達に寄与したし、また第2に、それと直接には貿易しないが、他の国々を媒介として、そこへ自国の生産する財貨を送るすべての国々、たとえばオーストリア領フランダーズやドイツの若干の地方のように、前述の国々を媒介として、そこへ相当量の亜麻布その他の財貨を送る国々の産業の

発達にも寄与した」[4]と述べている。また、マルクス（Karl Marx）も、「16世紀および17世紀においては、地理上の諸発見に伴って商業において起こり、商人資本の発展を急速に進めた諸大革命が、封建的生産様式の資本主義的生産様式への移行の促進で一つの主要契機をなしているということには、疑問の余地がない。……世界市場の突然の拡大、流通する商品の幾層倍化」[5]と述べている。

　こうして、先におけるような地理上の諸発見は、ヨーロッパ経済の世界への拡大の第1段階を画したのであって、それが一般に商業革命（commercial revolution）と呼ばれるものである。しかし、それは単に商業だけの範囲に影響を及ぼしたのではなく、それを媒介として、漸次成熟しつつあった資本主義成立のための諸条件を有機的に結合させることになったのである。さらにまた、ヨーロッパ諸国は元来地理的・自然的な条件を異にしていたのであるが、地理上の発見は、経済的に一層特殊性を増大させることになった。すなわち、ヨーロッパの国際通商の中心を地中海域ないしバルト海域から、大西洋沿岸地域あるいはアジア地域に移動させた。この新大陸、アジア貿易の発展を受けて、産業的により発展した国から商品が輸出され、またそれらの国々では原料が輸入され、それにともなって資本主義的生産様式の発現と商業市場・外国貿易の拡大発展は、自国内に貴金属の産出のなかった諸国における貨幣的な富の重要な源泉となった[6]。これによって、ヨーロッパの各国の国際通商戦において占める地位が、徐々に、しかし確実に変わっていった。その結果、重商主義時代における解決すべき経済問題についても、ヨーロッパの諸国はそれぞれ異なった立場や利害関係に置かれることになった。そのため、諸国家は、平時においてさえ互いに対抗し、またたびたび戦火を交えるような状態となった。まさに、富を追求する国家的利己主義がたえず「戦争を誘発する」（promote war）[7]という、「重商主義の悲劇」（tragedy of mercantilism）[8]が惹起されたのである。このような状況下においては、専制国家はいずれもその内にもつあらゆる力を糾合し、外に向かってはその政治的な独立を維持し、さらにその政治的な権力を伸張しようとしたことは当然であ

った。そこに醸し出されたものは、小規模ではあるが、非常に攻撃的な色彩をもった国民主義の風潮であった。このような風潮は、必然的に、国家の内にある一切の経済的な力をそのような政治的な目的の下に服属させて効果的に経済政策を行うこととなった[9]。こうして、各国の重商主義は、その国の経済的・政治的構造などの差異によって、特殊性を示すことになる[10]。

　すでに広大な植民地を所有していたスペインとポルトガルにおいては、重商主義をもっぱらに植民政策に適用し、イタリアとオランダはもっぱらこれを海運と中継貿易とに応用した。イギリスは、おおむねオランダに倣って、海運、貿易に対する法律的統制という形でこれを実行した。フランスでは、貿易における有利な差額を獲得する手段として、もっぱら国内における輸出産業への保護助成が強調され、いわゆるコルベール主義（Colbertisme）の実現となったのである。ドイツにあっては、経済的後進性からの脱却を目標として、フランスに倣い、国内産業の保護育成に努めた[11]。しかし、これら各国における重商主義には、その本質とも見るべき、顕著な共通的性質を見出すことができる。重商主義の一般的な特徴を要約すれば、第1に、金銀等の貴金属をきわめて重要視したことである。商業が発達し、貨幣経済が確立するにともなって、貨幣を所有することは富を所有することであると考えられるに至った。しかも、信用制度の未発達な当時においては、金銀こそが唯一の貨幣素材であったため、金銀の獲得をもって富の獲得であるとされ、国家を富強ならしめる最良の方法であると思考されたのである。第2は、金銀獲得の方法については、自国領土内に豊富な金銀鉱山を所有する国を除いては、これを外国貿易の有利な差額に依存しなければならなかった。すなわち、できうるかぎりの輸出を増加し、輸入を制限または禁止することによって、プラスの貿易差額（balance of trade）を維持し、その貿易差額を金銀によって受けとろうとしたのである。第3には、これを実現させるために、海上権を確保し、貿易上の地位を強固にするとともに、国内産業、とくに輸出産業を振興させる必要があった。そこで、各国は、あらゆる手段を動員して外国貿易を助成し、国内産業の保護育成を行ったのである。また、人口問題につい

ても、人口の稠密であることをもって国家を富強ならしめる要因であると考えられたが、これもようするに労働力の大であることが、国内産業の発達を可能ならしめる重要な要素であると考えられたからにほかならない。第4は、国家を富裕ならしめるための前記のような手段は、国家自身の手によって行われなければならないと信じられていたことである。すなわち、国家の強力な統制力によってのみ、国内産業を振興させ、貿易を有利にし、金銀の国内への流入を可能にすることができると考えられた。この意味において、重商主義は、国民的意識を強く反映した国家主義であり、強力な経済的統制主義であったといってよい[12]。

第2節　イギリス重商主義の政策—国庫政策的性格—

　重商主義は、世界史的には多少の時代的順序をもって、スペイン、オランダ、フランス、イギリスおよびドイツに見られたのであるが、その政策が最も成功を収めたのはイギリスにおいてであった[13]。イギリスにおいて、重商主義の経済政策が支配した時期は、大体、1485年のテューダー絶対王政の成立期から、17世紀の内乱や名誉革命などの市民革命をへて、18世紀60、70年代の産業革命開始期に至る時期である[14]。とりわけ、16世紀後半から18世紀中葉ごろまでが支配的な時期であったといってよい。この時期は、いうまでもなく、中世封建社会から資本主義社会への移行期であり、むしろ資本主義の生成期であった。なお、この時期のはじめには、貨幣としての金銀を極度に重視し、それの流入を確保するために個々の取引について出超を図り、海外への流出を防止して国内に蓄蔵することを目的とした、いわゆる重金政策がとられた。この政策は、その背景をなす経済的諸関係の変化と貿易関係の発展につれて、17世紀中葉あたりからは、個々の国との貿易は比較的自由に行うことを許すが、総貿易の出超を確保するために輸出を増大し、輸入を抑制しようとする、貿易差額政策に転換された。さらに、17世紀後半以後になると、国内の初期産業資本の成長が多少とも政治に反映されるこ

ととなり、1688年の名誉革命後には、重商主義の政策はより一般的・間接的性格をもつものとなり、関税その他の一般的な貿易政策を通して、国内産業の保護育成を図ることに重点が置かれる産業保護政策へと移った[15]。ごく一般的に、広い意味で重商主義の経済政策という場合には、これら重金政策、貿易差額政策、産業保護政策のすべてを総括的に指している[16]。

　また、市民革命を境にして、イギリスの重商主義政策の主体は、絶対主義を主体とするものから議会を主体とするそれへと変容し、かなり異なった性格を示すものとなった。そこで、市民革命以前における重商主義は前期重商主義 (early mercantilism)、以後におけるそれは後期重商主義 (later mercantilism) として区別されることになる。また、前期の重商主義は絶対主義的重商主義あるいは王室重商主義 (royal mercantilism)、後期の重商主義は議会的重商主義 (parliamentary mercantilism) と呼ばれている[17]。

　概して、重商主義政策の主要な動機の一つは、国家的統一にともなう国費の増大であった。そして、このような国費の増大は財政力の拡充を必要とし、貨幣商品の増加、すなわち新税源の開発にまつべきものであった。重商主義の典型国をイギリスに求めたマックス・ウェーバー (Max Weber) によれば、重商主義とは、「近代的な権力国家の形成を意味し、しかも、この権力国家の形成に当って、直接には王侯の収入増加の途により、間接には人民の担税力の増進の途によることを意味」[18]した。また、ポール・ピアース (Paul S. Peirce) は、「貴金属は、前数世紀間ことに十字軍の時代以来、貿易関係で西洋に流れ込んだ。これは、現役の大軍隊や出費多端の宮廷や有給官吏などで金の需要がおおいに増加したのと同時であった。実際の経済問題は、いかにしてこの出費増大に応ずるべきであるかということであった。これが工夫できなければ、主権の喪失ということになるのである」[19]と述べている。ウェーバーやピアースがいうように、重商主義政策はその前提として、自国内において貨幣的営利の源泉をできうるかぎり多く開発することを含んでいた。重商主義期の統治者や理論家たちは、国民の担税力が国富の源泉であることをよく承知していたのである。そこで、かれらは、この担税力を高める

ために、あらゆる手段を尽くして流通過程から消え去るおそれのある金銀・貨幣を国内にもたらそうと努めたのである[20]。16世紀の実業家クレメント・アームストロング（Clement Armstrong）は、国家を一つの肉体になぞらえ、一国の富裕と国王の富裕との関係を、「王国という一つの身体が富裕であるならば、その頭部に当たる国王もまた富裕になりうるであろう。王国が貧窮にして弱小であるならば、国王もまた、必然的に貧窮にして弱小たらざるをえない。わがイギリス王国を知らしめす国王もまた、庶民が金銀を所持しないかぎり、かれらの手から多くを集めることができない。国王はこの点を洞察して、庶民から年間に徴収しようと望まれるだけの金銀が海外から流入するように、配慮しなければならない。そのような配慮なしに金銀を集めようとするならば、王国は貨幣の不足に苦しむことになるであろう」[21]と指摘している。

すでに述べたように、イギリスの重商主義は、市民革命を境として、前期と後期の二つに分けられる。一般的にいって、前期の政策は、重商主義政策としてはなお不明確なものを含み、端緒的であり、体系的なものではない。これに対して、後期の政策は議会で一般に承認されたものとして、間接的かつ体系的に展開されたといってよい。いずれにおいても、国内の産業に対するもの、国外との貿易に関するものなど、国内外にわたって展開されたことについては同一である[22]。

まず、前期における政策については、1326年のステープル勅令（Ordinance of the Staple）によって、羊毛などの当時の主要輸出品に対して、特定の指定市場外での取引を禁止とする政策をとった。また、1390年の使用条例（Statute of Employment）によって、外国商人がもたらした輸入品の代金を、輸出のためのイギリス商品の購入に再び使用すべきことを強制した。さらには、国内外の貨幣の両替については、必ず王立為替取引所（Royal Exchange）を通さなければならないとする措置をとった。このような、国王の強力な政治権力をもってする政策によって、商取引はすべて各個に規制され、国内における貨幣的富の増大が意図されたのであったが、これらのいわば中世的経済政

策は、直接的には主として国王の財政上の必要性から行われたものであった。とりわけ、ステープル政策は、国王が都市の特定商人に外国貿易に関する独占的特許権を付与しこれを統制することによって、それら商人の国内にもち帰る貨幣としての地金銀のうちから特許料、関税、その他の金銭上の諸利益を獲得しようとするものであった[23]。この意味で、ステープルは国王の財政のためにする一つの機関であり、ステープル商人は王室の乳牛であったといってもよいであろう。

　前期の個別的・直接的な政策の最も代表的なものは、国王による特許制度である。これには、国内における工業に対するものと、外国貿易・植民制度に対するものとがあった。まず、国内における工業に対するものについては、エリザベス一世の時代の初期においては、新技術の発明ないしは導入の保護が最も多かったが、1580年頃からは既存産業の独占が増加し、1623-1624年の独占大条例（Great Statute of Monopoly）の成立後は一層の増加を見た[24]。ジェームズ一世の治世において、独占特許の取扱いを慎重にする姿勢が見られたが、チャールズ一世の治世になると一転して大幅に拡張され、さらに消費税に代用するに至った[25]。初期独占（early monopoly）において、商人資本による富の増大という点で、より大規模で重要な役割を担っていたのは、外国貿易と植民地経営に関する独占特許であった。16世紀中葉から、いわゆる貿易商人が国王の特許状を受けて一定地域の貿易を独占する多数の特許会社（chartered company）が設立された。プロトニコフ（И. С. Протников）は、重商主義の社会経済的基盤を商業資本に求めつつ、「マーカンティリズムが……主要な富としての貴金属をできるだけおおく国内に蓄蔵すべく努力することは、それ自体、貨幣の増大に関心をもつところの半封建的国家の財政政策と商業資本の利害との特異な妥協を示すものである。貨幣差額政策がそのもっとも純粋な形態において、この国庫財政的利害を代表したとすれば、貿易差額説においては、国家の利益と大商業諸独占の利益とを妥協せしめようとする試みがなされる。一方においては、国家における貨幣的富の増大が貿易の目的とされ、他方においては、その目的の達成の条件として、会社に対し商

業目的で貨幣を国外へもちだすのを許可すべきことが言明される。また、会社は、国家の財政上の目的を利用して、独占的な企業者による商業の方が私個人によるそれよりも国家にとって有利であることを証明しようとする」[26]と述べている。まさに、イギリスの16、17世紀は、ロッシャー（Wilhelm Roscher）がいうように「特権主義の時代」[27]であった。いずれも国王の財政上の必要と結びついており、国王は独占的特権を与える代わりに特許料を獲得したのである。当時における国王の財政は非常に悪化していて、また議会の制約を受けることなく財政収入を増大させる方法として、特許料収入が注目されたのである[28]。

こうして、初期の重商主義諸政策は、絶対主義政府の財政的基礎の強化確立という歴史的課題の要請に直接応えるものとして、強力な政治権力をもって行われる優れて政治的な、個別的・直接的な形態をとることとなった。そして、この初期の諸政策は、やがて新しい資本関係の創出が進むにつれて、後期において、より一般的・間接的な諸政策に移っていくことになる。この変化は、財政的基礎を強化確立しようとする国家権力と結びついた商業資本の商品経済的富の蓄積が、結局は、国内の生産力、すなわち資本主義的商品経済の発展を基礎に、しだいに国内市場を形成し、対外的には自国の経済力を拡大していった過程を反映したものであった[29]。

後期における重商主義政策は、1651年および1660年の航海条例（Navigation Act）、1663年のステープル条例（Staple Act）および貿易促進条例（An Act for the Encouragement of Trade）、1670年の穀物法（Corn Law）、1673年の植民地税法（Plantation Duty Act）等によって進められた。これらのうち、とくに航海条例と穀物法は、後期における重商主義政策の重要な支柱をなすものであった[30]。そして、前者は、個別的な独占から国民的な政策としての独占の実現に向かうエポックとなるものであった。1651年に、クロムウェル（Oliver Cromwell）政権の下で制定された航海条例は、「海のマグナ・カルタ」（Sea Magna Carta）[31]とも称され、重商主義政策の重要な柱である植民地政策に基づくもので、大陸諸国の商品の植民地への輸出を、イギリスの船舶

または生産国のそれに限定する内容をもつものであった。また、1660年の航海条例では、これを継続しながら、新たに列挙品条項 (enumeration clauses) とステープル指定が追加された。これは、従来の指定商人特許政策ではなく、イギリス商人全体を対象として、重要性を増してきた新大陸貿易を独占的に行わせ、国家を発展させようとする政策であった。

次に、穀物法であるが、先の航海条例が商業資本のための政策であったとすれば、これは地主階級・農業資本家のための政策であったといってよい。すなわち、1670年の穀物法は、国内市場での穀物価格のいかんにかかわらず、輸出を許可するものであった。また、輸入穀物に関しては、国内の穀物価格が低位のときには高い税率が、反対に穀物価格が高位であるときには低い税率がかけられ、穀物生産者と地主の利益が擁護された。このような政策は、以後約100年にわたって基本的に変更されることなく実施された[32]。これは、市民革命後における地主階級の経済的利益確保の貫徹と、資本主義の未確立期における資本家的利益の地主的利益への妥協的譲歩とともに、当時の最も重要な財政収入であった地租 (Land Tax) の確保の必要という背景があったと思われる。すなわち、商工業は負担のかからないように保護されるべきものとされていた中で、国富の圧倒的部分をその手に収め、浪費的生活を送っていると見られた地主階級こそ、地租の形で絶対主義政府財政に貢献すべきものとみなされたのである[33]。

後期の重商主義政策を構成するもう一つの重要な柱は、いわゆる「イギリス重商主義の精華」[34]と呼ばれる関税制度である。イギリスにおける関税の歴史は、ヘンリー七世の時代にまでさかのぼるが、以後、絶対王政下において政府財政主義 (fiscalism) に依拠した財政関税として、多大の収入をもたらしてきた[35]。1642年の内乱 (Civil War) から共和政治の時期における関税は、①関税収入の相対的地位が低下したこと、②内的構造が革命前の輸出税本位から輸入税本位に変換したこと、が特徴であった。これは、革命政権が金融面で貿易商人に大きく依存していたため、関税を財政収入源としてではなく貿易政策施行の手段とみなしていた貿易商人の圧力を受けたためであると考

序　章　イギリス重商主義の政策と思想

えられる。こうした関税の貿易政策的観点は、王政復古期へと引き継がれ、従来におけるような財政収入を目的とする国王の財政主義的視点と、それを重商主義的政策の手段とみなす議会の新たな貿易的視点との攻防が、政治的エレメントをなしたのである(36)。1660 年に、王政復古とともに制定された「トン税・ポンド税供与法」(A Subsidy granted to the King of Tonnage and Poundage and other summers of Money payable upon Merchandize Exported and Imported) は、イギリスの関税史上さらには国家財政史上、重要な意義をもつものであった。この法令は、革命諸政府および王政復古政府が絶対王政から継承した関税諸法を統合整理するとともに、17 世紀後半から 18 世紀の大半にかけての関税政策の基礎となるものであった。この法令には、新たに改定された関税率表が盛り込まれていたが、その特徴は以下の諸点にあった。①製造品の輸出税引下げ・輸入税引上げ、原材料の輸入税引下げ、②税率の引下げは輸入品を対象にしたものであったこと、③旧来の穀物輸出禁止から輸出奨励への政策転換が示されたこと(37)。明らかに、この関税率表には、重商主義的貿易政策の影が落とされていた。その後、新規の関税法がしばしば制定されることになるが、関税は、政府財政主義の最も容易な実現手段として、また重商主義的貿易政策の最も有効な施行手段として利用され、たえず流動する国際情勢に対応する国家政策に順応しつつ、二つの手段の間での違いの度合いをしだいに深めていくことになる。

　1660 年に、造幣局における自由鋳造費捻出のための小規模な輸入酒への追加関税が、また、1668 年には建艦費 31 万ポンドの捻出のために、葡萄酒・麻・ブランデー・タバコへの追加税が実施された。さらに、1670 年には、国王の負債削減を名目として、輸入葡萄酒への追加関税が行われた。これらは、同床異夢を見る財政的視点の国王と貿易的視点の議会とが鞘当てをした妥協の産物というべきものであった。1685 年には、新国王ジェームズ二世の即位にともなって新議会が召集され、新たな追加関税が設けられた。一つは、1670 年に新設されて 1681 年から中断されていた輸入葡萄酒への追加関税が、艦隊の補修、軍需品の整備、チャールズ二世の負債返済を目的として

復活された。さらに、植民地その他の外国産のタバコ・砂糖への追加税が賦課されることになった。また、ジェームズ二世即位直後の1685年にモンマスの乱が起こり、その鎮圧費借入れの担保として、フランス産と東インド産の絹・麻およびフランス産織絹全般に対する追加関税が設けられた。いうまでもなく、これらの措置は、貿易政策よりも財政収入確保が、したがって国家財政への配慮が重視された結果である[38]。

　名誉革命の翌年の1689年に、議会は、新たに「トン税・ポンド税供与法」(An Act for granting to Their Majestie of Tonnage and Poundage and other Sums of Money payable upon Merchandizes Exported and Imported) を制定し、ウィリアム三世とメアリ二世に対する関税供与を決定した。しかし、この関税は、1660年の法令をそっくりそのまま踏襲したものであった。その後、ウィリアム三世およびアン女王の治世下において、1690年の付加税、1692年の付加税、1694年の付加税、1696年の第2次フランス商品輸入付加税、1697年の特定輸入品に対する新税、1698年の新関税、1703年の新付加税、1704年の新付加税等々、付加税あるいは新税の大増設が行われた。さらには、1709年、1710年、1711年にも、特定の輸入商品を対象として付加税が課され、新税が創設された。こうして、名誉革命から1713年のユトレヒト和議に至る25年間に、多くの付加税、新税が設けられた[39]。しかも、関税徴収水準は軒並みに急騰し、かって5％にすぎなかった従価課税率は、低いもので15％、多くのものについては20％ないし25％、中にはそれを超えるまでに上昇した。名誉革命前におけるイギリスの関税の特質を、低率財政関税であったという点に求めることができるならば、この時期の付加税体系は、高率財政関税であったといってよいであろう。そして、この時期の付加税・新税体系の方向を規定したものは、主として対外戦争に起因する膨張した国家財政であり、関税増徴政策を主導したものは、政府財政主義であったのである。すなわち、名誉革命からユトレヒト和議に至る時期に、イギリスは、その存亡を賭したアイルランドの反乱（1798年）と、それにつづく産業資本を守るためのプファルツ戦役（1689-1697年）とスペイン継承戦争（1701-1713年）を経験

した。これらの戦争にともなう巨額の戦費負担によって、イギリスの国家財政は幾度か破綻の危機にさらされ、未曾有の公債累積に喘いだのであった[40]。デイヴィス（Ralph Davis）は、この時期の関税について、「産業保護は全体として歳入増加の副作用であり、保護はかなりの程度まで政府の財政必要に応じるためにとられた処置の付随結果であった」[41]といっている。さらに、「関税法は経済学者の理論や大臣の長期的商業政策の影響を示しておらず、ただ差し迫った国庫の必要の影響を示すだけである」[42]といっている。イギリス財政史の研究において多大の貢献をなした隅田哲司も、デイヴィスの見解に賛意を示して、「関税諸立法は、経済理論家のセオリーでもなければ、施政家の長期的見通しに立つ経済政策でもなく、むしろ火急の財政的要求の単純な投影にすぎなかった」[43]、また「この期の関税制度変革の主要前提条件として、巨額の戦費調達そして国債の異常累積に直面した火急の政府財政問題が存した」[44]と記している。なお、いうまでもなく、この時期の関税において、重商主義的貿易政策の観点からの考慮がまったくなかったというわけではない。保護主義は、輸出税に関しては製造品の減税・免税と原料品や半製造品の重税を原則とするものであるが、1688年、1691年、1696年、1697年、1699年、1700年、1708年に、飲料食料品類の輸出を中心として、減税・免税が実施されている。また、保護主義は、輸入税については原料輸入への減税・免税を原則とするが、1696年、1714年、1718年に、それぞれ外国からの原料品輸入税が撤廃されている[45]。しかしながら、名誉革命以降における関税政策の特徴は、主として、国家間の重商主義的抗争に起因する政府の戦費調達の必要、それによる高率財政関税の出現として捉えてよいであろう。そして、後期重商主義期における関税政策は、「国王＝財政主義」と「議会＝貿易政策主義」との対抗を基調として展開されたのであるが、1660年の法令で貿易政策的な志向が示されながらも、全体的には政府財政主義の立場に立って関税が増設・増徴されたといってよいであろう[46]。

　イギリスでは、都市人口の増加、商品生産の発達、そしてまたより遠隔地との貿易の発達などを起因として、いち早く国民国家を出現させることとな

った。その場合に、国家主権の象徴として登場した絶対君主は、地方的な封建領主とは異なって、有給で職業的軍人を雇い、その権力を維持し、その国家業務を有給官吏によって遂行するために、租税を徴収してその経費を賄わなければならなかった。加えて、新大陸、新航路の発見は、世界経済の序幕として国際的な商業覇権をめぐる争いを現出させ、豊富な戦費の調達の必要に迫られた。商人と同じように、国家もまた貨幣を必要としたのである。人民のもつ貨幣が多くなればなるほど、それだけ多く国家は租税を徴収することができ、またそれを支出することもできたのである。重商主義政策は、そのための手段でもあり、種々な方法により国内においては金銀・貨幣を保持してその流出を防ぎ、国外に対してはその獲得に努力した。しかし、それは主として、担税力を保持し、国力の強化を助ける側面をもつものであったのである。こうしたことは、16世紀フランスの政治思想家ジャン・ボーダン (Jean Bodin) の、「財政は国家の原動力」(Treasure be the sinews of a commonweale)[47]、「財政豊富ならずして戦争すること能わず」(War is not maintained by a diet)[48] という言葉によく示されている。また、同じくフランスにおける最も重要な重商主義の論客であるモンクレティアン (Antoine de Montchrétien) は、ボーダンの思想を時代的に引き延ばして、「人間なしに戦争を遂行すること、俸給なしにこの人間を維持すること、租税なしにこの俸給を与えること、商業なしにこの租税を徴収することは不可能である」[49] といっている。これらボーダンやモンクレティアンの言葉は、重商主義における政府財政主義＝国庫政策的な性格を示すものであり、イギリスにおいても例外ではなかった。むしろ、イギリスの重商主義においてこそ、最も顕著に示されているといってよい。まさに、イギリスの重商主義は、重商主義時代の歴史的事実・学説・思想を総合的に考察して、新しい方法により重商主義に新たな解釈を試みようとしたデーヨン (Pierre Deyon) がいうように、「まず、政治に対する奉仕、王庫の運営、政治上ならびに軍事上の盛大さへの道具である。古典的国家の経済統制は、財政的動機づけに応えるものであった」[50] のである。時代によってその具体的方法と程度に違いが見られるが、いかにして国

家財政を充実させるかが、イギリス重商主義における主要な目標であったのである。

第3節　イギリス重商主義経済思想の系譜

　重商主義経済思想は、西ヨーロッパ諸国において、それぞれに特色をもって発展を遂げた(51)。しかし、重商主義関係の文献が豊富に存在し、重商主義経済思想が最も顕著な発展を遂げたのは、イギリスにおいてであった。イギリスにおいては、14世紀以来、一貫して重商主義的な経済政策が行われ、在英外国商人の特権の打破、鋳貨制度の問題、囲い込み（enclosure）の拡大と農民階級の没落、穀物法と輸出奨励金（bounties）の下付、航海条例の制定、とくにオランダと比較した場合の物価騰貴の遅れに基づく輸入決済の困難と正貨の流出や為替相場の低落、大貿易会社による貿易の独占に対する抗争、イングランド銀行の創設（1694年）など、その解決が迫られたからである(52)。そればかりでなく、イギリスにおいては、諸外国におけるのとは異なって、当時すでに商工業者や農業者が公共の分野に相当能動的に参画しており、したがって実際的な努力が成功を収めるには一般民衆の世論に訴えることが必要とされ、その結果として経済問題に関する活発な議論を喚起することが多かったためである。こうして、この時代のイギリスほど、経済論者が国家の経済的な発達や経済政策の経過と密接な関係をもっていた国はほかにはない。それは、かれらの多くが商人の間から出て、多かれ少なかれ貿易・植民会社の創設や運営ないし政府の産業・貿易行政に関与していたためである(53)。

　イギリスにおいて、最も早く統一的な見地に立って経済問題を論じたのは、議会政治家であり評論家でもあったジョン・ヘイルズ（John Hales）であった。かれが、対話形式で1549年に執筆し、1581年に出版した『イングランド王国の繁栄についての一論』（*A Discourse of the Common Weal of this Realm of England*）(54) は、イギリスにおける重商主義経済思想の最初の文献であるといわれており、この時期の重商主義論の典型ともいうべき著作である(55)。ヘイ

ルズにつづいては、トーマス・グレシャム（Thomas Gresham）、ハンフリー・ギルバート（Humphrey Gilbert）、ジョージ・ペッカム（George Peckham）、リチャード・ハクリュート（Richard Hakluyt）、トーマス・ウィルソン（Thomas Wilson）、フランシス・ベイコン（Francis Bacon）等が、重商主義経済思想の初期的段階を代表する者である。

しかし、イギリスにおける重商主義経済思想が本格化してくるのは、重商主義政策が貿易差額政策を枢軸とするに至る17世紀に入ってからのことである。17世紀初頭における重商主義的論客の議論の中心をなしたのは冒険商人組合（merchants adventurers company）の独占権をめぐってであり、とりわけ1600年に設立された東インド会社（East India Company）にかかわる問題が「外国為替論争」とか「経済論争」と呼ばれる論争を引き起こし、この時期の重商主義経済思想の進展に一層大きな刺激を与えた。この時期を代表する重商主義経済論者としては、ジョン・ウィーラー（John Wheeler）、ウォルター・ローリー（Walter Raleigh）、ダッドリー・ディッグズ（Dudley Digges）、トーマス・ミルズ（Thomas Milles）、ジェラルド・マリーンズ（Gerard de Malynes）、エドワード・ミッセルデン（Edward Misselden）、トーマス・カルペパー（Thomas Culpeper）等の名を挙げることができる。そして、この時期の重商主義経済思想に関連する政治哲学者トーマス・ホッブズ（Thomas Hobbes）も含めてよいであろう[56]。

しかし、17世紀前半におけるイギリス重商主義経済思想の論客として最も著名であるのは、『外国貿易によるイギリスの財宝—または外国貿易の差額がわが国財宝の規準である—』（*England's Treasure by Forraign Trade ; or, The Ballance of our Forraign Trade is the Rule of our Treasure*, 1664）[57]をもって、イギリス貿易政策の重金主義ないし取引差額主義から貿易差額主義への移行の必要性を洞察し、それに理論的根拠を与えようとした、トーマス・マン（Thomas Mun）である。マンは、重農主義のフランソワ・ケネー（François Quesnay）、古典学派のアダム・スミスと並んで、重商主義を代表する位置にあり、かれの貿易差額論は流通領域における商業資本の立場を代表する古典

的な重商主義論であった[58]。マンにつづく世代の重商主義経済論者としては、ルイス・ロバーツ（Lewis Roberts）、ヘンリー・ロビンソン（Henry Robinson）、エドワード・コーク（Edward Coke）、サミュエル・フォートリー（Samuel Fortrey）、トーマス・マンリー（Thomas Manley）、ウィリアム・テンプル（William Temple）、アンドリュー・ヤラントン（Andrew Yarranton）、ジョサイア・チャイルド（Josiah Child）等の名を挙げることができる。

　ところで、イギリスの重商主義政策が一定の発展段階に達し、近代的産業の発達と資本の蓄積が行われるようになると、産業はもはやそれを助成してきた諸統制を桎梏と感じ、統制に代わって自由を希求するようになり、富の主要源泉も流通部面とりわけ外国貿易よりもむしろ国内産業の方面へと移行した。こうした変化に照応して、思想的にはそれまでの重商主義的経済政策の影像を残しながらも、外国貿易という流通的側面を重視する立場に批判的態度をとり、しだいに生産的側面を重視して議論を進めていく者が現われた。イギリスにおいて、このような傾向が現われてくるのは、大体において17世紀末葉といってよい。その代表的な経済論者がニコラス・バーボン（Nicholas Barbon）、ダッドリー・ノース（Dudley North）、ウィリアム・ペティ（William Petty）、ロジャー・コーク（Roger Coke）、ジョン・ロック（John Locke）、グレゴリー・キング（Gregory King）、カーター（W. Carter）等である[59]。これらのうち、バーボンとノースは外国貿易を一層広い見地に立って考察した点において、またペティとロックは一層理論的な考察方法を採用した点において、従来の重商主義の経済論者とは趣を異にしていた。とくに、ペティは、国家財政の財源を求めて、考察の対象を流通から生産の領域に移しつつ、経済諸関係を数量的に把握しようとした。

　17世紀の末葉から18世紀の初頭にかけて、重商主義への批判的思想として自由主義的傾向が台頭するようになると、重商主義的な体系は確かに貿易差額的な形態としてはしだいにその力が弱まっていたが、産業保護主義（protectionism）あるいは労働差額主義（balance of labour）への重点の転換を図ることによって、重商主義はいぜんとして実際の政策のうえに影響力をもち

つづけていた。こうした事実に照応して、思想のうえでも、重商主義に対して批判的な態度をとり、自由主義への傾向を示しつつもいまだ重商主義を完全に克服するまでには至らず、なお重商主義的な傾向をもつ者がいた。この時期の思想的系譜を示す代表者は、チャールズ・ダヴナント（Charles D'avenant）、ジョン・ロー（John Law）、ジョン・ポレックスフェン（John Pollexfen）、ジョン・ケアリー（John Cary）、チャールズ・キング（Charles King）、ダニエル・デフォー（Daniel Defoe）、エラズマス・フィリップス（Erasmus Philips）、ウィリアム・ウッド（William Wood）、トーマス・バストン（Thomas Baston）、ジョシュア・ジー（Joshua Gee）、マシュー・デッカー（Mathew Decker）、キャンベル（R. Campbell）、ジェームズ・ステュアート（James Steuart）等である[60]。ステュアートは、18世紀のイギリス重商主義のうちで、最も重要な経済論者であるといってよい。ステュアートは、「重商主義の体系家」と称されているように、1767年の主著『経済の原理』（*An Inquiry into the Principles of Political Oeconomy*）[61] において、重商主義の諸原理の全部を統合し、豊富な材料に基づいて体系的に考察した[62]。

　18世紀に入っても、実際の経済政策上はいうまでもなく、思想上においても重商主義はなお根強い力をもっていた。しかし、その反面で、17世紀末に台頭していた重商主義に対する批判的な思想が、18世紀に入ると、一層明確な形をとって現われてきて、自由主義への道を歩みはじめた。18世紀初頭における自由主義的経済思想をもつ論者の代表者としてバーナード・マンデヴィル（Bernard Mandeville）が、また中葉における代表者としてジェイコブ・ヴァンダーリント（Jacob Vanderlint）、ジョージ・バークリ（George Berkeley）、フランシス・ハチスン（Francis Hutcheson）、デイヴィッド・ヒューム（David Hume）、ジョサイア・タッカー（Josiah Tucker）、リチャード・カンティロン（Richard Cantillon）、ジョセフ・ハリス（Joseph Harris）、ベンジャミン・フランクリン（Benjamin Franklin）、アダム・ファーガスン（Adam Ferguson）等が挙げられる[63]。これらの経済論者の多くに共通していたのは、濃淡はあるが、一面において重商主義を脱却しようとする自由主義的傾向と

これを基礎づける科学的思考を示しながら、しかし他面において完全には重商主義を脱却するところまでは至っていなかったことである。このことはまた、経済理論的認識において優れていた者が自由主義的思考を欠いていることが珍しくなく、反対に自由主義的傾向をもっていた者がしばしば理論的認識においても未熟なところを残していたことを意味するものである[64]。こうした、自由主義原理と理論的認識とのいわば乖離あるいは不一致ということが、解体期重商主義期における経済論者の特色であった[65]。

　以上において紹介したイギリス重商主義期の経済論者たちの中には、高い学問的教養を備え、かれらの考察・分析能力のすべてをあげて自ら提起した諸問題に対峙しその解決を図ろうとした者がいる。他方では、その時々に発生した問題について、深い洞察力を示すことなく場当たり的に自己の見解を表明した者もいた。いずれにせよ、この時期に登場した多くの経済論者の中に、経済過程に対する理論的視野の推移と変化とをそれぞれ示している、三つの大きなグループの存在を知ることができる。第1のグループは、ヘイルズからはじまる段階のものである。このグループは、イギリス経済の諸現象がはじめて現実として認識されはじめた段階に属する経済論者たちを包括している。新時代に入るにつれて増加してきた財貨の交換こそ、ここで強くその理解を迫る対象であった。そうして、この財貨の交換の中で、またこの交換とともに、とくに財貨交換の優れた手段である貨幣こそが、新たに理解を求めるものであった。つまり、財貨の流通にかかわる諸現象の認識が、この第1のグループの経済論者たちの特徴をなしている。第2のグループは、ペティとともにはじまる段階のそれである。それまでは、ただ財貨の交換の諸現象のみを把握しようと試みてきたのであるが、いまや財貨の交換の本源的な原因・深源を究明しようと試みるに至った。そして、それを、土地の生産力に見出し、他方では人間の創造的活動、すなわち労働に見出そうとした。生産諸要因についての正しい評価は、この第2のグループの経済論者の産物である。第3のグループは、ケアリーとダヴナントを経て、デフォーにおいてその頂点に達した。このグループは、理論を打ち立てるよりも、むしろ実

践的に思考する経済論者たちを包括している。しかし、かれらはその先駆者たちに比べて、一層の進歩をなしとげたのである。このグループは、生産と消費との間の相互に制約し合う連関を認識しようとした。生産は消費によって制約されるものであるという認識が、この第3のグループの経済論者たちの貢献である。ようするに、イギリスのこの時期における経済論者の諸見解は、財貨の流通についての諸見解、ついで財貨の生産についての諸見解、最後に財貨の消費についての諸見解に向かうものであったといってよいであろう[66]。

　以上の三つのグループに含まれる諸経済論者の中で、第2のグループの始源に立つペティの重要性は決定的である。それは、ペティが、重商主義の経済論説に批判的な態度をとり、経済事象を単に記述するにとどまることなく、従来とは異なったかれ独自の新たな考察方法を導入することによって、その本質の分析にまで突き進んでいるところがあるからである。換言すれば、ペティは、当時のイギリスの経済社会全体を対象とし、それを統一的に捉えようとして、科学的認識と方法に基づきはじめて厳密な意味での理論的見地を萌芽的に示したのである。

第4節　イギリス重商主義期経済論の課題

　イギリスの重商主義期には、多くの経済論者によって、農業、商業、植民地、貿易、為替、工業、怠惰、勤労、賃金、貨幣、利子、地代、人口、奢侈、租税など、さまざまな問題についての議論が展開された。そうしたイギリス重商主義期のさまざまな議論の中で、最も普遍的に見られたのは、貨幣不足の主張とその対策のための論議であった。この議論は、論者の直面していた経済事象とその置かれていた立場に応じてさまざまな形態をとって現われた。しかし、それらの主張は、基本的にはすべて広い意味での貿易差額論に集約されるものであった、といってよい[67]。

　イギリス重商主義の初期を代表する経済論者ヘイルズは、16世紀中葉に

おける資本主義の急速な発展によってもたらされた物価騰貴や貨幣不足などの諸問題の原因と対策を「財宝の流れ」という共通認識の中で追究し、外国商品の輸入禁止あるいは高関税を主張した(68)。また、17世紀初頭の経済不況下でのマリーンズとミッセルデンとの間で行われた為替レートをめぐる論争も、貨幣不足と貿易差額の問題に帰着するものであった。マリーンズは、外国金融業者の人為的為替操作によってイギリスの交易条件が悪化し、その結果貨幣がイギリスから国外に流出するとみなした(69)。これに対して、ミッセルデンは、為替レートの問題は貿易差額の状態の反映であるとみなして、一層明確に外国貿易からの貨幣獲得の方策について論じた(70)。しかし、かれらは、最終的には、貨幣不足が当時における経済不況の主要な原因であるとみなして、貨幣の獲得＝順なる貿易差額（favourable balance of trade）を目標とした点では共通の立場に立っていた。このような貿易差額論の主張を継承しつつ、その定式化を行ったのがマンである。マンは、『イギリスの東インド貿易に関する一論』（*A Discourse of Trade, from England unto the East-Indies*, 1621）(71)（以下、『東インド貿易論』と略称）およびその他の著作において、かれが重役をしていた東インド会社による貨幣の海外搬出を一層大なる貨幣を獲得するための手段であるとして正当化し、いわゆる「全般的貿易差額論」（theory of general balance of trade）を展開した。しかも、それは、単なる中継貿易論ではなく、国内製造業の育成を踏まえたものであった。しかし、マンにあっては、その製造品が輸出に向けられて順なる貿易差額を招来するかぎりにおいてであり、いわば国内製造業の発展は外国貿易のための単なる一手段として位置づけられていたのである(72)。こうしたマンによる貿易差額論は、その後、多少の補強を施しつつ、チャイルドやダヴナントたちによって継承された。

　以上におけるような貿易差額論を中心とする経済的見解は、17世紀末葉に文献が豊富に現れて最盛期を迎えたが、やがてイギリスが羊毛工業を中心とする貿易政策をもって統一的な重商主義体制を形成するに至って、貿易差額論も国内の初期産業資本の利益を図る主張を反映するものとなった。し

ばしば、初期産業資本の代表的論客とされるポレックスフェンやケアリーは、国内羊毛工業の利益を代弁する立場に立って国内産業の保護を重視したのであるが、マンとは異なる個別的貿易差額論 (theory of particular balance of trade) を主張し、やはり貨幣獲得の手段を外国貿易に求めている[73]。

　18世紀に入ると、貿易差額は、しだいに労働・雇用の差額として観念されるようになり、マンデヴィル、ヴァンダーリント、バークリ、カンティロン等においてこうした見解が見られる。しかし、かれらにおいても、やはり順なる貿易差額をもたらすものとしての労働・雇用を重視するものであって、けっして単純な労働・雇用重視の見解ではなかった。その意味では、いぜんとして重商主義的思考の枠組に制約されていて、貿易差額論に集約されるものであった。18世紀の中葉にあって、ヒュームは重商主義から自由主義への過渡期を代表する最も偉大な経済論者の一人として、貨幣的富の追求に専念する重商主義政策を批判し、そのための貿易差額論を批判し、国際主義的な自由貿易論を展開した[74]。その点で、ヒュームは、アダム・スミスと紙一重のところまで到達していたといってよい。しかし、その反面で、ヒュームはイギリス経済の発展の起動力を外国貿易に求めており、いまだ重商主義的な貿易差額論を完全には超脱していなかった[75]。アダム・スミスに最も近い時期に活躍したステュアートにおいても、第1次的関心は外国貿易による「富のバランス」にあったのであり、究極的に「仕事と需要のバランス」(balance of the work and demand) ＝雇用確保を目指すものであった[76]。このような、いわゆる雇用差額論は、18世紀中葉に広範に見られた主張であり、単なる外国貿易による貨幣の獲得ではなく、外国貿易を媒介にしながらも国内産業の保護・育成やその基盤である労働力の雇用を図ろうとする見解であった。ここに、解体期重商主義における貿易差額論の特質が見られる[77]。いずれにせよ、貨幣不足とそれに関連する貿易差額についての議論は、イギリス重商主義の全期間を通じて、最も活発な論議の対象であった。たとえマンのように詳細にではないにしても、ほとんどすべての経済論者が、この問題について触れている。

序　章　イギリス重商主義の政策と思想

　イギリス重商主義期に見られたもう一つの中心的な議論は、労働力不足とその対策についてのそれであった。この議論は、生活を全面的に労働のみに依存する遊休貧民を多数生み出すこと、同時にそれらの貧民を労働せざるをえない状況に追い込むという、多人口賛美論と低賃金経済論という形で展開された。また、この議論は、当時のイギリスにおける労働集約的な産業資本形成期を反映して、国富の基礎を人々の労働に求める考え方に起因していた[78]。

　労働力不足についての問題は、まず、1650年代の囲い込みについての論争の中で取りあげられた[79]。このときの主要な論争点は、囲い込みが人口の減少を引き起こすのか否か、という点にあった。囲い込みの反対者は、農業こそがイギリス社会の存立の基盤であるとして、囲い込みは農民を追放し貧民に陥れ、したがって農村の人口を減少させ社会を荒廃させるものであると批判した。これに対して、賛成者は、囲い込みは必ずしも人口の減少をもたらすものではなく、毛織物産業の振興や農業生産力の向上を通じて、国富の増大に寄与するものであると主張した。この論争においては、囲い込みの反対者も賛成者も、人口減少の危険性、つまり人口増加の必要性を認識していたのである[80]。ここに、労働＝国富の源泉という見解のイギリス重商主義期における一般性がすでに示されているといってよい。このような見解は、その後、ローリー、ロビンソン、マン、チャイルド等によって主張され、その典型的な例をダヴナントの「人々が人口問題をそれ自体としては一度も考えずに、常にただ労働力の増加をのみ考えていた」[81]という言葉の中に見ることができる。ダヴナントは、国民こそ国力と富の最も重要な要素であるという認識の下に、この国民の増加を国家の積極的な政策によって促進しなければならないと説いた[82]。このような主張は、イギリス重商主義期における経済論者に共通するものであった。18世紀に入っても、マンデヴィルは、国家の繁栄には多数の国民が必要であることをはっきりと主張している[83]。

　以上におけるような、人口増加による直接的な労働力の確保とともに、労働者は自ら進んで労働しようとはせず、貧窮をもって労働を強制する必要の

あることが、初期のほとんどすべての経済論者の基本的な主張であった。この時期のイギリスの経済論者たちは、オランダこそが重商主義の原理を正しく実施している国である、と確信していた。そして、オランダの富は、その外国貿易による輸出超過が持続したためであり、この輸出超過は労働者の勤勉と節倹とによるものである、と考えていた。これに対して、イギリスの労働者は、自ら進んで労働しようとはせず、怠惰な生活を志向する傾向にあるというのが、当時の人々の固定した観念であった[84]。1620年代に、マンは、イギリスの労働者はオランダの労働者に比べて怠惰で仕事をしない、と強い口調で訴えている[85]。同様の主張は、ホートン、ペティ、チャイルド、ケアリー、テンプル、バークリ等、多くの経済論者に見られる。1770年代になってからでさえ、アーサー・ヤング（Arthur Young）は、当時のイギリス労働者の怠惰について詳論し、勤労の必要をことさら強調している[86]。こうして、一方では、労働力の絶対量の増加を図るための人口増加の主張が、他方では、労働者を常に勤勉へと追いやるための手段についての主張が行われた。

　ところで、この時代におけるイギリスの労働者の経済状態の特徴は、貧窮であったことに求められる。この時代のほとんどの期間を通じて、労働者の賃金は肉体的生存のために最小限度に必要なものをすら得るのに不十分であった。そこで、少なくとも労働者を生存させておくことが必要であり、この結果賃金を生存費水準に一致させるべきであるという見解が出てきた[87]。こうした「生存費賃金説」はケアリーによって主張され、ペティによって明確に示された[88]。

　しかし、労働者を貧窮と飢餓とで脅かすことによって労働へと強制する必要があるという考えと並んで、低賃金を支持しながらこれと多少性質を異にする主張があった。人為的につくり出される低賃金労働によって、製造品を他より低い価格で市場に供給することができ、その結果として外国市場を支配する見込みを強めることができる、という論調のものであった。ようするに、重商主義が貿易差額の観念によって規定されているかぎりにおいては、

順なる貿易差額の達成のためには、輸入のあり方をめぐる議論はどうであろうとも、輸出は増大させなければならず、そのためには輸出商品が他国の商品に比して低価格でなければならず、そのためにはまた労働者の賃金が相対的に低位でなければならないというのが、当時の経済論者のほぼ共通の理解であった[89]。外国貿易に関する基本的な重商主義の原理を明白に定式化したマンは、次のように述べている。すなわち、イギリスの商人は、高価格でもその商品に対する需要が減退しないかぎり、そのまま高価格で売りつづけることができる。しかし、もし他の国々が、同じ商品をイギリスよりも低い価格で供給することができるならば、イギリスの商人は、できるかぎり低い価格で売るようにあらゆる努力をなすべきである[90]、と。こうしたマンの主張の基底には、輸出品の価格がイギリスにおける生産費のうちの労働の費用によって決定されるという考えがあり、こうした見解は、この時期の経済論者の多くに見受けられる。一般に、技術革新が欠如し、生産性が一定で、資本の有機的構成が低位に規定されて、生産費の中に占める労働費用の割合が高かった重商主義の時代にあっては、きわめて自然の考えであった[91]。マンリー、ヤラントン、ポレックスフェン等も、マンと同じような立場で、賃金が国際競争力を左右する重要な要因であるとの認識の下に、他の国々との競争関係にある輸出品の価格の低下とそれによる外国市場の拡大、および順なる貿易差額の実現に結びつけて、賃金の引き下げを主張している[92]。

しかしながら、上述したような「貧窮の効用」(utility of poverty)[93]論ないし「低賃金の経済」(economy of law wages)[94]論は、1750年以降、しだいに高賃金擁護論へと移っていった。この新しい考え方は、積極的に賃金を引き上げるというものではなく、むしろ当時におけるイギリスの相対的高賃金という現実を容認する主張であった[95]。いずれにしても、賃金の高低についての見解の転換を可能にしたのは、それまで支配的であった低賃金経済論の核心部分である「高賃金＝高コスト＝商品価格の上昇」という論理が否定され、高賃金は必ずしもイギリス経済に悪影響をもたらすものではないという認識が生まれたことによる。こうした認識の軸となったのは、労働生産性の

概念であった。すなわち、生産性が上昇すれば労働1単位当たりの労働コストが低下し、賃金を引き下げなくとも製品価格を下げることができる、というものである[96]。また、高賃金経済論では、高賃金が消費需要の増大と、それによる国内市場の拡大を可能にし、そしてその結果雇用が促進されて、国内産業が発展するという論理が展開された[97]。このような見解は、すでに早くチャイルドやケアリーによって唱えられたが、デフォーによって一層明白に主張された。デフォーは、多くの著作において、高賃金が消費増大効果をもつという見地と、高賃金が労働生産性を向上させるという見地から、低賃金の主張に対抗し、高賃金論を展開した[98]。いずれにしろ、この低賃金経済論から高賃金経済論への転換は、イギリス重商主義の展開過程を如実に反映するものである。すなわち、低賃金の経済論は労働力の創出とその資本への包摂をむりやり推し進めるための理論であった。これに対して、高賃金の経済論は、すでに産業資本への労働力の包摂がある程度進んだ段階を前提とし、生産過程の分析に考察が向かっていることを反映している。こうして、イギリス重商主義期における経済論者は、その一つの柱として労働雇用の問題に一貫して取り組んでいたのである[99]。

　以上において見たように、イギリス重商主義の時代には、貿易政策、労働雇用などの諸問題が勝れて関心の的であった。しかし、ペティは、経済諸現象のより抽象的で科学的な観察および分析方法を利用することによって、それら以外の国民経済の対象にも立ち向かった。ペティがとくに論じたテーマは、近代国家の発展とともにその重要性を増しつつあった租税である。1662年に匿名で出版されたペティの最初の著作『租税および貢納論』（*A Treatise of Taxes and Contributions*）は、その表題が示す通り、もっぱら租税について論述されている。本書の中で、ペティは、はじめて国民の担税力を体系的に把握することを試みた。また、ペティは、租税はいかなる経済的作用をもつのか、いかなる租税が最良のものであるのかを明示しようとした。ペティは、これに結びつけて、いかなる課税が実施されるべきか、いついかなる方法でそれらは徴収されるべきか、等々について提案を行ったのである[100]。

注

（1）大野信三『全訂　経済学史』（上）、千倉書房、1963 年、104-105 頁。
（2）吉田啓一『近代社会経済思想史』北隆館、1949 年、3-4 頁。
（3）同上書、4 頁。
（4）Adam Smith, *An Inquiry into the Nature and Causes of the Wealth of Nations*, London, 1776, ed. by Edwin Cannan, Vol. II, London, 2nd ed., 1920, p. 92. 大内兵衛・松川七郎訳『諸国民の富』（II）岩波書店、1973 年、878 頁。
（5）Karl Marx, *Das Kapital*, III, Berlin, 1894, in *Karl Marx-Friedrich Engels Werke*, Bd. 25, Berlin, 1979, S. 347. 向坂逸郎訳『資本論』（六）、岩波書店、1978 年、522 頁。
（6）白杉庄一郎『近世西洋経済史研究序説―重商主義政策史論―』有斐閣、1950 年、63-68 頁。
（7）J. M. Keynes, *The General Theory of Employment, Interest and Money*, London, 1936, p. 348. 塩野谷九十九訳『雇傭・利子および貨幣の一般理論』東洋経済新報社、1970 年、392 頁。
（8）E. F. Heckscher, *Mercantilism*, Stockholm, 1931, English trans. by M. Shapiro, London, 1935, 2nd ed., Vol. II, 1955, p. 26.
（9）坂入長太郎『重商主義・古典学派の財政論』酒井書店、1974 年、4 頁。
（10）ヨーロッパ各国における重商主義を概観したものに、Pierre Deyon, *le mercantilisme*, Paris, 1969. 神戸大学・西洋経済史研究室訳『重商主義とは何か』晃洋書房、1975 年がある。
（11）吉田啓一、前掲書、5 頁。
（12）同上書、2-3 頁。なお、重商主義の本質についての解釈には、これまでにさまざまな見解が出されている。くわしくは、以下の文献を参照せよ。Hjalmar Schacht, *Der theoretische Gehalt des englischen Merkantilismus*, Berlin, 1900, S. 1-13. 川鍋正敏訳『イギリス重商主義理論小史』未来社、1963 年、9-27 頁；Kurt Zielenziger, *Die alten deutschen Kameralisten: Ein Beitrag zur Geschichte der Nationalökonomie und zum Problem des Merkantilismus*, Jena, 1941, Nachdruck, 1966, S. 5-41.; Pierre Deyon, *op. cit.*, pp. 82-89. 邦訳、103-125 頁；矢口孝次郎「重商主義概念解釈史の概要」（社会経済史学会編『社会経済史学の発達』岩波書店、1944 年、所収）、567-592 頁；小林昇「重商主義の解釈に就いて」、『商学論集』（福島高商）第 13 巻第 1・2 号、1947 年 1 月、34-67 頁；吉川要・水田洋「重商主義」（一橋大学新聞部編『経済学研究の栞』春秋社、1953 年、所収）、21-27 頁；大淵利男『イギリス財政思想史研究序説―イギリス重商主義財政経済論の解明―』評論社、1963 年、32-64 頁。とくに、わが国における諸学者の重商主義解釈の見解については、矢嶋道文『近世日本の「重商主義」思想研究―貿易思想と農政―』御茶の水書房、2003 年、11-28 頁を参照せよ。

(13) 16世紀中葉から18世紀末葉にかけて展開された官房学 (Kameralitik, Kameralismus) は、通常、ドイツの重商主義とされている。
(14) イギリスの重商主義がいつのころにはじまるかについては、諸説がある。マックス・ベーアは、これを13世紀末あるいは14世紀末に求めている (Max Beer, *Early British Economics from the XIIIth to the Middle of the XVIIIth Century*, London, 1938, pp. 61-62)。アレクサンダー・グレーは、粗雑ながらも重商主義的見解が現われたのは、14世紀末もしくは15世紀初頭としている (Alexander Gray, *The Development of Economic Doctrine: An Introductory Survey*, 1931, p. 65)。カニンガムは、近世的な重商主義と中世的な重商主義とを対置して、前者の発生を17世紀の前半としている (William Cunninghum, *The Growth of English Industry and Commerce*, London, 1882, 5th ed., Cambridge, rpt. 1922, p. 177)。キャナンも、カニンガムと同様に、重商主義は17世紀の初頭に現われたとしている (Edwin Cannan, *A Review of Economic Theory*, London, 1929, p. 7)。
(15) 矢木明夫『資本主義発達史』評論社、1976年、62頁。
(16) 重商主義の史的発展段階については、一期区分説、二期区分説、三期区分説などがある。くわしくは、大淵利男、前掲書、83-90頁を参照せよ。

イギリス重商主義の史的発展段階

	絶対主義的重商主義 (前期重商主義)		議会主義的重商主義 (後期重商主義)
一期区分説		貿易差額主義	
二期区分説	重金主義 (取引差額主義)	貿易差額主義	
三期区分説	重金主義 (取引差額主義)	貿易差額主義	産業保護主義 (労働または雇用差額主義)
主　体	絶　対　王　政		議　　　会
社会経済的基盤	商　業　資　本		産　業　資　本

出所）久保芳和・多田顕編『図説 経済学体系6　経済学史』学文社、1999年、7頁より作成。

(17) William Cunningham, *op. cit.*, p. 402. 白杉庄一郎『経済学史概説』ミネルヴァ書房、1973年、29頁。なお、市民革命以後の重商主義を「国有の重商主義」あるいは「本来の重商主義」と呼び、これのみが資本の原始的蓄積のための政策体系であるとして、重商主義の名称を後期に限定して使用しようとする見解がある。カニンガム、大塚久雄、小林昇などの見解が、それである。以下の文献を参照せよ。William Cunningham, *op. cit.*, Vol. II, 1922. p. 340. 大塚久雄『国

民経済』岩波書店、1980 年、10 頁；同『歴史と現代』朝日新聞社、1984 年、50 頁；小林昇『重商主義解体期の研究』未来社、1955 年、5-13 頁；同『原始蓄積期の経済諸理論』未来社、1965 年、10-11 頁。

(18) Max Weber, *Wirtschaftsgeschichte. Abriss der universalen Sozial-und Wirtschafts-Geschichte,* Muenchen und Leipzig, 1923, S. 296. 黒正巌・青山秀夫訳『一般社会経済史要論』（下）、岩波書店、1955 年、229 頁。

(19) George M. Fisk and Paul S. Peirce, *International Commercial Policies,* Norwood, 1907, new ed., New York, 1923, p. 17.

(20) Max Weber, *a. a. O.,* S. 296. 邦訳（下）、229 頁。

(21) Clement Armstrong, *How to reforme the Realme in setting them to worke and to restore Tillage,* 1878, in R. H. Tawney and E. Power, ed., *Tudor Economic Documents, being Select Documents Illustrating the Economic and Social History of Tudor England,* Vol. III, London・New York・Toronto, 1924, rpt. 1937, p. 115.

(22) 矢木明夫、前掲書、62-63 頁。

(23) 時永淑『経済学史』（第一分冊）、法政大学出版局、1962 年、56-58 頁。

(24) Cf. J. U. Nef, *Industry and Government in France and England, 1540-1640,* in *the Memoirs of the American Philosophical Society,* Vol. XV, 1940, rpt. New York, 1957, pp. 103-120. 紀藤信義・隅田哲司訳『十六・七世紀の産業と政治——フランスとイギリス——』未来社、1958 年、139-158 頁。

(25) 1638 年におけるこれらの収入は約 8 万ポンドに達し、経常収入の赤字約 10 万ポンドの穴埋めとしてかなりの貢献をした。

(26) И. С. Протников, *Меркантилизм,* Москва, 1935, pp. 25-27. 橋本弘毅訳『重商主義論叢——関税保護政策と国内産業——』慶應書房、1983 年、28-32 頁。

(27) Wilhelm Roscher, *Geschichte der Nationaloekonomik im Deutschland,* Muenchen, 1874, S. 158.

(28) 鈴木勇『イギリス重商主義と経済学説』学文社、1986 年、34-38 頁。

(29) 時永淑、前掲書、50-51 頁。

(30) 鈴木勇、前掲書、134-135 頁。

(31) G. L. Beer, *The Old Colonial System, 1660-1754,* Vol. I, 1913, Gloucester, 1958, p. 53.

(32) 角山栄『資本主義の成立過程』ミネルヴァ書房、1956 年、222 頁。なお、リプソンは、穀物法について「消費者と生産者の利益を増進させ、国王の財政目的必要を充たさんとの意図によって制定されたものである」といっている（E. Lipson, *The Economic History of England,* Vol. II, London, 1931, 6th ed., 1956, p. 449）。

(33) 矢木明夫、前掲書、69 頁。

(34) 石坂昭雄「租税制度の変革」(大塚久雄・高橋幸八郎・松田智雄編『西洋経済史講座―封建制から資本主義への移行―Ⅳ』岩波書店、1964年、所収)、162頁。
(35) イギリスにおける関税は①政府財政主義の実現手段としての機能、②貿易統制の施行手段としての機能という、二つの国家目的を果たす役割を担ってきていた。しかし、絶対王政期における関税の特性を一言でもって表現するならば、それは国内産業に対して保護機能をもつようなものではなく、財政関税であった。すなわち、テューダー朝からステュアート朝の時期にかけて、数次にわたる関税率表の改訂、そして増額計算の基準となる諸輸出入品の法定価格の引上げがなされ、現実の物価騰貴とのバランスの維持が図られた。しかし、基幹的輸出入税であるポンド税 (Poundage) は5％の従価税であり、しかも法定価格が実際の市場物価を大幅に下回っていたところから、羊毛・皮革輸出税および葡萄酒類輸入税などの特例を除き、関税の徴収は自由貿易に等しい低廉なものであった。一方、エリザベス一世治世の後半より、政府財政主義の要請に応えて、付加課税 (imposition) の徴収がはじまり、初期ステュアート朝に入ると、その大幅な拡張が行われた。この付加税は、政府財政主義の意図を如実に示したものであり、その機能を十分に果たしたといってよい。1610年に改訂された関税率表には、いわば保護関税的な色彩が多少うかがえるが、国産品に対する輸出税の組織的な減税がまったく見られず、また輸入商品に対する付加税そのものも関税障壁として機能するにはほど遠いものであった。したがって、絶対王政期における関税は、政府財政主義に依拠した財政関税であったといってよいであろう (隅田哲司『イギリス財政史研究―近代租税制度の生成―』ミネルヴァ書房、1971年、第3章、第4章を参照)。
(36) 酒井重喜『近代イギリス財政史研究』ミネルヴァ書房、1989年、159-161頁。
(37) 隅田哲司、前掲書、130-131頁。
(38) C. D. Chandaman, *The English Public Revenue 1660-1688*, Oxford, 1975, pp. 11-13, 154-155. 酒井重喜、前掲書、164頁。
(39) *Ibid.*, pp. 15-17. 同上書、164-167頁。
(40) くわしくは、隅田哲司、前掲書、138-142頁を参照せよ。
(41) Ralph Davis, "The Rise of Protection in England, 1689-1786", *Economic History Review*, Vol. XIX, No. 2, 1966, p. 317.
(42) *Ibid.*, p. 305.
(43) 隅田哲司、前掲書、155頁。
(44) 同上書、149頁。
(45) 石坂昭雄、前掲論文、192頁。
(46) 大畑文七『租税国家論』有斐閣、1934年、235頁。
(47) Jean Bodin, *Les six livres de la republique*, Paris, 1578, in K. D. Morae, ed.,

序　章　イギリス重商主義の政策と思想

Jean Bodin, *The six books of a cómmonwèal*, Cambridge, 1962, p. 649.
(48) *Ibid*.
(49) Antoine de Montchrétien, *Traicté de l'économie politique*, Paris, 1615, ed. by Funck-Bentano, Geneva, 1889, p. 142.
(50) Pierre Deyon, *op. cit.*, p. 45. 邦訳、61 頁。
(51) 16 世紀から 18 世紀の中葉までの西ヨーロッパ諸国で展開された重商主義経済思想は、次の 4 つの主要なグループに分けることができる。

　第 1 は、スペイン・イタリアグループである。スペインとイタリアの重商主義経済論者の関心はとくに貨幣の問題と同様に人口と産業構造の問題に集中された。しかし、それと同時に、これらの国は引き続きキリスト教会の思想や中世の伝統の重荷に苦しめられ、さらにイタリアは国民的な不統一に悩まされた。第 2 は、オランダ・イギリスグループである。オランダとイギリスの重商主義経済論者は、一層自由な商工業の形態に傾き、またむしろ広い意味における貿易差額すなわち国際収支勘定の形成に着眼した。のみならず、かれらは、王侯などよりも一般民衆に直接に訴えるような議論を展開することを特色とした。第 3 は、フランスグループである。フランスの重商主義経済論者は、コルベール主義として知らされている、工業第一主義を標榜する国家による統制経済の体制に傾いた。かれらにあっては重金主義思想や貿易差額説よりも、むしろ国民的な自給自足の理念が議論の表面に滲み出ることが特色であった。第 4 は、ドイツ・オーストリアのグループである。ドイツやオーストリアの重商主義経済論者は、一般に官房学者（Kameralisten）と呼ばれているように、専制的な福祉国家の官僚の立場から見た経済行政の問題に関心を寄せた（大野信三、前掲書、123 頁）。
(52) 大野信三、前掲書、135-136 頁。
(53) 同上書、136 頁。
(54) 本書は、原書にしてわずか百数十頁の小冊子ながら、経済学史のうえでしばしば検討の対象とされてきたのみならず、イギリス経済史のうえでも一つの重要な研究資料として注視されてきた。オンケンは、本書を、「農業保護をも含んだイギリス重商主義政策の根本原理の明確な表現」として特徴づけている（August Oncken, *Geschichte der Nationalökonomie*, Leipzig, Teil 1, 1902, S. 215）。また、ヘクシャーは、「全体として成熟せる重商主義の見地をしめす最初の著作である」と位置づけている（E. F. Heckscher, *op. cit.*, Vol. II, p. 227）。
(55) ヘイルズは、王室財政への顧慮と絶対主義的見地をかなり濃厚に含みつつ、農業および製造業を二本柱として、その保護奨励のうえにイギリス国民経済の発展を図ろうとした（John Hales, *A Discourse of Common Weal of this Realm of England*, London, 1581, ed. by Elizabeth Lamond, Cambridge, 1893, rpt. 1954, pp. 53-55, 92-93. 松村幸一・尾崎芳治・武暢夫・山田浩之・山下博訳「イングラ

ンド王国の繁栄についての一論」〔出口勇蔵監修『近世ヒューマニズムの経済思想—イギリス絶対主義の一政策体系—』有斐閣、1957年、所収〕、57-59、99-100頁)。くわしくは、次の文献を参照せよ。渡辺源次郎「イングランド王国の福祉についての一論—国民経済の早期的把握—」(同『イギリス初期重商主義研究』未来社、1954年、所収);出口勇蔵監修、前掲書、所収、「解説」;加藤一夫「ジョン・ヘイルズの『福祉論』の研究(1)」、『秋田大学学芸学部研究紀要　社会科学』第7輯、1957年3月。

(56) 白杉庄一郎『経済学史概説』ミネルヴァ書房、1973年、35-36頁。

(57) アダム・スミスは、マンのこの著書の表題は、イギリスのみならず当時における他のすべての商業国の経済政策の根本原理になったと評価している (Adam Smith, *op. cit.*, Vol. I, p. 401. 邦訳、652頁)。

(58) マンは、富の主要形態である金銀・貨幣は貿易差額を確保することによって増加することができるとして、次の諸方策を提示している。①国土の開発、②外国品の消費の抑制、③隣国人の必要とする物資の輸出、④自国船による輸出、⑤自国に産出する自然の富の消費節約、⑥漁業の振興、⑦中継貿易、⑧遠国との貿易、⑨貨幣の輸出、⑩外国産原料を使用した製造品に対する輸出税の免除、⑪国産品に対する輸出税の軽減その他の関税政策、⑫工業の尊重、等である (Thomas Mun, *England's Treasure by Forraign Trade. or, The Ballance of our Forraign Trade is the Rule of our Treasure*, London, 1664, rpt. New York, 1910, pp. 9-18. 渡辺源次郎『外国貿易によるイングランドの財宝』東京大学出版会、1965年、20-30頁)。くわしくは、次の文献を参照せよ。張漢裕『イギリス重商主義研究—国民主義的生産力保有体系の一類型その基盤・政策及び論説—』岩波書店、1955年、第1章、第5章;相見志郎『イギリス重商主義経済理論序説』ミネルヴァ書房、1960年、第3章第5節;田中敏弘『イギリス経済思想史研究—マンデヴィル・ヒューム・スミスとイギリス重商主義—』御茶の水書房、1984年、「付論」;渡辺源次郎『イギリス初期重商主義研究』未来社、1959年、第5章;鈴木勇、前掲書、第2章第2節。

(59) 白杉庄一郎、前掲書、48頁。

(60) 同上書、63頁。

(61) フルタイトルは、『政治経済学の諸原理の研究、自由な国家における国内政策の科学に関する一試論として、とくに人口・農業・商業・工業・貨幣・鋳貨・利子・流通・銀行・為替・公信用および租税の考察』(*An Inquiry into the Principles of Political Oeconomy: being an Essay on the Science of Domestic Policy in Free Nations, In which are particularly considered Population, Agriculture, Trade, Industry, Money, Coin, Interest, Circulation, Banks, Exchange, Public Credit, and Taxes*, 1767) である。

(62) むしろ、ステュアートは、「重商主義の殿将」と呼ばれるように、重商主義

の立場を保守的に徹底して、貿易のみならず全経済過程の国家的統制を主張した。
(63) 白杉庄一郎、前掲書、69頁。
(64) 同上書、70頁。
(65) たとえば、マンデヴィル、バークリ、カンティロン等は重商主義的思考の枠組に規制されていたが、ヴァンダーリント、ヒューム、ハリス等は自由主義的思考を大きく前進させていた。遊部久蔵・小林昇・杉原四郎・古沢友吉編『講座 経済学史Ⅰ──経済学の黎明──』同文舘、1977年、124-126頁を参照せよ。
(66) Hjalmar Schacht, *Der theoretische Gehalt des englischen Merkantilismus*, Berlin, 1900, Frankfurt am Main, Nachruck, 1968, S. 33-34. 川鍋正敏訳『イギリス重商主義理論小史』未来社、1963年、66-67頁。
(67) 生越利昭『ジョン・ロックの経済思想』晃洋書房、1991年、53頁。
(68) John Hales, *op. cit.*, pp. 68-71. 邦訳、73-76頁。ここで、ヘイルズは、十全な内容をもってではないが早くも貿易差額説の原理について触れているといってよいであろう。シャハトは、「重商主義の貿易差額説の第一の起源は、ヘイルズに見出される」としている（Hjalmar Schacht, *a. a. O.*, S. 15. 邦訳、29頁）。また、高橋誠一郎も、ヘイルズについて、「約一世紀の後に至りて漸く一般社会の承認する所と為りし貿易平衡論の立脚地より論断を下せるの事実は最も注意す可きものなり」と評価している（高橋誠一郎『重商主義経済学説研究』改造社、1940年、54頁）。
(69) Gerard de Malynes, *A Treatise of the Canker of England's Commonwealth*, London, 1601, in R. H. Tawney and E. Power, eds. *Tudor Economic Document*, Vol. III, London, 1951, pp. 18-19, 28-35. マリーンズについては、以下の文献を参照せよ。渡辺源次郎、前掲書、第4論文；相見志郎、前掲書、第3章第2節。
(70) Edward Misselden, *The Circle of Commerce, or The Ballance of Trade, in Defence of Free Trade*, London, 1623, pp. 116-117, 124-127. ミッセルデンについては、相見志郎、前掲書、第3章第4節を参照せよ。
(71) フルタイトルは、『イギリスの東インド貿易に関する一論──通例それに向けられるいくつかの反対論に対する答弁──』（*A Discourse of Trade, From England unto the East-Indies: answering to diverse objections which are usually made against the same*, 1621）である。
(72) Thomas Mun, *op. cit.*, rpt. London, 1971, pp. 68-70. 渡辺源次郎「イングランドの東インドとの貿易に関する一論」（同訳『外国貿易によるイングランドの財宝』東京大学出版会、1965年、所収）、42-57頁。
(73) 生越利昭、前掲書、56頁。
(74) David Hume, *Political Discourses*, Edinburgh, 1752, in *David Hume, Writings on Economics*, ed. by Eugene Rotwin, Edinburgh, 1955. pp. 60-77. 田中敏

弘訳『ヒューム政治経済論集』御茶の水書房、1983年、63-82頁。
(75) 白杉庄一郎、前掲書、69-70頁。
(76) James Steuart, *Principles of Political Oeconomy,* in *The Works, Political, Metaphysical, and Chronological, of the late Sir James Steuart of Coltness, Bart,* Vol. I, London, 1805, rpt. New York, 1967, pp. 217-444. 小林昇監訳『経済の原理—第1・第2編—』名古屋大学出版会、1998年、152-448頁。
(77) 生越利昭、前掲書、57頁。
(78) この主張は、国富を国防と一体のものとして考えて、兵力の確保によって戦力の強化を図ろうとする軍事上の必要による側面ももっていた。
(79) このときの農地や共同地の囲い込みは、単なる農業的・地主的利害においてではなく、初期産業資本の要請による労働政策論の一環として意識的に促進された。
(80) 生越利昭、前掲書、58頁；浜林正夫「イギリス革命期の経済思想(Ⅳ)—土地囲い込み論争—」、『商学討究』(小樽商科大学)第10巻第3号、1960年2月、31-61頁を参照せよ。
(81) Charles D'avenant, *An Essay upon the Probable Methods of Making a People Gainers in the Balance of Trade,* London, 1699, in Sir Charles Whitworth, col. and rev., *The Political and Commercial Works of that Celebrated Writer Charles D'avenant,* LL. D. Vol. II, London, 1771, rpt. Farnborough, Hants., 1967, p. 34.
(82) *Ibid.,* Vol. II, pp. 184-185.
(83) Bernard de Mandeville, *The Fable of the Bees: or, Private Vices, Public Benefits,* London, 1714, ed. by F. B. Kaye, Oxford, 1924, Vol. I, p. 311. 上田辰之助訳『蜂の寓話』新紀元社、1951年、277頁。
(84) Michale T. Wermel, *The Evolution of the Classical Wage Theory,* New York, 1939, p. 4. 米田清貴・小林昇訳『古典派賃金理論の発展』未来社、1958年、14-15頁。
(85) Thomas Mun, *England's Treasure,* pp. 98-99. 邦訳、135-136頁。
(86) Arthur Young, *Expediency of a Free Exportation of Corn,* London, 1770, pp. 29-30.
(87) Michale T. Wermel, *op. cit.,* p. 12. 邦訳、28頁。
(88) William Petty, *A Treatise of Taxes and Contributions,* London, 1662, in C. H. Hull, ed., *The Economic Writings of Sir William Petty,* Vol. I, Cambridge, 1899, pp. 20-87. 大内兵衛・松川七郎訳『租税貢納論』岩波書店、1952年、40-151頁。
(89) Michael T. Wermel, *op. cit.,* pp. 5-6. 邦訳、17頁。
(90) Thomas Mun, *op. cit.,* p. 10. 邦訳、21-22頁。
(91) 林達『重商主義と産業革命』学文社、1989年、103頁。

(92) 一般に、高賃金対策として、①貨幣賃金を減少させるもの、②実質賃金を低下させるもの、すなわち生計費を上昇させるもの、③賃外所得を削減ないし除去するもの、④労働者数を増加させるもの、などが提案された。林達、前掲書、105-106 頁を参照せよ。
(93) Edgar S. Furniss, *The Position of the Laborer in a System of Nationalism*, New York, 1920, p. 153.
(94) E. F. Heckscher, *op. cit.*, Vol. II, p. 165.
(95) 生越利昭、前掲書、62 頁。
(96) 山中篤太郎・豊崎稔監修、野田稔・加藤寛・中村秀一郎・大野英二・新野幸次郎編『経済政策講座 2 経済政策の史的展開』有斐閣、1964 年、50 頁。
(97) 生越利昭、前掲書、62 頁。
(98) Daniel Defoe, *Giving Alms No Charity, and Employing the Poor a Grievance to the Nation, Being an Essay upon this Great Question*, London, 1704, rpt. 1728, p. 10., do., *A Plan of the English Commerce*, London, 1728, 2nd ed., 1730, rpt. New York, 1967, pp. 51, 85. 山下幸夫・天川潤次郎訳『イギリス経済の構図』東京大学出版会、1975 年、61、89 頁；do, *The Complete English Tradesman, in Familiar Letters*, London, 1738, rpt. New York, 1970, p. 161. こうしたデフォーの高賃金が国内市場を支え、同時にまた労働の量的増大と質的向上をもたらすという認識は、やがてヴァンダーリント、ヒューム、ハリス、タッカーを経て、アダム・スミスの『諸国民の富』へとつながる系譜の起点をなした。
(99) 生越利昭、前掲書、62 頁。
(100) Hjalmar Schacht, *a. a. O.*, S. 23-24. 邦訳、47-48 頁。

第 1 章　ペティの学問的活動と評価

第 1 節　主要な著作

　ペティは、1623 年 5 月 26 日に南部イングランドのハンプシャー（Humpshire）にある毛織物工業で栄えた小都市ラムジー（Rumsey）（現在の地名では Romsey）に生まれ、1687 年 12 月 16 日に病のためロンドンで没した。したがって、ペティの生涯は、大著『諸国民の富の性質と原因に関する研究』（*An Inquiry into the Nature and Causes of the Wealth of Nations,* 1776）（以下、『諸国民の富』と略称）をもって「経済学の父」と呼ばれているアダム・スミスのちょうど 1 世紀前の時代に展開されたということになる[1]。ペティがその生涯を送った 17 世紀のイギリスは、後に述べるように、対内的には、国王の王権を中心とする封建的勢力と議会を中心とする市民階級との闘争の時代で、イギリス政治史上稀に見る動揺の時代であった。国王と議会との対立は、チャールズ一世においてその極に達した感があり、長期議会（1640-1660 年）―内乱（1642-1647 年）―共和政治（1649-1655 年）―護民官政治（1655-1660 年）―王政復古（1660 年）―専制（1660-1688 年）など、めまぐるしいほどの政治的変換であった。視野を国外に転じると、この時代に、大陸諸国との戦争などにより幾多の波乱が惹起された。まず、30 年戦争（Thirty Year's War）であるが、ペティが経験したのは、その第 2 期（1625-1629 年）、第 3 期（1630-1635 年）、第 4 期（1635-1648 年）である。さらに、1624-1630 年および 1655-1659 年の対スペイン戦争と、前後 3 回にわたる対オランダ戦争がある。対オランダ戦争は、第 1 回が 1652-1654 年、第 2 回が 1664-1667 年、第 3 回が 1672-1674 年である。

このような、国内外ともにイギリスの激動期・転換期に活躍したペティの生涯は、きわめて変化に富み、多面的なものであった。この時代に活躍した数多くの天才たちの中で、「ペティほどその経歴が多岐多様にわたった人はまれである」[2]といわれている。ペティの子孫のランズダウン（Marquis of Lansdowne）の要約するところによれば、ペティはその少年時代から、次々に、船室づきボーイ—にせ宝石の行商人—水兵—発明家—医者—ブレイズノーズ（Brasenose）カレッジの評議員および副学長—オックスフォード（Oxford）大学の解剖学教授—グレシャム・カレッジ（Gresham College）の音楽教授—土地測量家—下院議員—大土地所有者—哲学者・統計学者および経済学者、という人生行路を歩いた[3]。このように、ペティは、64年の生涯において、実際的にも学問的にもきわめて多面的な活動を展開した。しかし、ペティが後世にまでその名をとどめているのは、いうまでもなく学者としてであり、またかれの著作によってである。

　ペティの著述活動は、イギリス市民革命前夜の1636年から、かれの死の1687年、つまり名誉革命（Glorious Revolution）と呼ばれている政変の前年までの約半世紀にわたって展開された。そして、この著述活動は、1660年の王政復古（Restoration）後に、きわだって旺盛となった[4]。その成果としての公刊著作は少なくなく、さらに膨大な未公刊の手稿が1921年のダブリンの公記録所の火災によって消失してしまったが、なおペティの子孫ランズダウン家やその他において数多くの手稿が現存している[5]。しかしながら、19世紀の中葉に至るまで、ペティの著作は、容易に手にすることができないものであった。ロッシャーは、ペティについての研究を進めていたときに、かれの全集が存在していないことを遺憾としている[6]。また、マルクスは、「ペティの諸著作は古本屋の取引の稀覯本であって、劣悪な古版本として散在しているにすぎない」[7]と嘆いている。しかし、19世紀の末葉に、ハル（Charles H. Hull）によって『ペティ経済学著作集』（*The Economic Writings of Sir William Petty, together with the Observations upon the Bills of Mortality, more probably by Captain John Graunt*, 2 vols., 1899）が、また、20世紀の20年代には、ラ

ンズダウンによって『ペティ未刊論文集』（*The Petty Papers, some unpublished Writings of Sir William Petty,* 2 vols., 1927）が、それぞれ公刊された。前書は、公刊されてはいるが入手が困難なペティの財政経済に関する主要著作12編を校訂編集したものである。後書は、ペティの膨大な未公刊の遺稿の中から重要であると思われるもの163編を選んで、部門別に編集したものである。これらの2書は、20世紀末に公刊された、『ペティ全集』（*The Collected Works of Sir William Petty,* 8 vols., 1997）に収録されている。また、同じく20世紀末に、『イギリス経済思想史』（*History of British Economic Thought: British Seventeenth and Eighteenth-Century Economic Thought,* 8 vols., 1992）に含められて、統計に関する著作6編が収められている『政治算術数論』（*Several Essys in Political Arithmetick,* 1992）が公刊された。

　ペティの膨大な著作のうち、これまでに公刊されたものは、重版書および翻訳書を除いて、わずかに34部である。これらの、公刊されたペティの著作の中で、経済学的統計学的著作として一般に高く評価されているものは、次のものであるといってよいであろう[8]。すなわち、これを執筆年代によって区分すれば、①1660年代の著作としては、労働価値理論がはじめて展開された『租税および貢納論』（*A Treatise of Taxes and Contributions,* 1662）、およびその2年後に執筆されペティの死後に公刊された『賢者には一言をもって足る』（*Verbum Sapienti,* 1691）（以下、『賢者一言』と略称）である。これらは、いずれも財政について論じたものである。前書は、共和政体が倒され、王政復古成立後の財政的諸事情に、後書は、チャールズ二世の対オランダ戦争にともなう莫大な戦費調達の問題に、それぞれ刺激されて執筆されたものである。②1670年代の著作としては、「政治算術」（Political Arithmetic）が定式化された『政治算術』（*Political Arithmetick,* 1690）および『アイルランドの政治的解剖』（*The Political Anatomy of Ireland,* 1691）（以下、『政治的解剖』と略称）である。これら二著作の主題はそれぞれ違っているが、執筆時期はほぼ同じ時期、すなわち1671年ごろより1676年ごろと推定されている。イギリスにおけるこの時期は、チャールズ二世治下の中葉に当たり、第三次対オランダ戦争の直

前から戦後にわたる。この時期におけるイギリスの国際関係を特徴づけるのは、主たる対抗国がオランダからフランスに転じてきたことであって、この第三次対オランダ戦争は、その転換を明確に示し、三国の国際関係の推移を示す歴史的性格をもつものであった。他面、この戦争は、チャールズ二世の個人的取引によって引き起こされた戦争といわれ、当時オランダと同盟関係にあったイギリスでは国民の支持を得ることが困難となっていた。そこで、この戦争を契機とするチャールズ二世の専政的支配の完全なる失敗は、国王の議会に対する依存を余儀なくさせ、ウイッグ（Whigs）およびトーリー（Tories）両政党の進出を招来し、それがやがて名誉革命を準備することとなった。ペティの『政治算術』と『政治的解剖』は、これらの歴史的推移がやがて見られようとする時期に、その政治情勢を反映して執筆されたものである。すなわち、『政治算術』は、オランダ、フランスとの関係におけるイギリスの国際的地位および国内事情についての悲観論を論駁するために著わされたものである。また、『政治的解剖』は、当時イギリスの植民地となりつつあったアイルランドをいかにして富裕ならしめ、イングランドの平和と豊富とに役立たしめるかの観点からアイルランド社会に分析のメスを入れたものである。このような両著作の政治的政策的意図を見るならば、いずれも重商主義政策ないし意思に則したイギリス資本主義の世界市場制覇を目標とする性格をもつものということができる[9]。最後に、③1680年代の著作としては、『貨幣小論』（*Quantulumcunque concerning Money*, 1695）、『アイルランド論』（*A Treatise of Ireland*, 1899）および数多くの政治算術論が挙げられる[10]。『貨幣小論』は、ペティの貨幣論の全貌を知ることができるものであるといってよい。当時、イギリスにおいてはクロムウェルの改革につづいて王政復古が行われ、この間貨幣制度は一大混乱に陥り、銀貨の大多数は磨損毀損してその名目価値通りに維持されていなかった。その結果、イギリスの為替に対する評価が著しく低下していた。こうした憂うべき通貨の状態に対して、それを誰の負担において改鋳すべきかは、イギリスにとって解決すべき重要な問題となっていた。そこで、ペティが、自己の経験を基礎としてこの貨幣改鋳問題に対

第 1 章　ペティの学問的活動と評価

してかれの一家言をものしたのが、この一書である[11]。もう一つの『アイルランド論』は、先の『政治的解剖』と同じ目的をもって執筆されたものである。また、政治算術についての多数の諸論文は、都市の人口問題を統計的に取り扱ったもので、その目的は、イギリスの富強の増大ということであった。ペティにおいては、一国の富強の要素として人口が重要な意義を有し、したがってイギリスの富強を念願したペティは、当然にイギリスの人口の変動に関心を寄せることとなり、ロンドンとパリ、ローマなどの人口を比較し、ロンドンの人口の優位を確認することを通じて、イギリス国民に自信を与えようとしたものである。その場合に、ペティは、これらの諸論文において、単に主要各都市の人口を統計的に比較しただけではなく、その論述内容はさらに政治および経済の方面にも及んでいる[12]。以上においてわかるように、各年代において公刊されたペティの諸著作は、大体において、それぞれの年代ごとに共通した独自のテーマを有している。1660年代に執筆された著作は、ともに財政関係のものである。1670年代の著作は、統計的研究を示すものであり、そして1680年代の著作は、『貨幣小論』および『アイルランド論』を除いて、人口統計の範囲に含まれるものであるといってよいであろう[13]。

　なお、ハルは、ペティの生前または死後に公刊された諸著作のうち特定分野のものの一部を、厳密な校訂をほどこして編集した『ペティ経済学著作集』の序文の冒頭で、ペティの全著作を次の三つの部類に大別している[14]。第1の部類は護民官治下のアイルランドにおける土地測量家としてのかれの諸活動に関するもの、第2の部類は医学論文および数学・物理学・力学のなんらかの題目についての諸論文、第3の部類は経済学的統計学的諸著作、である。ハルによるこの三つの分類を見ると、ペティの関心が相当に広範で多岐な問題領域にわたっていることがうかがえる。ペティの恐ろしく広範多岐にわたる関心は、ランズダウンの『ペティ未刊論文集』に一層よく示されている。この論文集には、断片的な小論文などが163編収められているが、ランズダウンは、これらを内容に即して次の26項目に分類して編集している[15]。①統治、②ロンドン、③アイルランド、④アイルランドの土地登記、

41

⑤宗教、⑥辞典、⑦統計、⑧産業交易、⑨利子、⑩国王ジェームズ二世、⑪教育、⑫哲学、⑬人間の増殖、⑭軍事、⑮戦時における羊毛利用法、⑯ダブリン理学協会、⑰アメリカ植民地、⑱植林、⑲ポンプ、⑳海水の甘化法、㉑郵便馬車、㉒医学、㉓雑、㉔諸観察、㉕詩、㉖著作目録、である。こうして、ペティは、自然科学・技術の領域はもとより、各種の産業・諸物品・貨幣・人口および自然法・諸法律などについての科学的知識のすべてに関心を向けていたのである。ホグベン（L. Hogben）が、ペティを評して、「うむことを知らぬ多芸多能とむさぼるような好奇心に満ちていた」[16]といい、また、パウエル（A. Powell）が「無限といってよいほどの関心をもっていた人物」[17]といっているのは、まさに的を得たものである。

第2節 学問的評価

　ペティの学問的成果は、同時代者からきわめて高く評価された。学芸愛好者であったイーヴリン（J. Evelyn）によれば、ペティは、「あらゆることを精査し吟味する能力において第一人者」[18]で、「あらゆることを洞察する奇智に富んだ天才」[19]であった。また、ダヴナントは、政治算術を創始したペティを、「政治算術とは統治に関する事柄を数字に基づいて推論する術である。……この術をとくに収入と交易の対象領域に適用したのは、サー・ウィリアム・ペティが最初である」[20]として、高く評価している。ペティの学問的成果に対する同時代者の中で、外交家で親友でもあったロバート・サウスウェル（Robert Southwell）の次の立言、ペティは「哲学（理学）・医学・航海術・詩・土地観量術・計算および政治算術の才能において当時の第一人者であった」[21]は、最も包括的な評価といってよいであろう。

　ペティは、19世紀の中葉以降においては、諸科学の確立にともなって、人文地理学・近世統計学・経済学・財政学の創始者または先駆者の一人として評価され位置づけられている。ペティを、「人文地理学の先駆者」として評価したのは、ゴブレ（Y. M. Goblet）である。ゴブレが、ペティにこのよう

第1章　ペティの学問的活動と評価

な評価を与えたのは、共和政治時代のアイルランドでペティが主宰した土地測量とその成果としてのアイルランド地図の作成および諸著作を、長年にわたって研究した結果である[22]。ペティを近世統計学の始源的地位に立つ者として高く評価したのは、ロッシャーである。ロッシャーは、「ペティの統計的著作は、当時の参考資料が総て甚だ不完全であったことを示していると同じく、かれ自身の識見が天才的に周到かつ明晰であったことも示している」[23]、「観測は統計の右の眼であり、比較はこれの左の眼である。そして何れの点においてもペティは驚異に値する」[24] として、ペティをこの分野の最も優れた創造者として讃えている。また、ロール（Eric Roll）は、「ペティが経済学の姉妹科学である統計学を最も大きく発展させた」[25] と賞讃している。わが国においても、大内兵衛が、統計学者としてのペティについて論評するに当たって、「新たなる社会的認識の一大実例を示した功績は否定できないのであって、後世における人口、道徳、経済に関する社会統計一般の先例はたいていペティの内に求め得るのである」[26] としている。

しかしながら、ペティがその創始者として最も高い評価を受けたのは、経済学の分野においてであった[27]。このような評価は、マカロック（John R. McCulloch）やロッシャーなどによって、それぞれの立場においてなされた。マカロックは、経済学上の諸文献を取りまとめるに際し、ペティの『租税および貢納論』を、「経済学のいかなる分野においても、初期の論作のうちでもっとも注目すべきもののひとつである」[28]、「ペティは、本書において、きわめて有益かつ重要な種々の主題について触れている」[29] と評価している。また、ロッシャーは、イギリスの経済学説史について論述するに当たり、ペティのために独立した一章を設け、ペティの著述の根底に横たわっている価格・利子・地代・賃金・人口・貨幣・富・消費などの経済学上の諸見解を、いずれも高く評価している[30]。ペティの経済学説史上の評価については、その他の多くの者によってもなされている。クレーク（G. L. Craik）は、ペティを同時代者チャイルドおよびマンとともに、重商主義期における「経済学の最もすぐれた代表者」[31] と呼んでいる。マイツェル（Meitzel）は、ペティ

が、労働および土地は富の二根本要素であるとの見解を表明したことをもって「重農学派の先駆者」[32]、また分業論を展開したことをもって「アダム・スミスの先駆者」[33] としている。しかし、ペティの経済学説史上における地位を決定的なものにしたのは、マルクスによる評価であった。周知のように、マルクスは、経済学の歴史を 17 世紀の中葉から批判的に追究しようとした際に、ペティを「近代経済学の建設者」(Begründer der Modernen Politischen Ökonomie)[34] として評価した。また、「最も天才的で最も独創的な経済学研究者」[35] として評価した。マルクスが、これほどまでにペティを高く評価したのは、経済学における最も基礎的かつ重要な理論である価値理論の創唱者と考えたからである[36]。ペティは、経済学の分野において、計量経済学の先駆者としても位置づけられている。ペティをもって、計量経済学の先駆者として評価したのは、シュンペーター (J. A. Schumpeter) である。シュンペーターは、イギリスの政治算術家 (Political Arithmetician) をはじめとして、スミス以前のフランスにおけるボアギューベール (Pierre le Pésant, Sieur de Boisguillebert)、カンティロン (Richard Cantillon) および重農主義の経済学者の一群を、「かれらがすべて共通の或もの―数量的分析の精神がこれである―をもっており、かれらを関連のある一団にまとめることが望ましい。かれらは計量経済学者 (Econometrician) であった」[37] として、ペティをその始源に置いている。シュンペーターは、また、ペティは「国民所得に関して、……その分析的重要性を認識しており、それを計算しようと試みた。この意味では現代の所得分析は、彼に淵源するともいえよう」[38] として、ペティを国民所得論の創始者であるとも評価している[39]。

　最後に、ペティは、財政学の先駆者として評価されている。通常は、ボダンの 1557 年の作とされている『国家論六巻』(Les six livres de la republique) をもって、体系的に財政論を展開した最初の文献と考えられている。これに対して、ペティは、ボダンの著書よりも約 1 世紀の後の 1662 年に、『租税および貢納論』を公刊し、内容的には、はるかにボダンをしのぐような体系的な財政論を展開した。ボダンの財政論が多分に王室経済論的であって、

その後の行政学的・技術論的なドイツ官房学（Kameralwissenschaft）に強く影響を与えたのに対して、ペティのそれは、租税現象の近代的な把握を基調としつつ、経費論から租税論を導出し、それらを詳細に検討して、古典学派の始祖アダム・スミスの財政論に大きな影響を与えた[40]。さらには、今日の財政論のレベルより見ても、多くの示唆に富む内容を包含している[41]。こうした点を重視して、レトウィン（William Letwin）は、ペティを財政学の先駆者として高く評価している[42]。井手文雄も、ペティの財政論のアダム・スミスへの継承を重視して、「ペティは経済学説史上において、古典学派の先駆者であるとともに、財政学説史上においてもまたしかりであるといってよいであろう」[43]としている。さらには、「ペティは、体系的な財政論を発表した者である。……内容的に見るならば、ペティをもって、近代財政学の始祖と呼ぶことができる」[44]と高く評価している。また、ペティの財政論は、従前のそれに比して、社会の富を単一な価値として計算し、それを量的な大きさにおいて比較考慮するとともに、経済学の諸理論に関連させつつ、一層広い見地から展開されている。こうしたペティの財政論の特質をもって、大内兵衛は、「国家財政のあらゆる問題を、比較考慮しうるようにしたかれの功績は、独創的である。マルクスはかれを『近代経済学の創設者』と名づけたのは、むろん、ペティが労働価値説の創設者であったからだが、そういう経済学の上に財政論を樹立したということからいえば、われわれは、ペティを『近世財政学の創設者』と呼んでいい。近世財政学は近世経済学のうえに立つものであるからである」[45]と、ペティの財政論を評価している。

　ペティの『租税および貢納論』は、国家財政の全般、すなわちその公共経費および国家収入などの諸方面にわたり、きわめて体系的かつ詳細に論述を試みたものであって、まさに近代以前における財政論の白眉と称するに足るものであると考えられる[46]。対象をイギリス租税論史に限定するならば、ペティの地位はより決定的なものとなる。ペティは、イギリスにおいて租税に関する問題全般を体系的に取り扱った最初の人物である。より具体的にいえば、ペティは、独立した租税論についての著作を最初に公刊した人物であ

る。租税転嫁論に大きな足跡を残したセリグマン（E. R. A. Seligman）は、その著『租税転嫁論』（*The Shifting and Incidence of Taxation*, 1899）において、ペティは「租税を主題とする著書を著わした最初の英国学者として有名である」[47]と評している。また、経済学史家ルイス・ヘネー（L. H. Haney）も、その著『経済思想史』（*History of Economic Thought*, 1920）において、ペティは「租税に関する英国最初の科学的著者と呼ばれている」[48]と評している。一般に、まるまる租税に捧げられた最初の労作は、1790年に公刊された匿名書『租税原理の研究』（*Enquiry into the Principles of Taxation*）であるといわれており、この書に対して与えたペティの『租税および貢納論』の影響を考えたとき、セリグマンとヘネーのペティに対する評価は、あながち過大なものとはいえない[49]。

注
（1）ペティの生涯については、さしあたり次の文献を参照せよ。John Aubrey, *Sir William Petty*, in O. L. Dick, ed., *Brief Lives*, London, 1950, pp. 237-241.; W. L. Bevan, "William Petty: A Study in English Economic Literature", in *Publication of the American Economic Association*, Vol. IX, No. 4, 1894, Chap. Ⅰ・Ⅱ.; Edmond Fitzmaurice, *The Life of Sir William Petty, 1623-1687*, London, 1895.; do., "Petty, Sir William (1623-1687)", in *Dictionary of National Biography*, Vol. XV, London, 1909.; Samuel Pepys, *The Diary of Samuel Pepys, with an Introduction and Notes by G. Gregory Smith*, London, 1920.; C. H. Hull, *Petty's Life*, in C. H. Hull, ed., *The Economic Writings of Sir William Petty*, Vol. I Cambridge, 1899.; Tony Aspromourgos, "The Life of William Petty in Relation to His Economic Writings", *History of Political Economy*, Vol. XX, No. 3, 1988.; 藤本幸太郎「ペチーとグロントの生涯（上）」、『統計学雑誌』第617号、1937年11月；同「ペチーとグロントの生涯（続き）」、『統計学雑誌』第620号、1938年2月；大内兵衛「ペッティーの生涯と業績」（同訳『政治算術』栗田書店、1941年、所収）；松川七郎「サー・ウィリアム・ペティの生涯」、『経済研究』（一橋大学）第1号、1951年1月；同『ウィリアム・ペティ―その政治算術＝解剖の生成に関する一研究―（増補版）』岩波書店、1967年、第1章～第3章。
（2）David Ogg, *England in the Reign of Charles II*, Vol. I, Oxford, 1934, p. 733.
（3）Marquis of Lansdowne, ed., *The Petty Papers, some unpublished Writings of Sir William Petty*, Vol. I, London, 1927, rpt. New York, 1967, p. xiii. 松川七郎、

前掲書、3頁。
（4）王政復古後におけるペティの諸著作については、松川七郎「王政復古後における Petty の公刊諸著作概観」、『経済研究』（一橋大学）第 21 巻第 3 号、1970年 7 月、276-279 頁を参照せよ。
（5）Cf. Marquis of Lansdowne, *op. cit.*, Vol. I, pp. xvii-xx.
（6）Vgl. Wilhelm Roscher, *Zur Geschichte der englischen Volkswirtschaftlehre im sechzehnten und siebzehnten Jahrhundert*, Leipzig, 1851, S. 68. 杉本栄一訳『英国経済学史論── 一六・一七両世紀に於ける──』同文館、1929 年、145 頁。
（7）Karl Marx, *Zur Kritik der Politischen Ökonomie*, Berlin, 1859, in *Karl Marx-Friedrich Engels Werke*, Bd. 13, Berlin, S. 234. 武田隆夫・遠藤湘吉・大内力・加藤俊彦訳『経済学批判』岩波書店、1980 年、60 頁。
（8）Cf. C. H. Hull, ed., *op. cit.*, Vol. I, Vol. II.; Edomond Fitzmaurice, *op. cit.*, p. 185.; Wilhelm Roscher, *a. a. O.*, S. 68. 邦訳、144-145 頁；高野岩三郎「社会科学者としてのペティー」（同『社会統計学史研究（改訂増補）』栗田書店、1942年、所収）、44-47 頁；大内兵衛、前掲論文、52-72 頁。
（9）時永淑『経済学史』（第一分冊）、法政大学出版局、1962 年、109-110 頁。
（10）政治算術に関する諸論文は、以下のものである。①『ロンドンの拡大に関する政治算術』（*Another Essay in Political Arithmetick concerning the Growth of the City of London*, London, 1683) ②『ダブリンの死亡表に関する観察』（*Observations upon the Dublin-Bills of Motality, 1681, and the State of that City*, London, 1683) ③『ダブリンの調査に関する観察続論』（*Further Observation upon the Dublin-Bills: or, Accompts of the Houses, Hearths, Baptisms, and Burials in that City*, London, 1686) ④『ロンドンおよびパリの人口、居住、病院その他に関する二つの政治算術論文』（*Two Essays in Political Arithmetick, concerning the People, Housing, Hospitals, &c. of London and Paris*, London, 1687) ⑤『ロンドンおよびローマ両市に関する観察』（*Observations upon the Cities of London and Rome*, London, 1687) ⑥『政治算術に関する五論』（*Five Essays in Political Arithmetick*, London, 1687)
（11）大内兵衛、前掲論文、66 頁。
（12）井手文雄『古典学派の財政論（増訂新版）』創造社、1960 年、22 頁。
（13）同上書、23 頁。
（14）C. H. Hull, *op. cit.*, Vol. I, p. vii.
（15）Cf. Marquis of Lansdowne, *op. cit.*, Vol. I, pp. v-xii.
（16）L. Hogben, *Prolegomena to Political Arithmetic*, London, 1938, p. 23.
（17）A. Powell, *John Aubrey and his Friends*, New York, 1948, p. 261.
（18）John Evelyn, *The Diary of Evelyn, with an Introduction and Notes by Austin Dobson*, London, 1908, p. 298.

(19) Ibid.
(20) Charles D'avenant, *Discourses on the Public Revenues, and on the Trade of England*, London 1698, in Sir Charles Whitworth, col. and rev., *The Political and Commercial Works of that Celebrated Writer Charles D'avenant*, LL. D., London, 1771, rpt. Franborough, Hants, 1967, Vol. I, p. 144.
(21) Marquis of Lansdowne, *The Petty-Southwell Corespondence 1676-1687*, London, 1928, rpt. New York, 1967, p. 333. なお、このサウスウェルの言辞は、ペティの死に際してかれが用意した墓碑銘の一部であるが、結局実現はしなかった。
(22) Y. M. Goblet, *La transformation de la géographie politique de i'Irlande au XVIIe seecle dans ies cartes et essais anthropogéographiques de Sir William Petty*, Vol. II, Paris, 1930, p. 359.
(23) Wilhelm Roscher, *a. a. O.*, S. 53. 邦訳、147頁。
(24) *Ebenda*, S. 70. 邦訳、149頁。
(25) Eric Roll, *A History of Economic Thought*, London, 1938, 2nd ed., 1945, pp. 100-101. 隅谷三喜男訳『経済学史』(上)、有斐閣、1954年、103頁。
(26) 大内兵衛、前掲論文、82-83頁。
(27) 近代経済学は誰によって創始されたのかは、経済学説史上における一つの大きな問題である。通説では、近代経済学の創始は、アダム・スミスによってなされたとされている。このほかにも、カンティロン、ケネー、ステュアート、リカードをもって、近代経済学の創始者とする見解もある。稀に、モンクレティアンやヤラントンの名を挙げる者もいる。
(28) J. R. McCulloch, *The Literature of Political Economy: A Classified Catalogue of Select Publications in the Different Departments of That Science, with Historical, Critical, and Biographical Notices*, London, 1845, rpt. Fairfield, 1991, p. 319.
(29) *Ibid*.
(30) Vgl. Wilhelm Roscher, *a. a. O.*, S. 76-85. 邦訳、160-180頁。
(31) G. L. Craik, *A Compendious History of English Literature, and of the English language, from the Norman Conquest, with numerous specimens*, Vol. II, London, 1861, 4th ed., New York, 1897, p. 189.
(32) Meitzel, *William Petty*, in Johannes Conrad, et al. ed., *Handwörterbuch der Staatswissenschaften*, Bd. 5, Jena, 1890, 2 Aufl, 1900, S. 145.
(33) *Ebenda*, S. 146.
(34) Karl Marx, *Theorin Über den Mehrwert*, Stuttgart, 1805, in *Werke*, Bd. 26, 1 Teil, Berlin, 1965, S. viii. 長谷部文雄訳『剰余価値学説史―資本論第4部―』青木書店、1958年、6頁。

(35) Friedrich Engels, *Herrn Eugen Dühring Umwälzung der Wissenschaft*, Stuttgart, 1894, in *Werke*, Bd. 20, Berlin, 1962, S. 286. 栗田賢三訳『反デューリング論―オイゲン・デューリング氏の科学の変革―』(下)、岩波書店、1974年、144頁。

(36) ペティの労働価値説にいち早く関心を寄せたのは、シューアルである。シューアルは、ペティの名前を挙げつつ、次のようにいっている。「経済科学への前進は、17世紀の経験主義の著作家の仕事がなかったならば、不可能であった」(H. R. Sewall, *The Theory of Value before Adam Smith*, New York, 1901, rpt. 1968, p. 69. 加藤一夫訳『価値論前史―アダム・スミス以前―』未来社、1972年、90頁)。ベーアも、ペティが提唱した労働価値説がそれまでの効用価値説に代わる新たな学説であったことに注目して、ペティを「イギリス古典派経済学の創始者」(the initial of English classical economics) と呼んでいる (Max Beer, *Early British Economics from the XIIIth to the Middle of the XVIIIth Century*, London, 1938, p. 168)。

(37) J. A. Schumpeter, *History of Economic Analysis*, Oxford, 1954, rpt. 1976, p. 209. 東畑精一訳『経済分析の歴史』(2)、岩波書店、1967年、435-436頁。

(38) *Ibid.*, p. 213. 邦訳 (2)、446頁。

(39) ヒックスも、ペティを、カンティロンやケネーの『経済表』(*Tableau économique*, 1758) に対する影響に注目して、「社会会計の父」としている (J. R. Hicks, "The Social Accounting of Classical Models", in J. R. Hicks, ed., *Classics of Moderns: Collected Essays on Economic Theory*, Vol. III, Oxford, 1983, p. 17)。

(40) とくに明記すべきことは、財政思想の経済理論への接近である。具体的には、第1に、富をもって「過去の労働の結果」とし、「現存する諸々の能力」と異ならないとの観点から、国富の所収 (proceed) と人民の労働の所収とをもって総所得と総支出とを構成させ、経済生活において富と労働とは基本的な関連性を有することを明らかにしている。第2に、ペティはこの総支出額、換言すれば総所得額の経済循環構造における財政の介入とその再帰過程、財政の産業に及ぼす影響などについて、素朴な図式的表現を私的部門と公共部門に分けて、しかも経済現象の数量的把握を行っていることである。租税論についていえば、第1に、租税収入をもって財政収入の中核に据え、第2に、財政収入が常に公共経費によって制約されるとの均衡理論を提唱し、第3に、課税の原則を提示し、第4に、合理的租税制度の確立を提唱していることである。

(41) 井手文雄、前掲書、13-14頁。

(42) Cf. William Letwin, *The Origins of Scientific Economics: English Economic Thought 1660-1776*, London, 1963, rpt. Westport, 1975, p. 142.

(43) 井手文雄、前掲書、15頁。

(44) 同上書、13-14頁。
(45) 大内兵衛「ウィリアム・ペティ『租税及び貢納論』の学説史的意義」(東京大学経済学会編『古典学派の生成と展開』有斐閣、1952年、所収)、71-72頁。
(46) 高野岩三郎、前掲論文、45頁。
(47) E. R. A. Seligman, *The Shifting and Incidence of Taxation*, New York, 1899, 5th ed., 1927, rpt. 1969, p. 30. 井手文雄訳『租税転嫁論』(第1部)、実業之日本社、1950年、37頁。
(48) L. H. Haney, *History of Economic Thought*, New York, 1920, rpt. 1923, p. 128. 大野信三訳『経済思想史』(上)、而立社、1923年、13-14頁。
(49) E. R. A. Seligman, "On Some Neglected British Economists", in *Essays in Economics*, London, 1925, p. 83.

第2章　ペティ租税論の時代的背景

第1節　イギリス経済の動向と重商主義の変容

　ペティが活躍した17世紀は、イギリス史において、国内的にも国際的にも、また経済面においても政治面においても、大きな転換期あるいは激動期であった。まず、国内の経済面では、16世紀後半からペティの生まれた17世紀前半にかけて、イギリスにおいて「初期産業革命」[(1)]と呼ばれる産業のめざましい発展があった。経済史家ネフ（J. U. Nef）は、この初期産業革命の事実を、「イギリスにはかつて1度ならず2度の産業革命があった。最初のものは、1536年と1539年の修道院解散に続く100年間に起こった。……1547年に終るヘンリー八世の治世、イギリスは、フランスを含む大部分の大陸諸国と比べると、産業上停滞状態にあった。両国のこうした形勢は、それに続く80年間に逆転している。それは、イギリスで16世紀の40年代にはじまり、ほぼ1575年から1620年にかけて最も速やかであった産業上の一大発展の結果であった。1625年から1642年に至るチャールズ一世の治世にはすでに、イギリスは鉱業や重工業において、いまだなおなりおおせたわけではなかったとしても、まさに、ヨーロッパの指導的国家にならんとしていた」[(2)]と指摘している。また、同じく経済史家のフィッシャー（F. J. Fisher）も、この初期産業革命について、「ひとつだけ十分はっきりしていることがある。それは、16・17世紀はイギリスの農業・工業生産高が増加した時代であったということで、これは疑う余地のないことである。……鉱物の生産高も、石炭は目覚しい増加を見せていたし、鉄、鉛、塩の場合も着実な伸びを示していた。第2次産業の分野も、新毛織物の導入とか、木綿・絹織物・

ガラス製造・製紙・真鍮製造、製糖といった各業種のほか、これまではなっても微々たるものであったその他の業種などが、いずれも発展したために著しく幅の広いものとなった」[3] といっている。ここに引用したネフとフィッシャーの叙述の中に、初期産業革命と呼ばれるこの時代のめざましい経済発展の様子が、よく示されている。

　他方で、この時期のイギリスは、幾度かの不況にも見舞われた。ルーヴァー（Raymond de Roover）によれば、イギリスは1564年、1576年、1586-1588年などに不況に見舞われているが、1620年から4年ないし5年間続いた不況は、最も激しいものであった[4]。ペティが生まれた1623年は、まさに「イギリスの歴史において最も記憶されるべき」[5] 大不況の最中であり、「輸出は3分の1に減少し、羊毛価格は下落し、失業が全国的規模にわたって認められた」[6] 時期であった。そして、この不況は、経済史家リプスン（E. Lipson）の指摘するところによれば、「飢餓によって増悪された1629-1631年の業況不況」[7] とともに、1614年以後における「オルダーマン・コケイン計画」（Alderman Cockayne's Project）の失敗によって増幅された、初期ステュアート朝における慢性的不況の頂点をなすものであった。こうして、ペティが生まれた17世紀初頭のイギリスは、不況を繰り返しながらも、初期産業革命に支えられて、めざましい経済発展を実現した時代であったのである。

　また、ペティの青春時代に当たる17世紀中葉も、イギリス経済史のうえで、特筆すべき時期であった。経済史家は、この時期におけるイギリス経済の変化を「新情況」[8] と呼んでいる。それは、主として人口、物価、賃金などの動向の変化によってもたらされた。すなわち、この時期に、それまで増加傾向にあった人口が停滞し、上昇傾向にあった物価も安定し、さらに農産物価格の下落もあって、実質賃金の上昇がもたらされた[9]。こうした変化は、イギリス経済の成長パターンを大きく転換させることになった。この成長パターンの変化の内容は、川北稔によれば、「1620年代から17世紀中葉までの期間は、いわば『16世紀型』の経済成長のパターンが破産し、転型してゆく転換期にあたっている。すなわち激しい人口増加の圧力を受けて、総体

としての国民経済の規模は膨張を続けながら、一人当たり実質所得は、実質賃金の激減に象徴されるように、ほとんど上昇しない16世紀型の成長から、逆に一人当たり所得がかなり急速に向上したと思われる17世紀中期以降の成長型へ転換が起こった」[10]というものであった。さらに、この時期に、貿易構造の面においても、「貿易革命」[11]あるいは「商業革命」[12]と呼ばれる大きな変化が生じた。その一つは、再輸出（中継）貿易の増大である。イギリスでは、1640年ごろから貿易全体が拡張傾向を示したが、とりわけ再輸出が大きく伸張した。これは、主として北アメリカ大陸やアジアからの輸入の著しい増大を反映して、これらの地域からの産物の再輸出のためであったが、全輸出の30％ほどを占めるに至った[13]。この時期に、イギリスの貿易は、いまや全体として大幅にヨーロッパ以外の地域に依存するようになったのであり、再輸出の重要品目は、タバコ・キャリコ・リネン・絹などであった[14]。貿易構造面における大きな変化のもう一つは、各種製造業の発展にともなう製造品輸出の多様化であった。長い間、羊毛工業に特化していたイギリスの製造業は、この時期に、「初期産業革命」の成果を示しはじめ、他方では植民地市場の成長に刺激されて、絹・綿・亜麻・皮革・石鹸・ろうそく・ガラス・金物などの雑工業品の輸出を増大させはじめた。こうした、毛織物輸出の相対的な比重の低下と、それ以外の製造品輸出の比重の上昇は、今日でいうところの原基工業化（プロト工業化）による製造業の多角的成長を反映したものであるといってよいであろう[15]。このように、17世紀のイギリスでは、中継貿易の顕著な成長、毛織物輸出の相対的比重の低下と雑工業品輸出の比重の上昇、ヨーロッパ貿易の増大など、貿易構造面において大きな変化が現われてきた。このことは、この時期が、イギリス貿易史において、一つの大きな転換期であったことを示しているといってよい。

17世紀のイギリスは、現実の政策のうえでも、またそれを理論づける学説のうえでも、重商主義の転換期に相当していた。まず、現実政策についていえば、ペティが生まれる3年前の1620年には、先に触れた不況対策の一環として、議会が羊毛の輸出禁止を断行し、「国民的産業としての毛織物工

業」(16)を一層強固なものとするための第一歩を踏み出した。イギリスの羊毛工業の歴史は、1066年のノルマンの征服以降にはじまり、その発展の歴史はイギリス工業の発展の歴史でもあり、また縮図でもあるといわれている。14世紀後半から15世紀にかけては、イギリスの羊毛工業にとって大きな転換期となった(17)。それは、主として原料としての羊毛の輸出国であったイギリスが、14世紀中ごろのエドワード三世の保護育成政策による毛織物工業の発展により、毛織物輸出国に転換したことである(18)。16世紀後半から17世紀にかけて、イギリスの毛織物輸出貿易は、著しく増大した。それは、経済的ナショナリズムの影響を受けた外国貿易商人の占め出しによる旧来のプロシアとイベリア半島との貿易の増大と、地理上の発見にともなうトルコ、ロシアなどヨーロッパの遠隔地や、アジア、北アメリカ大陸など、貿易先の新たな開拓によるものであった。これらの新しい地域との貿易には、独占権を与えられて新たに設立された特許会社が当たったが、ロシア会社（Russian Company）、レヴァント会社（Levant Company）、ヴァージニア会社（Virginia Company）など、そのほとんどは毛織物輸出を主として取り扱っていた(19)。こうして、この時期に、毛織物は、イギリスの外国貿易の主要な輸出品となり、国民的輸出産業としての地位を確立したのである。しかし、1620年5月に入って、拡大をたどっていた毛織物輸出貿易が急激に衰退する事態となり、一般的不況の形となって瞬く間にイギリス全土に広がり、同国の全経済にとってきわめて深刻な状況を引き起こした(20)。そこで議会は、この毛織物輸出の衰退による不況のもつ影響を考慮して、その原因と対策とを検討するための委員会を設置した。この委員会は、すみやかに不況の原因についての検討を行い、1622年6月に7項目からなる対策を示した。その中の一つが、羊毛の輸出禁止措置であった(21)。こうした対策によって、毛織物輸出貿易は徐々に改善されたものの、不況そのものはいまだ回復されなかった。そこで、議会は新たな委員会を設置して一層の対策について検討を進め、1624年7月に、①冒険商人組合は組合員を制限してはならない、②カージー等および染色仕上済梳毛織物（new draperies）と呼ばれるすべての製品の貿易は

完全に自由にすべきである、③染色、仕上げされた毛織物の貿易の自由、などを内容とする改革を行った(22)。ペティが生まれた翌年の議会によって行われたこの改革は、先の羊毛の輸出禁止とともに、イギリスの重商主義政策の歴史に一段階を画するものであった。

　また、現実の経済政策と密接に関連する重商主義学説についていえば、1621年には、「貿易差額理論の創始者」と称されているマンの最初の主著『東インド貿易論』(23)が公刊され、経済社会の総体的な把握が、すでにはじめられようとしていた。マンの『東インド貿易論』は、1620年にはじまった不況を契機として、東インド会社の重役という指導的地位にあったかれが、不況の原因の一端が同社にあるとする非難攻撃から会社を弁護する目的で執筆したものである。本書で、マンは、「外国貿易は常に一国に役立ち一国を富裕ならしめるすぐれた手段である」(24)とする基本的観点に立って、その外国貿易を拡大するために、国内産業とくに製造業の振興を推奨した。換言すれば、人々の勤労が富を生産する基礎であると考え、それによる製造業の維持・増進を強調し、同時にそれが対外貿易の増大を導くことになることを主張したのである(25)。このことは、マンが、流通面から生産面へも視野を拡大して、不十分ながらも一国における国民経済の構造を全体的に捉えて、分析・考察しようとしていたことを意味するものであるといってよいであろう。

　さらに、1622年から翌年にかけて、「ブリオニズムの最重要な代表者」(26)と目されているマリーンズと「指導的な重商主義者」(27)で「貿易差額」(balance of trade) の最初の提唱者であったミッセルデンとの間で、重金主義と貿易差額論、すなわち「半中世的経済統制と端緒的自由放任とのあいだにおける根本的な論争」(28)が展開された。両者の論争の直接的契機となったのは、やはり、1620年にはじまった貿易とくに毛織物輸出の不振と、それによる国内産業の不況であった。この当時のイギリスが直面した経済問題に対して、王立為替委員会の委員であり貿易商人でもあったマリーンズは、『イギリス王国の癌の概観』(*A Treatise of the Canker of England's Commonwealth*, 1601)(29)を著わし、当時の多くの重商主義者に共通して見られた、貨幣的富

の国内への流入をいかにして増大せしめるかという形での国富増大促進の観点から、その解決策を提示しようとした。まず、マリーンズは、不況の当初にはその原因がイギリス国内における貨幣不足であると見られていたため、貨幣・地金銀の国外への流出原因となる貿易条件の不利、つまり国内商品の不当な廉価と外国商品の不当な高価を引き起こす原因として、外国為替取引の悪用を挙げる[30]。すなわち、マリーンズは、大陸の金融業者・商人による外国為替取引の悪用が、国内からの貨幣・地金銀の流出を引き起こし、そのため、国内商品の不当な廉価と外国商品の不当な高価が生じ、それが貿易条件の不利となって、貨幣・地金銀と国内商品の双方を失うこととなり、国富の減少を招来することになると考えた。そこで、マリーンズは、為替取引の悪用を防止するためには、ひとり国家権力による貿易業務の直接的規制こそが重要であると考えたのである[31]。これに対して、冒険商人組合の有力なメンバーで東インド会社の委員を務めた経験のあるミッセルデンは、『自由貿易論、または貿易振興の方途』(*Free Trade, or The Means to make Trade Flourish*, 1622)[32]（以下、『自由貿易論』と略称）をもって、マリーンズとは異なった立場から、先の経済問題に対する解決策を与えようとした。

ミッセルデンは、マリーンズが不況の解決策を為替問題に集約してその直接的規制を主張したのとは対立的に、いまだ不十分ではあったが、経済問題をより一般的な外国貿易のうえに考えようとしたのである[33]。しかし、同じ事態に対処しようとしながら『自由貿易論』では、為替問題が取り扱われていなかったため、マリーンズは、新たに『自由貿易の維持』(*The Maintenance of Free Trade*, 1622)[34]および『慣例集、もしくは商事法』(*Consuetudo, Vel, Lex Mercatoria*, 1622)[35]を公刊して、ミッセルデンの見解を批判したのである。マリーンズは、あくまでも貿易衰退の象徴であるマイナスの貿易差額の根本原因は為替の悪用であるとして、その具体的な方策は、①ステープル政策、使用条例の復活、②さらに為替業務のすべてを王立為替取扱人の手によって行うことにより為替レートが法定平価と異なることのないように規制する、③法定平価以上あるいは以下での為替取引の禁止を内容とする為替条例

(Statute of Exchange) の制定実施などであるとした⁽³⁶⁾。マリーンズが主張するこれらの諸方策は、いってみれば、古い重金主義の諸政策の復活と再建を図るものであったといってよい。マリーンズの批判に対して、ミッセルデンは、『商業の円、または自由貿易擁護のための貿易差額』(*The Circle of Commerce. or the Ballance of Trade in Defence of free Trade*, 1623)⁽³⁷⁾ (以下、『商業の円』と略称) をもって、反批判を行った。すなわち、ミッセルデンは、マリーンズの見解に対抗して、為替が貨幣・地金銀の流出の原因ではなく、為替相場は他の商品の価格と同じく需要と供給によって定まるものであるとし、貨幣の多寡が常に貨幣を変動せしめるのであって、その貨幣多寡は外国貿易のバランスによって規定されるのであると主張した⁽³⁸⁾。こうして、ミッセルデンは、ペティが生まれたまさにその年に公刊され、また公刊著作に"balance (ballance) of trade"という言葉を用いた『商業の円』において、当時の貿易不振、貨幣不足、不況の原因とその対策を探求するという実践的意図から、しだいにその原因を貿易の不振の側面に認めることによって、やがて貿易差額論を前面に押し出したのである。このミッセルデンの見解に対して、マリーンズはさらに、『商業の円の中心』(*The Center of the Circle of Commerce*, 1623)⁽³⁹⁾ を公刊して応答した。

　以上に概観したような、17世紀のはじめに、不況の原因とその対策をめぐってマリーンズとミッセルデンとの間で行われた「外国為替論争」あるいは「経済論争」と呼ばれているこの論争は、結局ミッセルデンの事実上の勝利で終結した⁽⁴⁰⁾。というのは、ミッセルデンの主張が1623年の貨幣改革で取りあげられ、不況の著しい回復となってその効果を現わしたからである。また、マリーンズ流の為替重視論は、貿易委員会 (Commission for Trade) においても、貿易差額論を体系的に完成させることに成功した同時代人のマンによって否定され、貨幣流出の原因は貿易差額の逆調に原因があり、低為替相場はその結果であって、マイナスの貿易差額の原因ではないことが定式化されたからである⁽⁴¹⁾。以上のように見てくるとき、ペティが生まれた17世紀の初頭は、イギリスの重商主義が、その現実政策においてもまたその学説

のうえにおいても、個別的取引差額主義の段階から、新たな貿易差額主義の段階へと転換する、その重要な時期であったといってよいであろう[42]。

　17世紀の中葉のイギリスでは、ウィルソン（Charles Wilson）が「形勢一変」[43]といっているように、政治面においても市民革命（Civil War）が発生して、政治権力が絶対君主たる国王から議会へと移行し、政治制度上の大きな変化が起きた。後述するように、1642年にはじまった市民革命は、直接的には、絶対王政の遅れた封建的・専制的な政治権力機構の排除を目指すものであった。しかし、リプソンが指摘しているように、この市民革命は、「伝統的な社会機構を維持しようとする国王とこれに対して攻勢的進歩的中産階級との間の決戦」[44]であった。また、それは、「単に国王対議会……の問題ではなく、経済上の機能を制限的ではあるが秩序ある基礎の上に基づかしめようとする共同体と、ただひとり自己の途を切り開こうとする企業家との対立の問題であった」[45]のである。すなわち、市民革命は、絶対王政の専制的権力構成を破壊して議会政治を確立しようとするものであったのであるが、それはまた、進歩的なジェントリ・大地主あるいは新興ブルジョアジーが促進する、初期資本主義の自由な発展の障害となっていた伝統的・協同体的な産業統制を排除しようとするものでもあったのである[46]。市民革命の過程の中で、イギリス資本主義の自由な発展の道を閉ざす絶対王政の封建的・専制的権力構成と、国家の伝統的・協同体的な産業統制を排除し、進歩的なジェントリや独立自営農民・手工業者、産業資本家層を中核とする立憲君主制による議会権力が確立されたのである[47]。この意味において、市民革命は、「企業家の進路を妨害していた一つの障害を取り除いた」[48]のであり、「イギリスにおける資本主義の転換点」[49]となったのである。まず、農業面においては、1656年の議会による囲い込み制限法の不承認、1670年の穀物法の導入が挙げられる。これらは、大土地所有と資本家的農業経営を促進する目的で、地主や資本家的借地農の利益を図る政策として行われたものである。また、商業の面においては、1651年と1660年に航海条例が、また1663年には貿易促進法が、それぞれ制定された。これらは、重商主義政策

の重要な柱である植民地政策に基づくものであって、直接的には商業資本のための政策であったが、他方では、原料を確保して本国産業を育成・振興するという面ももっていた(50)。こうして、市民革命は、「国家の統制が緩和されたという点において、きわめて重要な経済的意義が存する」(51)のであって、しかも、それらは、それ以降における重商主義政策の重要な支柱をなすことになる。政治権力の交代をともなった市民革命を境にして、重商主義政策は、専制的・直接的・個別的なものから、議会で一般に承認されたものとしての間接的・体系的なものへと大きく転換されていくことになるのである。こうして見てくるとき、イギリスの17世紀中葉は、絶対君主が政策主体である絶対主義的重商主義から議会が主体である議会的重商主義へと転換する、その重要な時期であったといってよいであろう(52)。

第2節　イギリス政治の動向―課税権をめぐる対立―

　ペティがその生涯を送った17世紀のイギリスは、国王を中心とする封建的勢力と議会を中心とする市民階級との間に闘争が繰り広げられた、イギリス政治史上稀に見る動乱の時代であった。このような国王と議会との対立抗争の基底には、イギリス経済の発展にともなう進歩的な市民階級の台頭という思潮が存したのであるが、直接的には議会に対する国王の財政的要求があったのである。財政問題における、国王を中心とする封建勢力と議会を中心とする市民階級との間の対立は、古くはヘンリー一世治世下1100年の「自由憲章」(Charter of Liberties)(53)、ジョン王治世下1215年の「マグナ・カルタ」(Magna Carta)(54)および「1287年エドワード治世の法」(the Statute de Tallagio non Conedendo)(55)をはじめとして活発に行われ、「課税は代表をともなう」(representation should accompany taxation)ものとして、議会の課税に関する権威はしだいに確立され、14世紀には、直接税であると間接税であるとを問わず、原則として議会の承認なくしていかなる租税も課されないことが示されるに至った。しかし、後に王権が伸張するにしたがい、この課税に

関する議会の権威は崩壊し、租税の賦課は国王の権威をもって裁量的に行うことができ、議会の承認を必要としないとされるようになった。その典型的な表われが、ジェームズ一世治世下の1606年に、関税の増徴に対してトルコ商人のベイト（John Bate）が非合法課税であるとしてその支払いを拒否して告訴されるに至った、いわゆるベイト事件（Bate's Case）と呼ばれるものである[56]。このベイト事件は、審理を担当した財務裁判所（Court of Exchequer）が国王大権は慣習法によって拘束されないゆえに絶対的であるとの判決を下したことによって、関税の増徴が完全に合法的であることが確認され、徹底的に国王側の有利のうちに終幕した。このようにして、議会の承認を必要とせず国王大権の恣意的発動に基づいて徴収される付加的な関税は、その後もその合法性・違法性をめぐる激しい論争を惹起し、国王を中心とする封建勢力と議会を中心とする市民階級との間の対立を激化させた[57]。しかし、その後、イギリスが、1618年以来フランスとの間に30年戦争をはじめるに及んで、国王の財政的必要はますます増大をきわめ、財政的窮乏のために、議会に対して妥協的態度をとることを余儀なくされるに至ったのである。

　国王と議会との対立は、チャールズ一世治世下においてその極に達した。1621年に、ジェームズ一世はおよそ7年ぶりに議会を召集した。その目的は、ヨーロッパ大陸で30年戦争に巻き込まれていた女婿フリードリッヒ五世（プファルツ選帝侯）に援軍を派遣するために必要な戦費を調達することであった。当時、ボヘミアの国王として迎えられていたフリードリッヒ五世は、スペインによってプファルツを侵略されていた[58]。しかし、議会は、この戦費調達のために補助金を国王に与えることには批判的であった。最終的には、議会はこれまでの慣例に従って補助金を国王に与えることを承認したが、このことは、ただちに議会の国王への屈服を意味するものではなかった[59]。なぜなら、議会は、承認の後に、国王大権に基づく独占を廃止することに懸命な努力を傾けたからである。そして、この過程で、議会は国王の行政活動を監視・規制できる独立した権限をもつ機関として自ら認識を深め、そうした

認識の下に行動するようになったのである。いわば、議会は、中世的な身分制議会から近代的な議会へ脱皮をなしとげつつあったといってよいであろう。こうした事態は、王権神授説を固く信じていたジェームズ一世にとって、不快きわまりないものに映ったであろうことは容易に想像できる。したがって、このころから国王と議会との関係が急速に悪化していくことになるが、それに国王の大権に対する慣習法の優位を宣言することになる独占禁止法の議会での審議の進行が拍車をかけた(60)。1624 年に召集された議会も、対スペイン戦争遂行のための戦費調達のためのものであったが、この戦争のあり方をめぐって国王と議会との対立が表面化した。この議会で、ジェームズ一世は、補助金による 100 万ポンドの戦費調達を求めたが、議会が承認したのは 30 万ポンドにすぎなかった。しかも、議会は、その 30 万ポンドの使途を、イギリス本土の防衛、アイルランドの安全、対スペイン戦争で戦っているオランダの援助および海軍の装備の充実という四つに限定し、その支出は議会の中に設けられる軍事委員会の指示に従ってなされるべきことを条件とした(61)。

　1625 年 3 月に即位したチャールズ一世が、同年 6 月にはじめて召集した議会の目的も、前議会でのジェームズ一世におけるのと同様に、対スペイン戦争のための戦費調達であった。しかし、このときの議会も、補助金の承認にきわめて強い難色を示した。チャールズ一世は、100 万ポンドの戦費を補助金で賄うことを求めたが、議会が承認したのはおおよそ 12 万ポンドにすぎなかった。しかも、前議会が与えた戦費の支出状況を軍事委員会の帳簿によってこと細かに検査し、その一部は違法なものであったことを認定したうえでのことであった。さらに、議会は、それまで新しい治世のはじまりに当たって新国王に与えられることが慣例となっていたトン税・ポンド税 (tonnage and poundage) を、一年限りに制限してしまった。こうして、チャールズ一世は、即位後ただちに、議会承認の財政的裏づけを欠いたまま対スペイン戦争を遂行せざるをえない状況に陥ったのである。加えて、チャールズ一世が、1624 年に起きたユグノー教徒の反乱に介入したため、イギリスは

フランスとも戦わなければならない状況に追い込まれた。そのため、チャールズ一世は、これまで以上に戦費調達の必要に迫られたが、1626年の議会は補助金の承認をまったく拒否した。そこで、チャールズ一世は、議会の承認を得ない、トン税・ポンド税の徴収、公債を国民に強制的に割り当てるいわゆる強制公債（forced loan）、および船舶税（Ship Money）の徴収など、非合法的な方法によってこの窮状を脱しようとした。ここで、とくに問題となったのは、強制公債と船舶税であった。強制公債は、一応は公債という形式をとってはいるが償還されるのかどうかについては不確実で、しかも引き受け拒否者に対しては枢密院への喚問、逮捕、投獄、軍隊への強制徴募をするなど強権的なものであった(62)。したがって、当然に、強制公債反対運動が、グロスターシャー（Gloucestershire）、リンカンシャー（Lincolnshire）、ノーサンプトンシャー（Northamptonshire）などをはじめとして、イギリス各地で展開された。中でも、人口のおよそ3分の2に721ポンドが割り当てられたエセックス（Essex）で展開された反対運動は、その規模においても階層的な広がりにおいても最大のものであった(63)。しかし、このような反対運動は、チャールズ一世の硬軟両用の懐柔工作によってそのほとんどが抑え込まれ、1627年末までに初期の目標額に近い27万ポンドが調達された。しかしながら、この短期的な財政政策的成功は、長期的には大きな政治的代償を支払わなければならなかった。というのは、強制公債の強引な割り当ては、議会と国民の自由が危機にさらされていることをイギリス国民にはっきりと知らしめて、国民の政治的忠誠の対象が国王から議会に急速に転換していくことになったからである(64)。

　チャールズ一世が施行した強制公債は、一定の財政的成功を収めはしたが、これをもって1627年末における財政状況が完全に改善されたわけではなかった。1627年のユグノー反乱にともなうフランス出兵による負債が10万ポンドを超え、翌年には20万ポンドが見込まれていた。さらに、フランス・スペインによる襲撃の危機下にあった南部イギリスでは軍隊の民家宿営が行われ、その費用を用意する必要があった。そのうえ、除隊した兵士が未払い

第 2 章　ペティ租税論の時代的背景

給与分のすみやかな支払いを求めていた。その間に、政府は、ロンドン・シティから 2 万ポンドの資金の貸し付けを受け、さらには 2 万ポンドの追加的貸し付けをシティに求めていた(65)。そこで、チャールズ一世は、1628 年に再び議会を開き、脅迫的な言動をもって自らの要求を実現しようとした。これに対して、議会は、この時代の最大の法学者であり王座裁判所長であったコーク（Edward Coke）が中心となって、議会の承認を得ずに公債または租税を課さないこと、軍法によって国民を裁判しないこと、みだりに国民を逮捕したり投獄したりしないこと、などを内容とする全 11 条からなる「権利の請願」(Petition of Rights)(66) を起草し、同年 6 月に議会の決議としてチャールズ一世に提出した(67)。チャールズ一世は、1629 年に議会を解散することによってこれに対抗し、以後 1640 年までの 11 年間議会を開くことなく純然たる絶対王政の政治を強行した。いわゆる、無議会政治＝親政（personal rule）と呼ばれるものである。しかし、海軍の増強を目的として、1634 年に導入された船舶税は、国民の国王からの離反をもたらした。旧来、イギリス国王は緊急時に海港から船舶を徴用して事態に対処していたが、このチャールズ一世によって導入された船舶税は、金銭提出によるものであり、これに連動して海港のみならず、内陸地域にも賦課が拡大された。しかも、一回的に要求されるはずであったものが、1634 年から 1639 年にかけて 6 回も連続して賦課された。こうした、船舶税の金納化・全国化・継続化は、船舶徴用・海港限定および、一回的という従来のあり方と大きく異なるものであった。しかも、賦課するに際しては、あくまでも従来と同様に船舶徴用であって租税ではないという擬制がなされたが、その金納化・全国化・継続化から見るかぎり、明らかに租税そのものであった(68)。このような船舶税賦課に対する曖昧さや疑義、あるいは苛酷な課徴は、国民的な同税に対する反対行動を惹起することになった。船舶税に対する批判あるいは反発は、最初は不公平な査定・割り当てに対する不満の表明にとどまっていたが、しだいに国民的な拒否運動へと進行していった。こうした中で、1637 年に、内陸州であるバッキンガムシャー（Buckinghamshire）の議員ジョン・ハムデン（John Hampden）

が、自領のストーク・マンデヴィル（Stoke Mandeville）に課せられたわずか20シリングの船舶税納入を拒否して、財務府裁判所（Exchequer Oppleas）に告発されるという事件が起きた。いわゆる、ハムデン事件（Hampden's Case）と呼ばれるものである[69]。裁判では、船舶税の合法性をめぐって国民の財産権の保全と国家的危機に対処する国王固有の大権について審理が行われたが、最終的にはハムデン有罪の判決が下された[70]。無議会という状況下で出されたこの判決は、国民からの大きな不満を受けるものであって、船舶税に対する批判は地域的にも階層的にも一層広範なものとなり、国民の国王からの離反を決定的なものとし、後に起きた内乱の軽視できない原因となった。

チャールズ一世は、スコットランドへの遠征費を得る必要に迫られて、1640年4月にやっと議会を召集したが、このとき、船舶税の問題をはじめとして11年間にわたる無議会親政で国民の間にたまっていた不満が一挙に爆発した。この議会で、チャールズ一世は、船舶税の廃止と補助金の承認とを取り引きする提案を行ったが、議会が応じなかったため、わずか3週間で解散してしまった。そのため、この議会は短期議会（Short-Parliament）と呼ばれている。しかし、スコットランド軍の北部イングランド占領という事態に直面して、チャールズ一世は休戦条約を結び、要求された賠償金の支払いのために再び議会を召集せざるをえなくなった。この1640年11月に召集された議会は、1657年までの18年もの長い会期をもち、長期議会（Long-Parliament）と呼ばれている[71]。この議会は、ひとりイギリスのみならず世界の政治史上に一つの大きな転換期を印したものであった。この議会によって、国民の代表者たる下院（庶民院）が政治上の最重要機関であるとの原則が確立されたのである。また、この議会は、チャールズ一世の専断政治の失敗が原因になって開かれたものであったため、議員は自信と勇気をもって国王の意向とは関係なく、自由に発言することができた。そのため、議会は多くの根本的改革を決議し、1640年から翌年にかけて、①議会は自らの決議なくして解散しない、②議会は少なくとも3年に1度は会合をもつ、③議会の承認のない課税を違法とする、などの議案を次々に成立させた[72]。その

後、議会では、改革はこれをもって十分であるとする者と、一層の改革が必要であるとする者とに分裂し、国王支持派が議会から離脱するに至り、国王派と議会派の対立がはじまった。このような両陣営の対立に、宗教的対立がからみ、さらには、1641年10月のアイルランドにおけるカトリックの反乱で、これを鎮圧するための軍隊を徴募する国王の大権をめぐって、対立が一層激化した。1641年1月に、議会における反国王派の指導者であるハムデン、ジョン・ピム（John Pym）たちを国王が逮捕しようとしたことを直接の契機として、議会派と国王派の武力闘争は決定的なものとなった。1642年6月、議会は「19か条の提案」(the XIX Propositions)をチャールズ一世に提出して、軍隊統帥権、行政監督権、教会支配権を要求し、議会が国家の主権を掌握することを宣言した。つづいて、同年7月に、議会は軍隊の組織を決議した。他方、チャールズ一世も、8月22日に議会に宣戦を布告した。ここに、イギリス国民は、議会派と国王派の両陣営に分裂して戦いを開始し、内乱に突入した。議会派は新興ジェントリ、進歩的貴族、独立自営農民、商人、手工業者、産業資本家層をその社会的基盤とし、国王派は、封建的貴族、封建的保守的ジェントリ、これと結びついた農民層をその社会的基盤としていた。また宗教上では、議会派は清教徒、国王派は国教徒であった[73]。内乱は、はじめのうちは実戦や質でまさる軍隊をもっていた国王派に有利に展開したが、やがて経済力と人材に富む議会派が優勢となり、クロムウェルによる強力な新型軍（New Model）の創設と、その活躍によるネイズビーの戦いで勝利を決定づけ、1646年6月にチャールズ一世は降服し、ここに第一次の内乱は終結した。この間に、議会派は、大別して、プレスビテリアン (Presbyterian)、急進的なインデペンデント (Independent) およびレヴェラーズ (Levellers) の三派に分裂し、はじめはプレスビテリアンが優位を占めていた。プレスビテリアンは、もともと絶対王政の専制に反対し議会の権利を主張はしていたが、君主制そのものに反対していたわけではなかったので、第一次内乱の終結の段階で満足し、それ以上に進むことを恐れ、1646年7月に「ニューキャッスル提案」(Propositions of Newcastle) を提出して国王と

の妥協を望んだ。他方で、レヴェラーズは、ジョン・リルバーン（John Lilburne）などの指導の下に集結し、民主化への政治運動を展開した。このレヴェラーズの思想と運動は軍隊にも浸透した。そうした中で、監禁されていた国王がスコットランドに逃亡し、軍隊内の分裂に乗じて、国王派がプレスビテリアンとの妥協を策しつつ、1648年に反革命のために蜂起した。ここに、第二次内乱がはじまったが、国王派の完敗で終わった。第二次内乱では、チャールズ一世と内通したプレスビテリアンが、レヴェラーズと和解したクロムウェルらのインデペンデントに敗れ、プレスビテリアンは議会から追放されてしまった。そして、1649年1月31日に、インデペンデントの議員だけからなる残余議会（Rump Parliament）が、チャールズ一世を処刑し、同年5月に共和国成立を宣言したのである[74]。

しかし、共和政治の開始とともに、議会内における結束が再び破れ、政局が混乱した。そこで、クロムウェルは、1653年12月に「統治章典」（Instrument of Government）を発布し、後に護民総監（Lord Protector）に就任して、1655年1月から絶対的な支配者として独裁政治を行った。しかしながら、1658年9月のクロムウェルの病没によって、イギリス人一般の間に軍事独裁に対する嫌悪と反革命の気運が濃厚となり、国内には自由議会の叫びが広がった。そこで、プレスビテリアンの主導によってオランダに亡命していたチャールズ二世が呼び戻され、再び王政が樹立された。この王政復古は平和裡に行われ、国王と貴族院（上院）と庶民院（下院）との3者が主権を構成した。しかし、その後、チャールズ二世は議会を軽視し、時勢に逆行して絶対王政への道を進んだ。また、1685年2月に王位を継続したジェームズ二世も反動政治を行い、国民の間に激しい反感と恐怖を巻き起こした。このように、情勢が急激に悪化しつつあったとき、ジェームズ二世の2度目の妃に王子が生まれ、これをきっかけとして世論がしだいに革命の方に向かっていった。議会が、オランダの統領であるオレンジ公ウィリアム（William the Silent）にイギリス国民の自由を保護してもらうことを要請し、1688年11月にオランダ軍がイングランドに上陸するに及んで、ジェームズ二世はフラン

スへの逃亡を余儀なくされた。1689年2月には、仮議会がウィリアム三世とメアリーをイギリスの共同の王に推戴することを決議し、両名は議会が提出した「権利の宣言」(Declaration of Rights) に署名して王位につき、ここに名誉革命がなされたのである[75]。ペティの死の2年後のことであった。先の「権利の宣言」は、1689年12月に、「イギリス人民の権利と自由を宣言しならびに王位相続を定める法律」すなわち「権利章典」(Bill of Rights)[76] として発布されたが、これは、実に長きにわたる国王対議会の葛藤に終止符を打つものであった。同時に、イギリス近代史の出発点ともなるものであった。この権利章典に定められている全13か条は、いずれも、国民の権利の尊重と国王に対する議会の地位確保を根本精神とするものであった。その内容とするところは、①先王ジェームズ二世が古来の法律あるいは自由を束縛した幾多の事例を列挙してその不当を指摘し、②ウィリアム三世に対して、租税その他の義務を国民に課しまたは権利を制限する場合の手続きと限度を示し、③王位継承権の順序などを規定している[77]。とりわけ、財政処理の問題については、議会が承認を与えた場合よりも長期にわたって、またこれと異なった方法をもって国王のために金銭を徴収する際、特権を理由として議会の承認を得ない場合は、違法である旨を明記している[78]。こうして、権利章典によって、イギリス財政史上において重大な問題とされてきた国王と議会との間における課税権をめぐる問題に、一応の決着がつけられたのである。

第3節　イギリスを取り巻く国際情勢

　1603年に即位したジェームズ一世の外交政策の相手国は、まずスペインであった。16世紀の末葉には、イギリスとスペインとの関係は非常に悪く、両国の艦隊がしばしば衝突した。その最大規模のものが、1588年におけるスペインの無敵艦隊（Invincible Armada）とイギリス艦隊との海戦であった。しかし、ジェームズ一世はさらなる戦争へ進むことを避けるために、スペイ

ンに対し和親の政策をとった。まず、ジェームズ一世は、即位した翌年の1604年にスペインと講和を結んだ。しかも、ジェームズ一世は、その後さらに、スペインとの関係を親密にするため、スペイン王フェリペ三世の娘マリアを王子チャールズの妃に迎えようとする、いわゆる「スパニッシュ・マッチ」を進めようとした。この「スパニッシュ・マッチ」を完成させるため1623年にチャールズ自身がバッキンガム公 (George Villiers, 1st Duke of Buckingham) とともにスペインを訪問したが、屈辱的な失敗に終わった[79]。そこで、ジェームズ一世は、今度は同じくカトリックのフランス王女アンリエッタ・マリアとチャールズを結婚させようとした。これは、1624年に開かれた議会の圧力を受けたスペイン包囲作戦の一環としてのものであったが、実現された。同時に、この年に、ジェームズ一世はやはり議会に強いられてスペインに対して開戦した。このような、ジェームズ一世の消極的な外交政策は、前世紀に苦労して築いたイギリスの対外的地域を喪失させる結果を招いた[80]。1625年3月に、チャールズ一世が即位したが、かれの課題の一つは、前国王ジェームズ一世の外交政策の失敗によって引き継がれたスペインとの戦争を遂行することであった。さっそくチャールズ一世は、1625年9月から11月にかけて、カディス遠征 (expedition to Cadiz) を行ったが、さしたる成果をあげることができず、その報復の懸念を残すだけとなった。それだけにとどまらず、チャールズ一世は、フランスにまで戦争を拡大せざるをえなくなった[81]。

　1627年に、イギリスは、ユグノーの反乱に干渉してラ・ロシェル (La Rochelle) の町を支援する名目で対岸のレ島に出兵したが、失敗に帰した。そればかりでなく、ラ・ロシェル沖にスペインとフランスの合同艦隊が展開してイギリスに圧力を加えてきた。これは、イギリスのスペイン・フランス離間策の失敗を意味し、ユグノーの支援はおろかイギリス本土への侵攻すら懸念される事態になった。さらに、このころ、ヨーロッパ大陸の中央で戦われていた「最後の宗教戦争」あるいは「最初の国際戦争」と呼ばれる30年戦争が新たな局面を迎え、その影響が海上にまで及ぶようになり、イギリスはバルト海

での貿易活動を保全する必要に迫られた。加えて、イギリスとオランダとの関係も微妙なものになり両国の対立が表面化してきた[82]。オランダは、1579年にスペインから独立を果たした共和国で、小国ながら連邦制をとり、すこぶる民主的な国家であった。したがって、オランダは、政治的にはけっして強固な統一国家ではなかったが、17世紀の初頭には、航海術・造船術の著しい進歩と資本の豊富な蓄積が見られ、さらに政府による世界商業活動への積極的な援助によって、漁業・海運業・外国貿易などの面で急速な発展を遂げ、イギリスをはるかに凌駕していた。そのため、イギリスは、海外活動において、各所でオランダの圧迫を受けた。

　しかし、イギリスは、海外活動においてオランダの圧迫を受けつつも、けっして座視していたわけではなかった。オランダのイギリス近海での漁業に対しては、早くから対抗的な態度を表明していた。オランダにとって、北海の鰊漁やアイスランドの鱈漁は、他国における農業と同じくらいに重要であったが、それだけにかれらのこの分野での活動は精力的で、イギリス沿岸においても大胆不敵に振る舞っていた。このようなオランダの不遜な漁業活動は、イギリスにとってまことに腹立たしく、またこのうえもない屈辱的なものに映った。とくに、オランダの「金鉱」(Gold-mijn) と呼ばれた北海の鰊漁は、イギリス人を大いに刺激した[83]。そこで、1609年に、ジェームズ一世は、オランダに対して、今後イギリス近海で漁業を営む場合には認可書が必要である旨の布告を出した。これに対して、オランダの法学者グロティウス (Hugo Grotius) は『海洋自由論』(*Mare Liberum*, 1609) の公刊をもって、これに反論した[84]。この漁場問題と海上主権をめぐるイギリスとオランダとの対立は、チャールズ一世の時代にも引き継がれ、一層激化した。まず、1634年には、国務卿ジョン・コーク (John Coke) の提案によって、外国人の無許可漁業を禁止してイギリスの鰊漁独占を図るため、「イギリス漁業組合」(the Society of the Fishery of Great Britain and Ireland)[85] が設立された。また、同年に、法務長官ウィリアム・ノイ (William Noy) と海事裁判所判事ヘンリー・マートン (Henry Marton) によって、北海・アイルランド海・イギリス

海峡にはイギリス国王の主権が存する、同海域での外国人による漁業は免許制にする、などを内容とする「ナロウ・シーズの定め」(Reglement for the Narrow Seas) が作成された[86]。さらに、1635年に、ジョン・セルデン (John Selden) が、チャールズ一世の求めによって『海洋封鎖論』(Mare Clausum seu de Domino Maris) を公刊し、1609年に出されたグロティウスの『海洋自由論』に反論を加えた。また、1651年に、ロンドン塔記録官ジョン・バラ (John Burougu) もチャールズ一世に命じられて『イギリス領海の主権』(The Sovereignty of the British Sea) を公刊し、イギリス近海におけるイギリスの主権を法的に根拠づけようとした[87]。

　海運業と外国貿易においても、オランダは、17世紀中葉までに世界貿易を掌中に収めて覇権国となっていた。オランダのこの分野での成功は、海軍力の整備はもとよりであるが、アムステルダムの金融市場の発達に支えられた中継貿易を軸とするもので、1630年頃には、ほとんどヨーロッパ諸国の全船舶数に匹敵するといわれた商船隊を有していた。したがって、イギリスは、比較的早いころから外国貿易の分野に進出しようと企図していたのであるが、世界貿易のいずれの地域においてもオランダの後塵を拝していた[88]。イギリスの劣勢が最も著しかったのは、バルト海貿易においてであった。この貿易は、オランダによってまったく独占されて、「母なる貿易」(moeder-commercie) とさえいわれるほどであった。地中海・レヴァント貿易は、バルト海におけるほどではなかったが、オランダが安価に輸送できる大型船を用いてこの貿易を支配していたため、イギリスにとっては満足のいく活動を営むことができなかった。スペイン貿易においては、オランダは、1648年のウェストファリア条約 (Peace of Westphalia) により競争力を一層強化して、それまで以上に排他的に銀を輸入するようになった。東インド貿易は、東インド産香料に対するヨーロッパでの需要が大きかったので、イギリスがオランダと互角に競うことができると考えられたが、オランダ東インド会社 (Vereenigde Ost-Indische Compagnie) が貨物の集散地をバタヴィア (Batavia) に移転させたころから、ここでもオランダが取引を支配するようになった。イ

ギリスが、毛織物の販売市場として、また材木や海軍軍需品の供給地として求めた北アメリカ大陸との大西洋貿易でも、オランダの支配力は1650年に至るまで日ごとに増大した。西インド貿易もオランダ西インド会社（Nederlandsche West-Indishe Compagnie）によって独占されていた。これだけにとどまらず、オランダは対イギリス貿易そのものにおいても優位に立っていた。すなわち、1651年以前の数年間にロンドンとイングランド東海岸に位置する港で取引した商船のうち、オランダ人所有のものが4分の1から2分の1ちかくを占めていた。また、貿易差額においても、1663年に至るまでは、イギリスのオランダからの輸入額が輸出額のおよそ2倍であった[89]。

以上において見てきたように、イギリスは、17世紀初頭に、スペインに代わって世界市場支配の実権を握っていたオランダに対して、それを突き崩すためのさまざまな挑戦を試みたが、それらの試みもほとんど効果がなかった。しかし、オランダの目には、イギリスが将来の恐ろしい競争相手として映りはじめていた。

イギリスとオランダとの対抗関係は、漁業や外国貿易の面における競合に加えてオランダがフランスとの友好関係を深めたことによって一層激化し、また深刻なものとなった。1624年に、オランダは、対スペイン戦の戦費の援助をフランスから受け、その見返りとしてフランスが翌年にユグノーの反乱制圧のための船舶をオランダから借り受けた。このようなオランダとフランスの連携は、イギリスにとっては危険なものであり、1627年10月のバッキンガムによるユグノー支援のためのレ島遠征時におけるフランス軍との交戦によって、イギリスとオランダとの関係は一層険悪化した[90]。オランダとフランスとの連携は、スペイン領フランダースに対する両国の領土的圧迫と、スペイン・フランダース間の海軍の妨害という形でも現われた。イギリスは、フランスを占領してアルザスに侵攻し、12月にはライン川にまで進出していた。一方、オランダは、増強された海軍力をもってイギリス海峡でイギリス船舶の航行の安全を脅かしていた。オランダとフランスは、衰退するスペインが領有するフランダースへの侵攻を企図したのである。フランダ

ースへの侵攻は、1632年8月のオランダによるマーストリヒト占領とフランダース沿岸の封鎖、および翌年4月のフランダース分割に関するオランダ・フランス間の秘密合意によって、いよいよ現実的なものとなった。1635年には、フランスとオランダの議会が、フランダースへの共同攻撃とその分割に関する正式の条約を結んだ[91]。他方で、イギリスにおいては、イギリス海峡の対岸が強大な大陸国家によって領有されることを阻止することが、長年の外交原則であった。すなわち、ヨーロッパにおける勢力均衡と海外の植民地と貿易の拡大こそが、イギリス外交の二つの基本的立場であった。オランダとフランスによるフランダース侵攻の危機に直面したイギリスにとって、大陸の戦争には関与せずとの中立政策堅持、または厳しい財政状況から見て、オランダ・フランスへの領土的侵攻は非現実的な方策であった。そこでイギリスは、1630年11月のマドリッド条約によってスペインと和を結んでいたことを踏まえて、第1にスペインのフランダースへの軍事物資の海上輸送を援護する、第2にスペインとの間に互恵的な航海条約を結ぶ、という対抗策をとった。これによって、イギリスは、フランスとオランダを間接的に牽制するとともに、オランダが主導権を握っていた南北ヨーロッパ間の中継貿易に割り込んでいくことができた[92]。その意味では、イギリスの対オランダ・フランス対抗策は、フランダースの現状維持と有利な中継貿易への参入という二つの目的を同時に満足させるものであったといってよい[93]。チャールズ一世が、1634年に導入した船舶税の目的は、まさに、イギリス領海でのオランダ・フランスの無断航行を抑止すること、自国の漁業と外国貿易を保護・拡大すること、さらにスペインを側面援助して台頭するオランダ・フランスを牽制することによって、ヨーロッパにおける勢力均衡を図ることにこそあったのである。そして、この国民的課題は、チャールズ一世から共和政治下のクロムウェルへと受け継がれていくことになる[94]。

　共和政治の時代に入り、イギリスとオランダとの武力衝突は、いよいよ避けられないこととなった。クロムウェルは、その支配する商業地域から断然オランダを駆逐することを決意し、1651年に航海条例を制定したのである。

この条例の眼目とするところは、いうまでもなくオランダの手中にあった海運を奪うことであり、この法令によって、ヨーロッパ以外の植民地から商品をイギリス本国やその属領に搬入する場合には、イギリスの船員が乗っている船舶を利用しなければならなくなった。また、ヨーロッパ大陸の商品は、イギリスの船舶あるいはその商品を搬出する国の船舶による以外搬入できないことになった[95]。こうした、イギリス本国とその植民地の双方からオランダの貿易業者と海運業者とを排除することを企図したこの法令の発布は、当然に、ライバル国であるオランダに対する事実上の宣戦布告を意味するものであった。こうした中で、1652年5月に、イギリス海峡を航行中のオランダ艦隊がブレーク提督率いるイギリス艦隊に「降旗敬礼」の礼をとらなかったことに端を発して、双方が砲火を交えるという事件が起きた。ここに、ついに第一次対オランダ戦争（First Dutch War）の火蓋が切られたのである[96]。各所において海戦が行われ、当初は双方互角の状態であったが、しだいにイギリスが優勢となっていった。また、この戦争によって貿易に受ける打撃は、オランダの方が大きかった。オランダは、財政的にもこの戦争に耐えられなくなり、1654年4月にウエストミンスター条約（Treaty of Westminster）をイギリスと結んで講和した。こうして、第一次対オランダ戦争は終結したが、両国の対立関係は以前と変わらず、そのまま残された[97]。しかし、イギリスは、対外的立場において、その従来の地位を高めることに成功した。共和国政府がオランダと有利な条件で和睦した後、スペインに対する攻撃を開始し、1654年にブレークなどの率いる艦隊が地中海に進出して華々しい成功を収め、イギリスのこの地域における地位は、これ以降不動のものとなったのである。一方、別の艦隊が西インド諸島方面に赴き、ジャマイカ島を奪い、これがイギリスの西インドにおけるその後の発展の大きな足場となった。さらに、共和国政府は、1655年にフランスと和親通商条約を結び、スペインに対して宣戦布告を行い、1658年にはイギリス・フランス連合軍がダンケルクを占領した。こうして、イギリスの国際的地位はますます高められていった[98]。

1660年に、チャールズ二世が即位して、王政が復活した。王政復古のはじめにおいては、共和政治の時代からオランダとの競争に勝利することが、イギリスにとってまず取り組むべき重要な課題であった。共和政治の時代に行われた第一次対オランダ戦争は、両国の係争問題をほとんど解決していなかったのである。そのため、王政復古後に、チャールズ二世もまた共和国政府の対外政策を継承し、1660年に第2回航海条例を発布して、海運、外国貿易および北海の漁業権の確保を図った。さらに、「列挙品」条項を付け加え、植民地は本国産業に必要な原料の供給地であるから、その原料は本国によって独占されるべきものであり、他国に自由に輸出することを禁止する旨を規定して、イギリス本国における工業のための原料確保を図った。また、1663年の貿易促進法において、海軍および外国貿易の確保とともに、海外市場の確保をも図った[99]。他方で、第一次対オランダ戦争後に、オランダは、その国内の政治的事情からさらに一層イギリスとの対立を深めるようになっていた。この頃、オランダでは、オレンジ公を中心として中央集権的な政治を志向するオレンジ党と、民主主義の名の下に貴族共和主義を標榜する一種の貴族共和党が併立していた。オレンジ党は、オレンジ家とイギリス王室とが親戚関係にあったためイギリスに好意的であったが、この頃政権を担当していた貴族共和党はイギリスに敵対的な政策をとっていた。とりわけ、この党の実力者であったヴィット（de Witt）は、第一次対オランダ戦争の後に商工業をますます発展させ、またこの戦争の経験に鑑みて、海軍を再建・強化し、海外発展に努めた[100]。

　こうして、イギリスで王政復古が成立すると、両国は各所で再び衝突するようになった。1665年3月4日に、ついに、ウィルソンが「経済的競争から生じた戦争の古典的実例」[101]といい、またウィリアムソン（J. A. Williamson）が「イギリス史における最初の純粋な植民地争奪戦」[102]と呼んだ、第二次対オランダ戦争（Second Dutch War）がはじまった。両国は、第1回の戦争のときと同様に世界の各地で交戦したが、オランダが新しく海軍を増強して準備を整えていたため、イギリスは苦戦を強いられた[103]。しかも、

この激しい戦争の最中に、イギリスは二つの不運にも襲われた。一つは、ロンドンを発生源とする1665年9月の全国的なペストの大流行 (Great Plague) であり、もう一つは、1666年9月に発生した歴史上稀に見るロンドンの大火災 (the Great Fire of London) である。これらの災厄は、イギリス国民の戦意を著しく低下させる原因となった。さらに加えて、同年の1月には、フランスとデンマークがイギリスに宣戦布告をし、翌2月には、この両国にブランデンブルクを加えた三国がオランダの同盟国を形成した。このことも、戦争を継続するうえでの不利な材料となり、イギリス国民の戦う気力を喪失させた[104]。しかし、これら以上にオランダとの戦争を継続することを困難にしたのは、巨額の戦費支出による国家財政の窮乏であった。戦争開始直前の1665年2月に、戦争のための補助金250万ポンドが議会で承認され、さらに1666年9月に新たに180万ポンドの補助金が追加承認されたが、これほどの金額を国民から徴収することはきわめて困難であると思われた。ついに、イギリスは、1667年に和平交渉に入ることを余儀なくされ、7月21日にブレダ条約 (Treaty of Breda) が締結されてオランダとの和睦が成立した。そして、この和睦によって、海外における両国の活動範囲が取り決められた。北アメリカ大陸では、オランダがイギリスに譲歩してニュー・アムステルダムがイギリス領となった。しかし、南洋諸島においては、イギリスの権益を全面的にオランダに譲ることになった。また、イギリスは、航海条例の規定を緩和して、ドイツ方面におけるオランダ船舶の活動を容認した[105]。

　他方において、この頃から、イギリスは、フランスの重圧をひしひしと感じるようになった。フランスは、枢機卿リシュリュー (Cardinal Armand Jean du Plessis de Richelieu) の方針によって中央集権主義と軍国主義を徹底し、しかも、ちょうどイギリスの王政復古期にルイ14世の親政がはじまって、いよいよ世界政策に参入しはじめ、ヨーロッパ諸国の新しい脅威となった。こうしたフランスの動向は、イギリスにとっても大いに警戒を要するところとなっていた。そこで、イギリスは、このフランスに対抗するために、ウィリアム・テンプル (William Temple) の活躍を得て、オランダ・スウェーデンと

の間に三国同盟を結んだ[106]。しかし、この同盟は、チャールズ二世が自らの希望でフランス王と妥協したため、わずか2年で破綻してしまった。この時代のイギリス国民は、オランダよりもむしろフランスの方が危険であると考えていたのであるが、個人的にフランスに好意をもっていたチャールズ二世はむしろオランダを敵とする道を選んだのである[107]。チャールズ二世は、1670年に、秘密裡にフランスと、①イギリスはオランダを援助しないこと、②フランスはイギリスに対して財政的援助を与えること、③イギリスが必要とするときには出兵してこれを支援すること、などを内容とするドーヴァーの密約（Secret Treaty of Dover）を締結した[108]。しかし、この密約が結ばれるやいなや、フランスはオランダへの侵略をはじめ、イギリスもまたその密約に従ってフランスを支援することとなった。ついに、1672年に第三次対オランダ戦争（Third Dutch War）が勃発した。この戦争では、オランダは海上ではイギリスの海軍を、そして陸上では当時世界最強といわれたフランスの陸軍を相手にすることになった。イギリスでは、国民の多くがチャールズ二世のはじめたこの戦争に批判的で、戦費調達のために議会を開けば必ず大きな反対が起こる情勢であった。当初は、フランス王からの資金援助があったが、戦争が進むにつれて財政が非常に逼迫してきたため、イギリスはついにスペインの仲裁で1674年にオランダとウエストミンスター条約（Treaty of Westminster）を締結するに至った[109]。そして、これによって海外における両国の活動範囲が再び画定された。すなわち、北アメリカ大陸では、この戦争によってオランダが占領した地域がイギリスに返還され、またアジアにおいてはインドが明確にイギリスの活動範囲とされた。そのほかに、オランダは200万グルデンの賠償金をイギリスに支払うこととされた。こうして、共和国時代のクロムウェルによって本格的にはじめられた海外におけるオランダの支配を打破するという政策は、ついに実現したのである。それはまた、世界政策におけるオランダの優位がイギリスに移りはじめたことを意味した。同時に、この時代に、イギリスは、オランダを敵とした時代から、しだいにフランスを新たな敵とする時代へと移っていくことになる。ペティが没した

2年後の1689年には、はやくも第1回の対フランス戦争が起きた。17世紀におけるイギリスを取り巻く国際情勢は、国際的な商業活動をめぐって、スペイン、オランダ、フランス、イギリスがあい争った、まことに緊迫した時代であったのである。

注
（１） J. U. Nef, *Industry and Goverment in France and England, 1540-1640*, in *the Memoirs of the American Philosophical Society*, Vol. XV, 1940, rpt. New York, 1957, p. 176. 紀藤信義・隅田哲司訳『十六・七世紀の産業と政治―フランスとイギリス―』未来社、1958年、206頁。
（２） *Ibid.*, p. 11. 邦訳、13頁。
（３） F. J. Fisher, "The Sixteenth and Seventeenth Centuries: The Dark Ages in English Economic History?", *Economica*, new ser., No. 93, 1957, p. 15. 浅田実訳『十六・七世紀の英国経済』未来社、1971年、17頁。
（４） Raymond de Roover, *Gresham on Foreign Exchange, An Essay on Early English Mercantilism with the Text Sir Thomas Gresham's Memorandam for the Understanding of the Exchange*, Cambridge, 1949, p. 45.
（５） E. Lipson, *The Economic History of England*, Vol. III, London, 1912, 5th ed., 1948, p. 305. 天川潤次郎『イギリス社会経済史』（上）、日本合同通信社、1952年、72頁。
（６） *Ibid*. 同上。
（７） *Ibid.*, p. 311. 邦訳、80頁。
（８） D. C. Coleman, *The Economy of England, 1450-1750*, Oxford, 1977, p. 91.
（９） 林達『重商主義と産業革命』学文社、1989年、181-193頁を参照せよ。
（10） 川北稔『工業化の歴史的前提―帝国とジェントルマン―』岩波書店、1983年、21頁。
（11） W. E. Minchinton, "Editor's Introductions", in *The Growth of English Overseas Trade in the 17th and 18th Centuries*, London, 1969, p. 93.
（12） Ralph Davis, *A Commercial Revolution, English Overseas Trade in the 17th and 18th Centuries*, London, 1969, p. 3.
（13） 林達、前掲書、199頁。
（14） D. C. Coleman, *op. cit.*, p. 139.
（15） 林達、前掲書、15頁。
（16） W. E. Minchinton, *op. cit.*, p. 76.
（17） 鈴木勇『イギリス重商主義と経済学説』学文社、1986年、24-26頁。
（18） 内容は、羊毛の輸出禁止、毛織物の輸入禁止、国産織物の使用奨励、外国人

技術者の招聘などであった。

(19) 田中敏弘『イギリス経済思想史研究—マンデヴィル・ヒューム・スミスとイギリス重商主義—』御茶の水書房、1984年、199頁。

(20) このイギリスにおける1620年代初頭の不況を扱った邦語文献には、次のものがある。飯塚一郎「1620年代の貿易不況とイギリス重商主義」、『山梨大学学芸学部研究報告』第7号、1956年12月；田中敏弘「トマス・マン経済理論の歴史的背景」（同、前掲書、所収）；遠山馨「1620年代初期の不況」、『商学論集』（西南学院大学）第8巻第2号、1962年1月；同「1620年代初期の経済政策 (1)」、『商学論集』第9巻第2号、1963年2月；同「1620年代初期の経済政策 (2)」、『商学論集』第9巻第3号、1963年5月。

(21) 他の六つは、以下のものであった。①毛織物の品質管理の強化、②毛織物に対する重い賦課金を取り除き、羊毛仲買人の統制を強化する、③管理貿易には反対せず、冒険商人組合や他の会社の人数の制限を緩和し、入会金を下げる、④貨幣の流出を防止するため、英貨が外国貨幣と平等になるようにその価値を保つ、⑤見返りの商品の不足に対して、外国商品がその産地の国に属する船舶以外の外国船舶によって輸入されるのを禁止する、⑥国産毛織物の使用強制（Cf. Astrid Friis, *Alderman Cockayne's Project and the Cloth Trade: the Commercial Policy of England in its Main Aspects 1603-1625*, Copenhagen and London, 1927, pp. 417-423）

(22) *Ibid.*, pp. 423-430.

(23) このほかに、マンの著作には、以下のものがある。『1628年の下院に提出した東インド会社の請願と進言』（*The Petition and Remonstrance of the Governor and Company of the Merchants of London, Trading to the East-Indies. Exhibited to the Honorable the House of Commons assembled in Parliament*, London, 1628）；『外国貿易によるイギリスの財宝—または外国貿易の差額がわが国財宝の規準である—』（*England's Treasure by Forraign Trade: or, The Ballance of our Forraign Trade is the Rule of our Treasure*, London, 1664）（以下、*Forraign Trade* と略称）。また、「イギリスの東インド貿易はわが王国の財宝を消尽せず、むしろそれを増加させしめることの論拠」（*Reasons to prove that the Trade form England unto the East-Indies doth not consume but rather increase the Treasure of this Kingdom*）という覚え書を政府に提出したのも、マンであろうといわれている。

(24) Thomas Mun, *Discourse of Trade*, p. 54. 邦訳、58頁。

(25) マンの経済論説については、さしあたり次の文献を参照せよ。W. J. Ashley, ed., *England's Treasure by Forraign Trade*, New York, 1903.; Charles Wilson, "Treasure and Trade Balances: Further Evidence", *Economic History Review*, 2nd ser., Vol. IV, No. 2, 1951.; R. W. Hinton, "The Mercantile System in the

Time of Thomas Mun", *Economic History Review*, 2nd ser., Vol. VII, No. 3, 1955.; B. E. Supple, "Thomas Mun and the Commercial Crisis, 1623", *Bulletin of the Institute of Historical Research*, Vol. XXVII, 1954.; L. Muchmore, "A Note on Thomas Mun's England's Treasure by Foreign Trade", *Economic History Review*, Vol. XXIII, No. 3, 1979. 白杉庄一郎「トーマス・マンの『財宝論』」、『経済論叢』（京都大学）第56巻第3号、1943年3月；張漢裕『イギリス重商主義研究—国民主義的生産力保有体系の一類型その基盤・政策及び理論説—』岩波書店、1955年、第1論文；相見志郎『イギリス重商主義経済理論序説』ミネルヴァ書房、1960年、第3章第5節；渡辺源次郎『イギリス初期重商主義研究』未来社、1959年、第5論文；大淵利男『イギリス財政思想史研究序説—イギリス重商主義財政経済論の解明—』評論社、1963年、第2章；鈴木勇、前掲書、第2章第2節、付論Ⅰ・Ⅱ；小林通『国際分業論前史の研究—主としてイギリス重商主義諸説を中心として—』時潮社、1997年、第1章第2節。

(26) Eric Roll, *A History of Economic Thought*, London, 1938, 2nd ed., 1945, p. 71. 隅谷三喜男訳『経済学史』（上）、有斐閣、1954年、79頁。

(27) *Ibid.*, p. 57. 邦訳（上）、60頁。

(28) E. A. J. Johnson, *Predecessors of Adam Smith: The Growth of British Economic Thought*, London, 1937, rpt. New York, 1965, p. 45.

(29) フルタイトルは、次の通りである。*A Treatise of the Canker of England's Commonwealth. Devided into three parts: Werein the Author imitating the rule of good Phisitions, First, declareth the desease. Secondarily, sheweth the efficient cause thereof. Lastly, a remedy for the same*, London, 1601.（以下、*Canker* と略称）。

(30) Cf. Gerald de Malynes, *Canker, op. cit.*, Vol. III, pp. 14-28. 相見志郎、前掲書、131-133頁。

(31) Cf. *Ibid.*, p. 121. 同上書、134頁。

(32) フルタイトルは、次の通りである。*Free Trade. or, The Meanes to make Trade Florish. Wherein, The Causes of the Decay of Trade in this Kingdome, are discovered: And the Remedies also to remooue the same, are represented*, London, 1662.（以下、*Free Trade* と略称。）

(33) Cf. Edward Misselden, *Free Trade*, rpt. New York, 1971, p. 14. 時永淑『経済学史』（第一分冊）、法政大学出版局、1962年、70頁。

(34) フルタイトルは、次の通りである。*The Maintenance of Free Trade, According to the Three Essentiall Parts of Traffique: Namely, Commodities, Moneys and Exchange of Moneys, by Bills of Exchanges for other Countries, or, An answer to a Treatise of Free Trade, or the meanes to make Trade flourish, lately Published*, London, 1622.（以下、*Maintenance* と略称。）

(35) フルタイトルは、次の通りである。*Consvetvdo, Vel Lex Mercatoria, or, The Ancient Law-Merchant, Divided into three Parts: According to the Essential Parts of Trafficke. Necessarie for all Statesmen, Iudges, Magistrats, Temporall and Civile Lawyers, Mint-men, Merchants, Marriners, and all others negotiating in all places of the World*, London, 1622.

(36) Cf. Gerald de Malynes, *Maintenance*, rpt. New York, 1971, p. 84. 時永淑、前掲書、64頁。

(37) フルタイトルは、次の通りである。*The Circle of Commerce. or The Ballance of Trade, in defence of free Trade: opposed to Malynes Little Fish and his Great Whale, and poized against them in the Scale. Wherein also, Exchanges in generall are considered: and therein the whole Trade of this Kingdome with forraine Countries, is digested into a Ballance of Trade, for the benefite of the Publique. Necessary for the present and future times*, London, 1623. (以下、*Circle of Commerce* と略称。)

(38) Cf. Edward Misselden, *Circle of Commerce*, rpt. New York, 1971, pp. 69-97. 相見志郎、前掲書、180-185頁。

(39) フルタイトルは、次の通りである。*The Center of the Circle of Commerce. or, a Refutation of a Treatise, Intituled The Circle of Commerce, or the Ballance of Trade, lately published by E. M*, London, 1623.

(40) 周知のように、このマリーンズとミッセルデンの間で行われた論争は、わが国でも重商主義経済学説史研究史上重大な論争点の一つを形成してきた。そもそも、両者の間での論争は、当時のイギリス経済の状況分析とその対策をめぐって展開されたものであるが、経済学説史的に見てこの論争の帰趨を決定するもとになったのは、外国貿易に対する把握の仕方の違いであったと考えられる、なお、この論争を取り扱った研究の主要な文献に、次のものがある。E. A. J. Johnson, "Gerard de Malynes and the Theory of the Foreign Exchanges", *American Economic Review*, Vol. XXII, No. 3, 1933.; do., *Predecessors of Adam Smith*,; J. D. Gould, "The Trade Depression of the Early 1620's", *Economic History Review*, Vol. VII, No. 1, 1954.; do., "The Trade Crisis of the Early 1620's and English Economic Thought", *Journal of Economic History*, Vol. XV, No. 2, 1955.; B. E. Supple, *op. cit.*, R. W. K. Hinton, *op. cit.*; L. R. Muchmore, "Gerrald de Malynes and Mercantile Economics", *History of Political Economy*, Vol. XIV, 1969.; H. W. Spiegel, The Growth of Economic Thought, Durham, 1971.; L. H. Officer, "The Purchasing-Power-Parity Theory of Gerard Malynes", *History of Political Economy*, Vol. XIV, No. 2, 1982. 高橋誠一郎、前掲書、第1編第1章；相見志郎、前掲書、第3章；渡辺源次郎、前掲書、第4章；山下宇一「マーカンティリズム為替論の経済史的解釈」、『松山商大論集』第3巻第2号、

1952年6月；時永淑、前掲書、第1章第2節；宮田美智也「『外国為替』論争と金融構造の変化——一七世紀初期イギリス信用制度に関する一視角——」、『金融経済』178号、1979年10月；鈴木勇、前掲書、第2章第2節。

(41) 鈴木勇、同上書、85頁。

(42) 重商主義の史的発展段階については、いくつかの見解がある。大淵利男、前掲書、83-90頁を参照せよ。

(43) Charles Wilson, *England's Apprenticeship, 1603-1763*, London, 1965, p. 139.

(44) E. Lipson, *The Growth of English Society, A Short Economic History*, Glasgow, 1949, 3rd ed., London, 1954, p. 191.

(45) *Ibid.*

(46) 鈴木勇、前掲書、124頁。

(47) 同上書、126頁。

(48) E. Lipson, *op. cit.*, p. 196.

(49) *Ibid.*, p. 195.

(50) 鈴木勇、前掲書、126-135頁。

(51) E. Lipson, *op. cit.*, p. 194.

(52) リプソンは、内乱期(1642-1649年)をもって、初期重商主義(early mercantilism)と後期重商主義(later mercantilism)の画期としている(*Ibid.*, p. 219)。

(53) 全文については、次の文献を参照せよ。W. H. Mckechnie, *Magna Carta: A Commentary on the Great Charter of King John, with an Historical introduction*, Glasgow, 1905, 2nd ed., 1914. 禿氏好文訳『マグナ・カルター イギリス封建制度の法と歴史——』ミネルヴァ書房、1987年、「付録」。

(54) ラニミードの法(the Statute of Running Mead)とも呼ばれるこのイギリス法令書の最古のものは、もともとラテン語で書かれた勅許状の一つで、はじめはなんら特別の名称とてなく、ただ単に量的に大部なる勅許状というほどの意味で「カルタ・マーヨル」と呼ばれていたものである。その原案となったものは、ジョン王の専政に対してその本来の封建的慣習法に基づく封建的既得権をあくまでも擁護しようとした当時の諸侯たちにより国王に提示された、「諸侯要求条項」にほかならず、その本質においては、まったく封建諸侯の利害を中心とした文書であった。そして、古来より有名な第12条において、国王の身代金・国王の長男の騎士叙任・国王の長女の婚姻という三つの特別・緊急事態を除いて、王国の共通の助言なしに楯金(scutage)や補助金(aid)を徴してはならないとしている(Cf. W. J. Jones, *Politics and the Bench: The Judges and the Origins of the English Civil War*, London, 1971, p. 126)。なお、全文については、W. H. Mckechnie, *op. cit.*, pp. 185-480. 邦訳、189-517頁を参照せよ。

(55) ここでも、いかなる租税(Tallage)も議会の承認なく課せられないとされ

ている。
(56) 1606年に、ジェームズ一世は、それまでのメアリー一世およびエリザベス一世治世下の関税政策を承継して、タバコに対する関税を1ポンドにつき2ペンスから6シリング10ペンスに、乾葡萄に対するそれを2シリング6ペンスから7シリング6ペンスに引き上げた（隅田哲司『イギリス財政史研究―近代租税制度の生成―』ミネルヴァ書房、1979年、116-117頁）。
(57) 同上書、109-111頁。
(58) G. Davies, *The Early Stuarts 1603-1660*, Oxford, 1932, 2nd ed., 1959, pp. 55-56.
(59) 補助金は、ヘンリー七世によって導入され、エリザベス一世時代に慣習化・固定化された議会の承認を得て徴収される直接税である。課税標準は、不動産所得に対しては1ポンド当たり4シリング、動産に対しては1ポンド当たり2シリング8ペンスであった（Cf. F. C. Dietz, *English Government Finance*, Vol. I, London, 1921, Chap. xiii）。
(60) 常行敏夫『市民革命前夜のイギリス社会―ピューリタニズムの社会経済史―』岩波書店、1990年、215-217頁。
(61) 同上書、236-237頁。
(62) R. Cust, *The Forced Loan and English Politics 1626-1628*, Oxford, 1987, pp. 2-3.
(63) Cf. W. Hunt, *The Puritan Moment*, Cambridge, 1983, p. 195.; J, T. Cliffe, *The Puritan Century*, Cambridge, pp. 152-153.; R. Cust, *op. cit.*, pp. 115-118, 146.
(64) 常行敏夫、前掲書、242頁。
(65) 戦費として70万ポンドが見積もられたが、議会は12万ポンドの補助金を承認したにすぎなかった（Cf. Conrad Russell, *Parliaments and English Politics, 1621-1629*, Oxford, 1979, p. 227）。
(66) この「権利の請願」は、形式的には「請願」という形をとっているが、実質的には人権の宣言であって、アメリカ革命の「独立宣言」やフランス革命の「人権宣言」に匹敵するものであった。しかし、これらのように抽象的な自然権の思想に基づいておらず、イギリス慣習法の歴史的な権利を基礎としているところに、大きな特色がある。
(67) 全11条の内容については、次の邦語文献を参照せよ。大石義雄編『世界各国の憲法―資料の集大成とその系統的解説―』三和書房、1952年、35-37頁；人権思想研究会編『世界各国人権宣言集』厳松堂書店、1954年、59-67頁。
(68) 酒井重喜『チャールズ一世の船舶税』ミネルヴァ書房、2005年、「まえがき」、i-ii頁。
(69) 船舶税とハムデン事件については、次の文献を参照せよ。D. K. Keir, "The Case of Ship Money", *Law Quarterly Review*, No. 52, 1936.; Ian Fevrier, "Ship

Money Reconsidered", *British Tax Review*, No. 5, 1984.; P. Lake, "The Collection of Ship Money in Cheshire during the Sixteen-Thirties", *Northern History*, No. 17, 1981. 酒井重喜、前掲書；同『混合王政と租税国家―近代イギリス財政史研究―』弘文堂、1997 年。

(70) 1627 年および 1638 年の船舶税裁判では、おおよそ次の五つの論点をめぐって審理が進められた。すなわち、①国王はイギリス防衛の義務履行につき、いかなる手段を有しているのか。②国王の通常の財源が不十分であった場合、緊急事態に対処する国王の権力はどの程度、またいかなる方法で拡大されうるのか。③この追加的な権力が議会の合意なしで国民の財産を侵害するものであった場合、国民の財産権を保護する法の支配はどうなるのか、④当該案件について緊急事態が現存していることの証明は十分になされたのか。⑤国王の緊急時の権力が要求したものは伝統と法に則るものであったのかどうか。また、この裁判は、12 名の裁判官が担当したが、そのうち、ジョーンズ（William Jones）、ヴァーノン（George Vernon）、ウエストン（François Weston）、トレヴァー（Thomas Trevor）、フィンチ（John Finch）、クローリー（Edward Crawley）、バークレー（Robert Berkeley）の 7 名が国王有利の、ブラムストン（John Bramston）、ダヴェンポート（Humphrey Davenport）、クルック（George Croke）、ハットン（Richard Hutton）、デナム（John Denham）の 5 名がハムデン有利の判決を行った（Cf. D. K. Keir, *op. cit.*, pp. 546-547. 酒井重喜、前掲書、291-292、305 頁）。

(71) この議会において、船舶税は「不当・不法な租税」として廃止されることになった。

(72) 今井登志喜『英国社会史』（上）、東京大学出版会、1953 年、227-228 頁。

(73) 大野真弓編『イギリス史（新版）』山川出版社、1975 年、150 頁。

(74) 同上書、159-160 頁。

(75) 今井登志喜、前掲書（上）、266-268 頁。

(76) これは、1215 年の「マグナ・カルタ」、1628 年の「権利の請願」の二つとともに、イギリスの憲法を決定させる三つの最も基礎的な文献の一つであり、また後にアメリカ合衆国やその他の国々で制定された憲法の標準になったものである。

(77) 13 か条の全文については、大石義雄編、前掲書、37-43 頁；人権思想研究会編、前掲書、60-67 頁を参照せよ。

(78) 原純夫『英国予算制度の法制―金銭法案解説―』大蔵省主計局、1934 年、148 頁。

(79) G. Davies, *op. cit.*, pp. 63-65.; D. Hirst, *Authority and Conflict, England 1603-1658*, London, 1986, pp. 137, 143. 常行敏夫、前掲書、239 頁。

(80) 今井登志喜、前掲書（上）、211-212 頁。ジェームズ一世の政策が海外発展に

消極的であったとはいえ、イギリスの海外発展の動きは、このころから活発となった。ジェームズ一世のときから、イギリスは植民地開拓の時代に入り、北アメリカ大陸の真の植民地化はこのころからはじまった。本格的なアイルランドへの植民も、やはりジェームズ一世のときにはじまった。次に、海外貿易を見ると、まずアジア方面では、政府の保護がなかったにもかかわらず、エリザベス一世のときに設立された東インド会社が、この時代にしだいに発展し、アジア貿易はイギリスの海外貿易の最も重要な部門となった。

(81) L. L. Peck, *Court Patronage and Early Stuart England*, London, 1991, pp. 118-120.

(82) 酒井重喜、前掲書、277頁。

(83) 大倉正雄『イギリス財政思想史―重商主義期の戦争・国家・経済―』日本経済評論社、2000年、15頁。

(84) 『海洋自由論』は、もっぱらにスペイン・ポルトガルの海上主権論を批判する目的で書かれたものであるが、それはイギリスの領海主権論にも向けられたものであった。

(85) この組合の創設にかかわったコークは、「われわれは、近年、低地諸国民に遅れをとったので、われわれはかれらに対してスペインやフランス以上に羨望を抱くべき理由をもっている」といっている（K. R. Andrews, *Ships, Money & Politics Seafaring and Naval Enterprise in the Reign of Charles I*, London, 1991, p. 137）。

(86) *Ibid.*, pp. 135-136.

(87) W. J. Jones, *op. cit.*, pp. 124-125.

(88) エリザベス一世の治世、地理学者・植民地論者として知られたリチャード・ハクリュート（Richard Hakluyt）の『イギリス国民の主要な航海・貿易・発見の記録』（*The Principal Navigations, Voyages, Traffiques and Discoveries of the English Nation*, 1600）は、かなり古い伝承的なものを含んでいるが、その中心をなすものはテューダー朝、とくにかれと同時代の海員たちの海事活動の記録である（Vgl. Wilhelm Roscher, *Zur Geschichte der englischen Volkswirtschaftlehre im sechzehnten und siebzehnten Jahrhundert*, Leipzig, 1851, S. 23-24. 杉本栄一訳『英国経済学史論―十六・十七両世紀に於ける―』同文館、1929年、45-46頁）。それは、「地理上の発見」と、それにつづくスペイン・ポルトガルの世界分割、新大陸の財宝と珍貴な東洋産物の独占による両国の繁栄に刺激されて海洋に乗り出したイギリス国民の多彩な海事活動などの記録からなっており、イギリスの海外進出がこの時代にはじまることを示している。

(89) 大倉正雄、前掲書、15-16頁。

(90) 酒井重喜、前掲書、193頁。

(91) 同上書、54頁。

(92) 同上書、54-55 頁。
(93) さらに、これをより確実なものにするためにイギリスとスペインとの間で秘密の交渉が行われた。その内容は、イギリスの艦隊がスペインの海上輸送を援護する見返りに、スペインがイギリス艦隊のために財政援助を行う、というものであった。しかし、この交渉は不首尾に終わった。そのため、イギリスは艦隊を自国の資力をもって支えなければならなくなった（Cf. H. Taylor, "Trade, Neutrality, and the English Road: 1630-1648", *Economic History Review*, 2nd ser., No. 25, 1972)。
(94) 酒井重喜、前掲書、「はしがき」、ii 頁。
(95) 大野真弓編、前掲書、188 頁。
(96) しかし、クロムウェルは、本当はオランダとの戦争には乗り気ではなかった。なぜなら、本来イギリスはプロテスタント教国としてオランダとは同盟を結ぶべきであり、矛先はカトリック教国に向けられるべきであると考えていたからである。
(97) 今井登志喜、前掲書（上）、239 頁。
(98) 同上書、240 頁。
(99) 大野真弓編、前掲書、188 頁。
(100) 今井登志喜、前掲書（上）、249-250 頁。
(101) Charles Wilson, *Profit and Power: A Study of England and the Dutch Wars*, London, 1957, Preface.
(102) J. A. Williamson, *A Short History of British Expansion*, Vol. I, London, 1959, Chap. IX.
(103) この戦争における戦局の展開過程については、大倉正雄、前掲書、20-22 頁を参照せよ。
(104) 大倉正雄、前掲書、20 頁。
(105) 今井登志喜、前掲書（上）、250 頁。
(106) このために、テンプルは、オランダを訪問している。このときの見聞をもとに書かれたのが、『オランダ観』（*Observations upon the United Provinces of the Netherlands*, London, 1672）である。このほかにも、『アイルランドにおける貿易増進に関する一論』（*An Essay upon the Advancement of Trade in Ireland*, London, 1673）がある。
(107) チャールズ二世の母がフランス王女アンリエッタ・マリアであったことや、かれが亡命中にフランス王室の世話になったことが、かれの旧教主義とあいまって、フランスに近づかしめたものと思われる。
(108) 今井登志喜、前掲書（上）、251 頁。
(109) 同上。

第3章　イギリス重商主義期の財政収入体系

第1節　絶対王政期の財政収入形態

　イギリスでは、1066年にはじまったノルマン王朝において、すでに王政の形態への発展が見られ、1110年代から1120年代に国家財政機構のおおよその原型ができあがったといわれている。しかし、それは、いまだ国家財政（public finance）というにはほど遠いもので、王室財政（royal finance）というべきものであった。最高領主（supreme Lord）たる国王の財政的立場は、一般に個々の下位領主の私経済的立場と類似的に観念され、王室の出納と国家のそれとはいまだ明確に区分されておらず、両者がそのまま重なるものであった[1]。そして、その場合に、その予算構造は、財政史家ウィリアム・ケネディ（William Kennedy）によって指摘されているように、いわゆる区分的財政制度（sectional financial system）を建前としていたのである。つまり、各種の収入と支出とがそれぞれ直結され、これら相互の間の流用が禁止された形で財政運営がなされ、いわば一種の基金別財政を形成していたのである[2]。こうした伝統的財政観念を反映して、この時期における国家収入には、実態的に二つの中世的原則が適用されていた。その一つは、経常的収入（ordinary revenue）に対する「国王は自己の財産で生活すべきである」（King lives on his own）という国王自活の原則である[3]。いま一つは、戦費調達を典型とする臨時で有期の租税による非経常的収入（extraordinary revenue）に対する、「代表なければ課税なし」あるいは「同意なければ課税なし」という議会課税協賛の原則である[4]。このような、収入実体における「経常的収入＝国王の財産＝国王自活の原則」と「非経常的収入＝租税＝議会協賛原則」

との中世的二元性は、市民革命の時期まで存続したのである[5]。ケネディによれば、市民革命は、「過去３世紀にわたってイギリスを支配してきた財政制度を最終的に瓦解」[6]させる役割を果たすことになった。

　イギリス絶対王政当初における国王の収入は、およそ以下の三つのものからなっていた。その第１は、国内行政のための経常費の大部分を賄う王領地（Crown Lands）からの封建的財産収入（王領地収入）と、主として国王の直領地（Demesne）からの収入である封建的特権収入とである[7]。このうち、前者は、貸地収入、森林原野などからの収入よりなっていた[8]。また、後者は、1215年のマグナ・カルタにおいて明確に確定されたもので、時代によって多少の違いが見られるが、後見（word ship）、婚姻（marriage）、不動産復帰（escheat）、封地相続上納金（relief）、援助金（aids）、封地譲渡科料（fines for alienation）、先取（primer seisin）などの各種権利による収入からなっていた[9]。これら封建的財産収入と特権収入は、経常的収入の根幹をなすものであった。第２は、通常貿易の保護と王国の防衛とに任ずる海軍の経費を賄う間接税としての関税（Customs）による収入である。関税は、その起源が必ずしも明らかではないが、早くから海運国として発展をとげたイギリスでは、すでに「イギリス商業の父」と呼ばれた14世紀エドワード三世の時代に、その体系は一応の整備を見ていた[10]。すなわち、輸出税（export duty）、トン税、ポンド税からなる体系がそれである[11]。しかし、この時代の関税は、国家目的一般のための間接税としての特定輸入品の国内消費を通じて国民全体によって負担されるものではなく、特殊商人的利害の要請に応え国王によって遂行される限定的業務の代償として、輸出入商品に課せられる特別な租税として認識されていた。それゆえ、この関税は、国税というよりも、入港税（dues）あるいは通行税（tolls）とみなされるべきものであった[12]。また、この時代の関税は、いわゆる財政関税であったため、対外貿易の増大とともにその重要性を増し、封建的財産収入および封建的特権収入とともに国王の収入を支える重要な柱の一つとなっていた。第３の収入は、戦時などの国家的非常事態に際して、そのつど議会の承認を得て課徴された直接税で、15分

の1税（fifteenth）、10分の1税（teenth）および補助金（subsidy）がその主たるものであった。前2者は、そもそも、12世紀後半にはじまり13世紀を通じて発達した、家畜・穀物・商人や手工業者の在庫商品・家具調度品・金銭などを課税対象とし、定率税としてあらゆる階級の人々に賦課された動産税であった。この動産課税が、エドワード三世治世下の1334年に、諸州に対する15分の1税および諸都市に対する10分の1税という形で定型化されたのである。その後、これらの租税は、しだいに、地域によって税率の異なる土地・建物などの固定資産に対する収益税、そして地域ごとに徴収税額を配分して賦課する配賦税に転化する傾向を示すようになった。いずれにしても、これらの租税は、特定地域別に不公平な圧迫を加えるもので、国家財源を十分に利用しうるものではなかった[13]。一方、補助金は、ヘンリー七世治世下の1488年にはじまり、ヘンリー八世治世下の1515年以降に、土地・建物・奉仕・相続財産・年金・報酬・一定額以上の金銭・延べ金・宝石・在庫品・借財・穀物・家畜・家財道具などを課税対象として定着したものである[14]。とくに、エリザベス一世は、その治世のほとんどを通じて、この補助金を徴収した。しかし、この補助金は、年々、その租税としての価値を減少させつづけ、結局、封建的財産収入・封建的特権収入および関税を中心とする経常的収入のいわば補充部分としての機能をもつものであったといってよいであろう。

　1485年に、イギリスにおける真の王政と呼ばれるもののはじまりとされるテューダー朝が成立するや、財政需要はにわかに増勢に転じ、財政困難をきたすこととなった。その原因は、第1に、絶対王政自らが国内支配のための統治機構を維持強化するために、強固な官僚制度をますます必要としたためである。第2に、一層の海上商権の伸張およびあいつぐ対外戦争に勝利するために、強大な常備軍を保持しなければならなかったからである。とりわけ、封建的騎士軍の崩壊によって傭兵制度が採用され、かれらには貨幣をもって給料を支払わなければならなかった。これらのことは、一層の貨幣支出の主要な原因をなし、国王は新たな財源確保に狂奔しなければならなくなっ

たのである(15)。しかしながら、議会が課税協賛権をもっていた直接税に依存することは困難であり、またオランダやフランスでは比較的早くから採用されていた間接税の大宗的存在である消費税を欠いていたため、国王の自由裁量にかかる方法によって財源確保を図らなければならなかった(16)。そこで、絶対王政は、当初は、古来伝統的に保持している自らの封建的財産収入の再編と特権の強化・拡張によって、収入の増大を図ろうとした。その試みは、王領地の売却、農産物の販売、都市・自治権付与の代償金、悪貨鋳造、鉱山の開発による貨幣素材の増産、売官など、多方面にまたがった(17)。しかし、これらの方法にはおのずと限界があり、とうてい増大する財政重要に応えることはできなかった。そこで絶対王政は、財源拡張の方法を、関税の増徴、独占特許（patents of monopoly）の拡充、公債などに求めようとした。

まず、関税についてヘンリー七世は、絶対王政を確立するや、関税制度の統一化そして全国化に着手し、その収入の増大を図った(18)。ついで、ヘンリー八世も、1536年に関税率表（Book of Rates）を制定し、鋭意、輸出関税収入の増大に努めた(19)。ついで、メアリー一世は、1556年に、毛織物輸出関税の新規採用、酒類輸入関税の増徴、ポンド税増収のための一定課税基準の確立などを図った。また、1558年には、新課税率の制定、新課税（new duties）または特別付加税（impositions）と称される特殊課税の設定、課税商品の列挙明示など、租税収入増大のための種々の新機軸を織り込みながら租税体系の再編を行った(20)。つづく、エリザベス一世もまた、メアリー一世治世下における関税体系を基本的に継承し、関税収入の増大に積極的に取り組み、1562年に関税率表の公表、1582年に関税率表の改訂、総検査管制（general surveyors system）の導入、関税徴収請負制（form of the customs system）の採用、付加課税徴収の拡大、などの措置を講じた(21)。初期ステュアート朝においても、いぜんとして財政は窮迫し、引きつづいて関税収入の増大が図られた。ジェームズ一世は、1604年に、新関税率表の制定、総合関税徴収請負制（great form of the customs system）の設定、全般的付加的関税の徴収、などの諸施策を実施した(22)。こうして、関税は、たびたびの制度

的改善と貿易量の増大とによって、封建的財産収入ならびに特権的収入が漸減傾向になったときに、しだいにその収入が増加し、当初の外的防衛という目的を越えて一般財源としても重きをなすようになっていった。

　次に、独占特許制度は、一般的には、主として特許料徴収を目的として、国王がその特権に基づき、個人または団体に対してさまざまな独占的特許を付与するものであった[23]。このような独占特許が、議会の干渉を排除しつつ収入の増加を意図する国王の積極的政策の一つとして目され、華々しく展開されるようになったのは、テューダー朝末期においてである[24]。その動機は、いうまでもなくもっぱらに財政事情の悪化によるもので、財政的窮乏を打開するためであった[25]。独占特許は、対外的事業に関する海外独占と、国内的事業に関する国内独占とに大別されうる[26]。海外独占は、16世紀の中頃よりあいつぐ特許貿易会社の設立をもって具体化された。すなわち、1553年のロシア会社をはじめとして、1557年のアフリカ会社（African Company）、1577年のスペイン会社（Spanish Company）、1578年のイーストランド会社（Eastland Company）、1592年のレヴァント会社、1600年の東インド会社、などがそれである。これらの特許貿易会社は、国王からの特許状を受けて特定地域における貿易を独占的に遂行し、特許料収入を国王にもたらした[27]。他方、国内独占は、当初は、国内における工業の振興を目的とし、主として国内産業に関する新技術の発明あるいは国外からの新規の製造技術の導入を対象として、特定個人や特定団体に付与された。国王は、こうした独占特許付与の代償として特許料を徴収したのである。その具体的な例は、ピン独占（pin-making patent）、石鹸独占（soup patent）、針金独占（wire patent）、硝子独占（glass patent）、石炭独占（coal patent）、製塩独占（salt patent）、明礬独占（alum patent）、などである[28]。しかし、財政の逼迫による特許料収入への一層の渇望により、国内産業に関する特許付与本来の主旨が歪められ、エリザベス一世治世下の1601年には、ついに、乾燥葡萄・藍・酢・銅・錫・硝石・鉛・鉄・澱粉・骨牌・鯨油・皮革・錦布・灰汁・海灰など、多種多様なものがその対象とされるに至った[29]。こうして、国内独占の特許付与は、

もはや新技術の発明の導入にかぎらず、既存の産業をも広範にその対象に包含し、またその期限もしだいに延長されるに至った。さらには、こうして独占特許の対象が拡大されていく過程で、産業のみならず広く収益特権と解されるべきものをもその対象に包摂していった。収益特権とは、産業とは必ずしも関係のない、むしろ産業とははなはだしく乖離した排他的独占権に基づくところの各種の収益源泉を意味するものである[30]。すなわち、絶対王政の行政機構あるいは専制的権力の一部である捜索・検印・計量・登録・罰金徴収業務などを、特定の商人あるいは国王側近の貴族や政治家に排他独占的に委譲代行させることによって一定の収益を得させ、その代償として国王への特許料納入を義務づけたのである[31]。

　最後に、公債については、その起源はプランタジネット朝ヘンリー三世の時代にまでさかのぼり、特許状 (Letters Patent)、割符 (Tally) などを交付する形式をとって発行された[32]。また、その内容は、将来の、それも主として1年以内の租税収入を担保として資金を先借りするあるいは先取り (anticipation) する、国王の私的債務とみなされるものであった[33]。しかも、それらは多くの場合、強制的な性格をもち、引受者も大領主・貴族などの裕福な階級の者が中心となっていた。テューダー朝および初期ステュアート朝の時代には、国王は収入増大策として公債を重視し、しばしば、国王の緊急有事に際し議会の承認を得て国民各層あるいは各地域へ一定の金額を割り当てる玉璽書公債 (Privy Seal Loans) を採用した。ヘンリー七世、ヘンリー八世およびメアリー一世の治世下で、それぞれ2度にわたり発行が試みられた。さらに、エリザベス一世治世下においては、この公債は最も効果的に採用され、5度にわたって発行された。つづくジェームズ一世治世下においても、2回発行された[34]。

　17世紀初頭のチャールズ一世の時代には、財政が困窮の度を強めたため、財政支出の削減を図る一方で、すでに事実上破棄されていた封建的な特権をいろいろな形式で復活させ、収入の増大を図ろうとした。その一環として、1634年に、海軍増強のための費用の調達を目的として、各海港地域から船

舶税（Ship Money）を徴収した⁽³⁵⁾。従来、歴代の国王は、当面の危機に対処するために、海港地域に限定して1回にかぎり民間の船舶を徴用し、国王のもつ船舶と合わせて官・民二元的な艦隊を編成して、王国防衛の任に当たっていた。しかし、軍事用船舶建造の技術的高度化とともに、民間船の徴用は用をなさなくなった。そこで、チャールズ一世は、各種の海賊行為の横行の取締り、領海における外国船の無断航行の抑止、自国の漁業と貿易活動の保護など、いわゆる重商主義的課題を遂行するための一元的な国家的海軍の建設を企図し、海港地域から一定の金額を徴収する形の船舶税を賦課したのである⁽³⁶⁾。しかも、1635年に、この船舶税を沿岸地域のみならず内陸地方にも拡大した。さらに加えて、船舶税は、実質的には明白な租税であるにもかかわらず、名目的にはあくまでも従来の緊急時における民間船舶の召しあげに擬制して賦課されたため、課税権における曖昧さと疑義から、国民の大規模な反抗を招くことになった⁽³⁷⁾。後に、ペティが、『租税および貢納論』の中で船舶税を激しく非難したのは、まさにこの点についてである。しかし、船舶税は、1634年から1640年までの6年間徴収され、その期間全体を通じてほぼ成功を収め、国王の収入獲得に大きく貢献したのである⁽³⁸⁾。

　1640年4月13日に、スコットランドで起きた反乱を抑えるための費用を賄う目的で、新たに人頭税（Poll Tax）が賦課されることになった。この人頭税は、スコットランド軍との休戦に基づく同軍の解散のための費用、すなわち緊急的な軍事費の調達を目的とする一回的なものとして、一人当たり一律に課税された⁽³⁹⁾。しかし、その後、この最低限の支払いに加えて、土地に対する直接税の過重な負担を軽減する意図の下に、動産と身分とに応じて複雑な等級が設定され、たびたび課徴されるようになっていった。その際に、財産の査定や徴収などの実際の徴収業務は、通常、地方の役人が担当したが、税逃れなどの横行によってその税収はほとんどの場合所期の額を下回った。そのうえ、国庫への納入までに多大の時間を要した⁽⁴⁰⁾。

第2節　市民革命と近代的租税の導入

　1642年8月に、国王と議会との軍事的衝突が起きた。ここに、いよいよ、イギリスの国民が国王派と議会派との二つの陣営に分かれて、内乱の時期がはじまったのである。内乱は、武力に訴える政治闘争であるので、議会側にとっても国王側にとっても、さしあたっての焦眉の財政問題は、その勝敗を大きく左右することになる戦費の調達であった。内乱勃発の当初は、議会側は、味方の貴族や一般大衆が自発的に供出する貨幣・宝石・地金銀などによって戦費を賄った。しかし、このような方法では長期間にわたって戦費の調達を持続させることは困難であり、より組織的・永続的な方法によって戦費を確保することが必要であった[41]。そこで、議会側は、この目的に沿うものとして、資金委員会（Committee for the Advancement of Money：1642年11月）、没収委員会（Committee for Sequestrations：1643年3月）、示談委員会（Committee for Compounding：1643年9月）などの各種委員会を設置し、戦費の調達に努めた。議会側は、これらの委員会の提言に基づいて、まず、ロンドン市における議会側あるいは国王側の別なく、資産100ポンド以下の者を除いて、動産についてはその5分の1、また不動産についてはその20分の1の割合で資金の拠出を求めた。資金提供者に対しては、公信用証書（Public Faith Bill）または国庫証券（Exchequer Bill）を交付して8％の利子を保障したが、多くは強制的性格をもつものであって、事実上は強制公債というべきものであった[42]。ついで、議会側は、国王・教会・封建貴族およびその他の国王側に加担した指導的な者たちの封建的領有地を大々的に差し押さえ、これを賃貸または売却して資金化を図ろうとした。こうした措置にもかかわらず、戦乱の長期化は、議会側の財政難をはなはだしいものにし、とりわけ軍隊に対する給与の支払いを一層困難なものとした。この結果は、早くも1644年に軍隊に対する給与支払い猶予となって現われた。同年の春には、貧農・工匠などからなる兵士に対して、未払い給与の支払いを土地を担保として保障する

給与債務証書（Debenture）が発給されることになった。このため、議会側は、すみやかに資金を獲得する必要に迫られ、困難な土地の差し押さえ、売却の方法に代えて、財産を差し押さえられている者から罪状の軽減と交換に現金を提供させる、示談金（Composition）によって資金を獲得し、財政難の緩和を図った[43]。

以上において見たような、各種委員会による強制公債の発行、財産の差し押さえ・売却および示談金などの資金調達方法は、いうまでもなくあくまで内乱勃発時の非常臨時的手段というべきものであって、安定的かつ十分な調達方法としては、必ずしも妥当なものではなかった。そこで、議会は、これらの方法の実施と併行して、それまでの租税制度の改変・整備と新たな租税の創設を進めたのである。内乱を通じて設けられた新たな租税体系は、主に、直接税である月割税（Monthly Assessment）、間接税である変革された関税および新規の内国消費税（Excise）によりなっていた。そして、他方では、これらの施策の実施と合わせて、旧来の種々の封建的特権収入制度の廃止が進められたのである[44]。

1643年1月に、議会は、主として陸軍用経費を調達するために週割税（Weekly Assessment）を創設し、むこう3か月間、週ごとに課徴することとした。しかし、議会は、フェアファックスに派遣していた軍隊へ給料を支払うための資金が至急必要となり、1645年2月に、この週割税を改めて月割税として設定し、この危機に対応しようとした。以後、この月割税は、動産であるか不動産であるかを問わず、土地・賃料・建物・官職・その他の資産など一切の個人資産を課税対象とする経常的財産税として固定化され、名誉革命に至るまで最も重要な直接税としてその役割を果たした[45]。当時、直接税が賦課される場合、二つの方法がとられていた。一つは、収益税として、納税者の不動産・動産の価値および職業収益に対してポンド当たり一律的な定率（pound rate）で徴収する、いわゆるポンド・レイト方式である。もう一つは、各地域に割当額（quota）を設定して、それを徴税官が納税者の課税資産の評価をなすことによって徴収する地域別納税固定方式である。新たに設

定された月割税は、形式的には前者の方法によるものであったが、しかし、実質的には後者の方法によって徴収された。まず、課税総額を議会が決定し、これを各州、各都市にさらには末端の各教区に配賦した。実際の徴税事務は、議会によって任命された月割税委員会 (Commissioner for the Monthly Assessment) 管轄下の地方委員会に委ねられ、さらに地方委員会が査定官 (assessors) を任命し、この査定官によって住民の資産が調査・査定され、これに基づいて税率が決定された[46]。月割税は、あらゆる種類の資産を課税対象に含み、全体の負担を各人に分散させることが可能であったため、創設当初において、相当に収入をあげえた。しかし、概して、月割税は不評であった。とくに、新興の土地所有者たちが、この月割税に反対した。その理由は、当時にあっては、地方の徴税担当者に対する中央政府の統制がいまだ不十分で、また徴税機関そのものもなお未発達であったため、実際の徴税に際しては種々の問題に直面し、妥協せざるをえなかったからである。その問題とは、第1に、中央政府は、地方の徴税担当者それぞれに対し、当該地域に適用される査定原則の選択の権限を与えたことである。そのため、月割税の大部分は、土地収益に対して著しく不正確な査定に基づいて徴収されることになり、不動産所有者たちに対しては、これを免除するかあるいは過小に査定することになったのである。そのため、動産所有者たちは、この月割税の負担を免れ、土地所有者がその大部分を負うことになったのである。第2に、一定額の税収をたえず確保するためには、たとえその現実の徴税方法がどのようなものであれ、各地方ごとに徴税総額を固定化し、それらの地方から所定の税額を収取しなければならなかったことである。その結果、国内の各地方によって著しく異なった税率が適用されることになった[47]。このような、査定基準が曖昧で、しかも税率が地方ごとに異なるという月割税の地方的不均衡性は、同税を迅速に徴収して巨額の戦費を賄うためのやむをえない措置によるものであるとはいえ、重い負担を負うことになった土地所有者の反抗を招くことになった。そして、ついには、月割税廃止の要求すら出される事態となったのである[48]。そのため、議会には、月割税を継続的に徴収する

に当たって、査定官による主観的・恣意的な動産あるいは不動産の査定、したがって課税標準を客観的・合理的なものとし、この租税における地方的差異を解消・統一することが求められたのである(49)。

次に、絶対王政期を通じて最も重要な国王の収入源となってきた関税が、内乱の勃発によって、その性格を大きく変えることとなった。すでに述べたように、中世以来のイギリスの関税は、国王の特権に基づき、通商貿易の保護と王国の防衛に当たる海軍の経費を賄うものとして、この保護を受ける輸出入諸商品に対して臨時的に課されるものであった。いわば、これまでの関税は特殊課税であるとみなされ、国民的課税とみなすにはほど遠いものであったのである。また、この時期以前の関税の徴収は、羊毛・皮革輸出税および葡萄酒類輸出税などの特別なケースを除いて、自由貿易に等しい低廉なものであって、財源調達の手段としての機能を有するところに特性が見られた(50)。しかし、1642年に、議会は、関税は議会の承認を必要とするとの方針を示した。そのうえで、議会は、翌1643年に、新関税率表を定め、従来の葡萄酒・タバコなどに対する輸入関税をそれまでの2倍に引き上げる一方で、毛織物輸出関税を軽減した。ここに、それまでの輸出関税中心の関税体系が、輸入関税中心のそれへと大きく変わることになったのである(51)。また、このときに、すでに1608年頃から一部はじめられていた、中継貿易振興策の一環として輸入された商品が再輸出される際に輸入時に納付した税額の一部を払い戻す戻税制度（draw back）が、全商品を対象として適用されることになった(52)。これら、この時期における関税に対する一連の措置は、以下の諸点において、イギリスにおける近代的な関税制度の出発点ともいうべきものであった。まず、第1に、イギリスの関税は、その後、1647年の羊毛輸出禁止条例および1651年の航海条例などの重商主義政策とあいまって、貿易政策との結びつきをしだいに緊密なものとし、やがて農業および毛織物工業を中心とする国内産業の保護と奨励に歩調を合わせるようになるのである。このことは、とりもなおさず、それまでの財政関税としてのイギリスの関税が、貿易政策における保護制度の一端として、近代的な保護関税へ

と発展していくことを意味し、ここにその大きな第一歩が踏み出されたのである[53]。第2に、関税は、この時期に、海軍費という特定の支出との結びつきをしだいに失い、経常的収入の体系に組み入れられた。そして、1660年の王政復古とともに制定された「大法令」(Great Stature)[54]以降は、主として輸入品の消費者に対して徴収される経常課税として、国民一般によって負担されるものであるとみなされるようになり、この理由をもってその徴収が正当化されるようになるのである。

最後に、内国消費税について、議会は、1643年3月28日に、1628年の「権利請願」の先導者のひとりで、後に「内国消費税の父」[55]と呼ばれるジョン・ピム（John Pym）の発議によるこの租税の導入を決議し、同年7月22日から実施に移した。内国消費税の導入の目的は、通商の安全の確保、軍隊の維持および国家債務の返済の三点であったが、その基本は内乱の戦費調達であった[56]。したがって、導入時には、あくまでも内乱期の応急的で臨時的な財源調達手段として考えられており、恒久的なものとしては考えられていなかった。しかし、いずれにしても、前述した月割税がテューダー朝以来の直接税制度をその前身とし、また関税もその淵源を遠い中世に発するものであったのに対して、この内国消費税は、それまでイギリスにおいては全然先例のないものであって、オランダに範をとり、まったく新たに導入された租税であったのである[57]。しかし、このことは、それまで、イギリスにおいて内国消費税の導入の試みがまったくなかった、ということを意味するものではない。主としてオランダの先例にならいながら、内国消費税をイギリスに導入しようとする構想は、すでに16世紀中葉エドワード六世の時代から何度か試みられてきた。まず、1548年に、イギリス重商主義思想の先駆的段階を代表するヘイルズなどの提唱により、羊毛・毛織物に対する消費課税が実施された[58]。これは、当時、牧羊地の囲い込み（enclosure for sheep-farming）によって多大の犠牲を余儀なくされていた農民に配慮し、囲い込みの阻止という目的をも兼ねて、羊については雌羊1頭当たり3ペンス、去勢羊1頭当たり2ペンス、共有羊1頭当たり1.5ペンス、また毛織物について

は国内販売用1ポンド当たり8ペンスで課税しようとするものであった。当初は、3年間の予定で課税することになっていたが、激しい反対のために1年たらずで廃止されてしまった[59]。ついで、エリザベス一世治世下の1586年に、エール・ビール検査官の新規任命に際し、これらの飲料に対する消費課税が構想された。これは、エールおよびビール各1バレルについて1ペンスの検定料を業者から徴収しようとするもので、その実体は明らかに内国消費税であった[60]。しかし、この計画に対しても世論は厳しく、「王権をもってしても、この種の課税が許されるかどうかは疑問である」[61]として、ついに実現されることなく終わった。また、ジェームズ一世治世下の1610年に、国王の封建的収入源を新たな租税の賦課に切り替え、年額20万ポンドの恒久的財源を確保しようとする計画が提案された。ジェームズ一世は、このための方策として、オランダの消費税を模倣し、パン・ビール・穀物などを課税品目として、その導入を図ろうとしたのである。しかし、すでに過重となっていた課税による負担の軽減を要求していた議会によって、この試みは拒否されてしまった[62]。さらに、チャールズ一世治世下の1625年に、海上防衛のための海軍増強の費用調達を目的として、国王とニューキャッスルの石炭ギルドとの間の特殊な契約に基づいて、石炭1チョルドロン当たり6ペンスで賦課する提案がなされた。しかし、これについても、議会の承認を得ることができず、実現にまでは至らなかった。1627年と翌1628年にも、再度、石炭に対する課税が試みられたが、やはり議会の承認が得られず、実行に移されることはなかった[63]。同じく1628年に、国王によって、鉛・錫・毛織物への新税が提案された。しかし、これらについても、大陸諸国で行われている「悪魔の処方」(the Devil's remedy) である内国消費税そのものであるとの批判を受け、葬り去られてしまった。1630年にも、新たに広範囲な消費課税の導入が試みられたが、予想される一般大衆の反対行動を抑えるための軍隊の欠如が心配されたため、この計画も実行されるまでには至らなかった[64]。このように、イギリスにおける内国消費税の導入は積年の課題であり、絶対王政下でたびたびその導入が試みられてきたのであるが、そのたび

に議会の承認拒否や一般大衆の激しい抵抗にあい、ことごとく失敗に帰したのである[65]。

1643年に、議会によって内国消費税が導入された際には、予想される一般大衆の反対を少しでも緩和するため、課税品目をビール・エール・サイダー・梨酒・ストロングウォーターなどの嗜好飲料に限定し、また課税期間についても一定期間に限定して賦課された[66]。しかし、導入後ただちに課税品目が拡大され、1643年9月には、石鹸・スピリッツなどが課税品目に加えられた[67]。また、1644年1月には、食肉、食料品雑貨・塩などの重要な生活必需品が、同年7月には、明礬・緑礬・帽子・ホップ・サフラン・銅器・澱粉・絹・毛織物などの工業品の多くが課税品目に追加された[68]。さらに、1647年には、生活必需品のほとんどが課税品目に包含されるようになり、また課税期間もこの間に延長された[69]。このように、奢侈品にとどまらず広範囲なものが課税品目に含められるに至った理由は、いうまでもなく財政上の必要ということであったが、これとは別に、「公平の観点」あるいは「財政上の平等」の観点、すなわち「自然的正義」の観点が考慮された。

そもそも、内国消費税は、それがイギリスに実際に導入される以前においても、嫌悪されていたものであった[70]。実際の導入のみならず、課税品目の生活必需品をも含む広範囲な商品への拡大は、当然に、一般大衆の大きな反抗を招かざるをえなかった[71]。まず、1647年に、ロンドンのスミスフィールド（Smithfield）で、食肉に対する内国消費税の支払いの拒否に端を発して、ついに暴動が発生した[72]。しかも、この暴動を軍隊の一部までもが支持し、暴動鎮圧後の同年8月に「この国の貧民が日常それによって生活しているような諸商品に対する内国消費税を廃止し、また一定期間にかぎって全商品についてもそれを廃止すべきである」[73]ことを議会に要請した。このスミスフィールドの暴動を契機として、反内国消費税運動は、ただちに各地に波及していった。1650年には、ウスターシャー（Worcestershire）とランカシャー（Lancashire）で重大な反内国消費税暴動が発生したとの報告が議会にもたらされた[74]。また1652年には、ウェールズ（Wales）およびプリマス

(Plymouth)で、反内国消費税暴動が起きた(75)。こうした、あいつぐ反内国消費税運動の急先鋒となっていたのは、土地をもたない手工業者層を中核とするレヴェラーズ(Levellers)であった。かれらの反内国消費税の立場は、1647年の「建議要目」(The Heads of the Proposals offered by the Army)において示されている(76)。つづく、翌1648年1月に議会に対して行った「請願」(To the Supreme Authority of the England)においては、「内国消費税という負担の多い租税が、比較的に貧しい人々、つまり最も創意に富む人々だけの重荷となり、かれらの耐えがたい圧制となっている反面、土地からの大きな収入や貨幣賃料に基づく莫大な資産を得ている人々は、この租税の重荷の最小比例部分さえ負担していない。……したがって、こういう圧制的な貨幣調達方法を即刻にも廃止し、人々の貨幣を調達すべきである」(77)と主張している。これらの「請願」や各種パンフレットにおける内容からわかるように、主として土地をもたない手工業者層からなるレヴェラーズの徴税に際しての要求は、新たに導入された内国消費税の即時撤廃とそれに代わる財産課税としての月割税の推奨にあったのである。内国消費税が反発を受けたのは、レヴェラーズの見解によく表われているように、課税品目が広範囲で生活必需品にまで課され、これまでの絶対王政下ではほとんど租税の負担を負ってこなかった下層の一般大衆が、恒久的な租税負担者に組み入れられたためである(78)。これ以外にも、次のような理由があった。第1に、内国消費税は、その税収が軍隊とくに陸軍の経費に充当されることが多かったため、人々が最も忌避するところの常備軍の設置・肥大化、さらには専制と結びつけて考えられたことである(79)。第2に、「消費税徴税役人は自由の独占者で星室庁よりも悪い」(80)という批判に表われているように、内国消費税の課税に際しての徴税官による立ち入り検査が、納税者の自由を剥奪する「隷従の象徴」(badge of slavery)(81)として受けとめられたことである。第3に、内国消費税は、商品の生産者を納税者とするものであるけれども、それが商品価格の騰貴を通じて需要の落ち込みを招き、イギリス経済に悪影響を及ぼすと考えられたことである(82)。第4に、毛織物の漂白に用いられる硫酸と毛織物自体

への課税、同じく石鹸の原料である酸化カリウムと石鹸自体への課税などのように、原材料と製品に対して二重に課税されたことである。こうした、広範囲な商品に課税することにともなう原材料と完成品双方に課税するという重課（double duty）の問題は、生産者からの組織的かつ集中的な批判を招いた[83]。

　以上のものに加えて、徴収請負制度の採用が、内国消費税に対する反発を一層強めた。1643年の内国消費税導入時には、その徴収は、内国消費税委員会（Excise Commission）の委員が自ら行う直接徴収体制がとられていた。しかし、委員会の統制力不足からくる徴収業務の混乱を避けるために、1650年に徴収請負制が採用され、しだいに拡大されていった[84]。この徴収請負制度は、国庫に確実な税収をもたらすとともに、一方で請負人側にも徴税権貸与料（契約レント）の超過分を取得できるメリットがあった。そこで、請負人は、この超過分を得るために、強引あるいは不正な方法で内国消費税の徴税業務を行ったのである。こうした、請負人の貪欲な姿勢が納税者を苦しめ、この租税に対する大きな批判を招くことになったのである。このことは、当時の人々の「請負制は、内国消費税をなお一層不都合なものにした」[85]、あるいは「請負制に同意するくらいなら舌や手を切り落とされたほうがましである」[86]という言葉に、如実に示されている[87]。内国消費税に対する激しい批判を前にして、議会は、早くも1647年のスミスフィールドの同税に対する騒乱後に、とりわけ反発の多かった塩・食肉を含む食料品への課税を断念している[88]。しかし、議会は、武力をもって反内国消費税運動を押さえ込むことにある程度成功すると、ただちに自家製ビール・食肉・国産塩を除く他の課税品目を法的に確定し、また1949年には自家製ビール・国産塩に対する課税をも復活させた[89]。そして、ついには、1653年に、クロムウェルが、議会において、内国消費税は「人々に課しうる最も容易かつ無差別な租税」(the most easy and indifferent levy that can be laid upon the people)[90]であると宣言し、その恒久化を正式に表明した。こうして、内国消費税は、文字どおり「剣をつきつけながら創設」(the excise was established at the point of the sword)⁽⁹¹⁾され、ますますその規模を拡大していくことになるのである。1656年には、課税品目表が制定され、輸入品と国産品とが区別され、それぞれ別個に内国消費税が課されることになった。前者は、輸入に際して輸入業者から徴するもので、葡萄酒・スピリッツ・ストロングウォーター・ビール・ホップ・酢・塩・タバコ・毛織物・染色絹・絹レース・リボン・金銀レース・ガラス・陶器・石器・絹・麻・亜麻・タール・樹脂・蝋・獣脂・縫糸原料・薬品などが含まれていた。これに対して、後者は、国内の製造業者から徴収するもので、スピリッツ・ストロングウォーター・ビール・ホップ・サイダー・梨酒・蜂蜜酒・塩・石鹸・ガラス・澱粉・金銀線・錫・棒状鉄・兵器・銅・鉛・油脂・サフランなどが含まれていた⁽⁹²⁾。そして、共和国内国消費税（Commonwealth Excise）として固定化されたこれらの内国消費税は、税収を着実に増加させ、1657年には、月割税の約38万ポンドおよび関税の約31万ポンドを上回って、約43万ポンドの税収をあげ、租税収入の王座の地位を占めるまでに至った⁽⁹³⁾。

1660年5月25日に、共和制が崩壊し、ステュアート家のチャールズ二世が国外の亡命先から呼び戻され、ここに王政復古がなしとげられた。この王政復古にともなって、議会は、新王政のために政府の財政問題全般について検討し、王室財政を維持する手段をただちに講じる必要に迫られた。そこで、議会は、土地への課税である月割税と共和制下の内国消費税の継続という二つの案について検討を加え、結局、ときの法務次官フィンチ（Henage Finch）の建議に従って後者の方法が採択された⁽⁹⁴⁾。王政復古後の議会が、国王への財源供与を土地に対する課税によらないで、内国消費税をもって充てたことには、いくつかの理由があった。まず、憲法上の問題で、直接税による収入は臨時の非経常的支出に充当し、間接税による収入は経常的支出に充当するという、伝統的な観念が考慮されたためである。次に、土地課税による徴税額を各地方に割り振ることは困難であり、間接税の方が徴税が容易であると判断されたためである⁽⁹⁵⁾。これらの他にも、以下におけるような、直接税に比べて間接税である内国消費税を用いることの利点も考慮された。第1

に、賦課による負担が納税者に感知されにくく、抑圧的に映らない。第2に、国内経済の発展による消費の伸長にともなって、税収が増加する可能性が大である。第3に、課税期間が長いため、納付額が小売価格に吸収され、更新が容易である(96)。

王政復古により採用された内国消費税は、世襲的なものと有期的なものとの2種類によって構成されていた。そして、これらは、内国消費税の第2の出発点ともいうべきものであった。世襲的内国消費税（Hereditary Excise）は、旧来の封建的土地所有に基づく国王の特権収入を放棄する代償として、恒久的な財源として国王に与えられたもので、共和制下の内国消費税である国内産と外国産のビール・エール・サイダー・梨酒・スピリッツ・ストロングウォーターなどと、コーヒー・チョコレート・ソーダ水・茶などへの新税からなっていた。なお、このときに、前者のアルコール・飲料水以外の共和制時代の内国消費税については、消費者大衆の不満と徴税難を考慮して廃止された。一方、有期的内国消費税（Temporary Excise）は、国王の即位に際して一代にかぎって与えられるもので、事実上は世襲的内国消費税を複写したものにすぎなかった(97)。これら2種類の内国消費税は、その後、1688年の名誉革命時まで、課税品目について大きく変更されることなく、チャールズ二世およびジェームズ二世の全治世を通じて継承され、その税収を確実に伸ばしていった(98)。

なお、この王政復古時に、新たな租税として炉税（Hearth Tax）が導入された。王政復古政府は、当初、内国消費税と関税の二大間接税で年間約120万ポンドの経常収入を調達する予定にしていた。しかし、約120万ポンドの不足が生じた。そこで、チャールズ二世は、1622年に、この不足分を補う目的で炉税を新たに導入した(99)。この炉税は、1543年における内国消費税と同様にそれまでのイギリスにおいては前例のないもので、教会への布施を免じられている貧困者やガラス細工・砕石・レンガ焼きなどの産業用炉を除き、家屋内の各炉に年2回1シリングを徴収するものであった(100)。そして、その徴収に際しては、導入当初は直接徴収制度がとられていたが、その後に

徴収請負制度が採用された[101]。炉税は、課税対象の炉の数と財産との間に相関関係があるとして課税されたものであるが、当時の納税者には、財産税としてではなく、各家庭の消費水準に対して課税されるもの、いわば第二の内国消費税として認識されていた。すなわち、炉税は、文字どおり炉の数で表現される各家庭の全般的消費水準に対応する租税であったのである[102]。そのため、この炉税は、内国消費税導入の場合と同様に、一般大衆の激しい反感を受けることとなり、ドーセットシャー（Dorsetshire）、ハートフォードシャー（Hertfordshire）、サマセットシャー（Somersetshire）などでは、炉税反対運動が暴動という形にまで発展した[103]。炉税が悪税として批判の対象となったのは、内国消費税の場合と同様に、なによりもこの租税が不公平なものであり、貧困者への圧迫となったからである。すなわち、炉税は、炉数と財産との間に相関関係があるとみなされ、炉一つ当たり1シリングという原則が貧富を問わず適用されたため、貧困者にとっては重圧感がある逆進的な租税となったのである。また、炉税は、査定・徴収という一連の徴税業務において、強制的な家宅検分（domiciliary）が認められ、これが納税者にとって個人の尊厳を侵すものと受けとられたのである[104]。この炉税の家宅検分に対する納税者の嫌悪感については、後にスミスが、その書『諸国民の富』の中で鋭く指摘している[105]。

　イギリスにおける17世紀は、国家収入調達の歴史において重要な時代であった。それは、この時代に、「国王は自活すべきで、課税を戦争を典型とする非常緊急時に限定する」[106]という古来よりの財政原則が廃止され、国家収入中に占める租税収入の比率が増大し、国家収入が戦時あるいは平時を問わず恒常的に租税に依存するようになったということである。経済学者であり歴史家でもあるシュンペーターの言葉を借りれば、イギリスでは、この時期に、「直轄国家から租税国家への転換」[107]がなされたのである。そして、その「租税国家」（Steuerstaat, Tax State）の中核をなしていたのは、月割税・関税および内国消費税であった。これら三つの租税のうち、内国消費税は、特別に重要な意味をもっていた。それは、この内国消費税が、それまでのイ

ギリスには先例がなく、まったく新たに導入されたものであったばかりでなく、それが政治・法律・経済・社会などの各分野に大きな影響を及ぼし、それまでとは異なった重要な問題を惹起するものであったからである[108]。そのため、17世紀のイギリスにおける租税理論上の論議は、この内国消費税の問題に集中し、展開されたのである。セリグマンも指摘しているように、この時代に内国消費税に関する論議に参加した重商主義者は、かなりの数にのぼる[109]。ペティも、その有力なひとりであった。

注
（1）隅田哲司『イギリス財政史研究―近代租税制度の生成―』ミネルヴァ書房、1979年、1頁。なお、王室財政と国家財政の分離は、名誉革命後の王室貴（Civil List）の設定まで待たなければならなかった。
（2）William Kennedy, *English Taxation 1640-1799, An Essay on Policy and Opinion*, London, 1913, rpt. 1964, pp. 8-9.
（3）Paul Einzig, *The Control of the Purse: Progress and Decline of Parliament's Financial Control*, London, 1959, p. 65.
（4）オールソップは、財政収支における経常と非経常の区別の履行は15世紀以降であるとしている（J. D. Alsop, "Innovation in Tudor Taxation", *Economic History Review*, No. 99, 1984, p. 91）。
（5）酒井喜重『近代イギリス財政史研究』ミネルヴァ書房、1989年、「まえがき」、ii-iii頁。
（6）William Kennedy, *op. cit.*, p. 8.
（7）イギリスの財政史上における王領地の意義については、長谷田泰三『英国財政史研究』勁草書房、1951年、第8章を参照せよ。
（8）Cf. Stephen Dowell, *A History of Taxation and Taxes in England, from the earliest Times to the Present Day*, London, 1884, rpt. 1965, Vol. I, p. 8.
（9）Cf. William Blackstone, *Commentaries on the Laws of England*, Oxford, Vol. II, 1768, 8th ed., New York, 1978, pp. 63-73.; M. A. Judson, *The Crisis in the Constitution*, 1949, pp. 23-25.
（10）Stephen Dowell, *op cit.*, Vol. I, p. 163.
（11）輸出税は羊毛・羊皮を課税対象とするものであった。また、トン税は酒類トン当たりに対する輸入税であり、ポンド税はその他の輸出・輸入商品に対する従価税であった（Cf. Stephan Dowell, *ibid.*, p. 165）。
（12）隅田哲司、前掲書、65頁。
（13）同上書、164頁。

(14) 同上書、165頁。
(15) 仙田左千夫「イギリス絶対王制期における財政制度の形成過程」、『彦根論叢』（滋賀大学）第129・130号（人文科学特集第22号合併）、1968年3月、33頁。
(16) 内国消費税を欠いていたことは、この時代におけるイギリス租税制度の大きな特徴である。
(17) Vgl. M. Nachimson, *Die Staatswirtschaft: Eine Kritisch-teoretische Beleuchtung*, Leipzig, 1913, S. 232-234. 阿部勇訳『財政学―批判的・理論的解説―』鋱塔書院、1932年、339-341頁。
(18) F. C. Dietz, *English Government Finance*, Vol. I, London, 1921, p. 20.
(19) Stephen Dowell, *op. cit.*, p. 178.
(20) *Ibid.*, p. 179.
(21) *Ibid.*, pp. 179-181.
(22) *Ibid.*, pp. 182-193. なお、関税徴収請負制については、以下の文献を参照せよ。F. C. Dietz, *op cit.*, Vol. I, pp. 328-361.; Robert Ashton, "Revenue Farming under the Early Stuart", *Economic History Review*, Vol. III, No. 3, 1956, pp. 310-322. 隅田哲司、前掲書、第4章；酒井重喜、前掲書、第1章。
(23) これは、絶対王政の財政的基盤がいまだ近代的なものとして確立していなかったことの証左であるといってよいであろう（宇野弘蔵『経済政策論』弘文堂、1954年、49頁）。
(24) この時代における独占はそれまでの中世的な地方的独占と区別して、しばしば初期独占（early monopoly）と呼ばれることがある。
(25) 独占特許付与の目的は、ただ財政的なものだけであったわけではなく、経済的規制を加えるために付与される場合もあった（F. P. Williams, *The Tudor Regime*, Oxford, 1979, p. 162）。
(26) 仙田左千夫、前掲論文、126頁。なお、ジェームズは、独占を企業の活動分野に従って、商業独占（commercial monopolies）と産業独占（industrial monopolies）とに分類している（Cf. Margaret James, *Social Problems and Policy during the Puritan Revolution 1640-1660*, London, 1930, Chap. IV）。
(27) 堀江英一『近代ヨーロッパ経済史』日本評論社、1960年、131-132頁。
(28) Cf. E. Lipson, *The Economic History of England*, London, 1912, 6th ed., 1961, Vol. I, pp. 361-364.; H. Levy, *Monopolies, Cartels and Trusts in British Industry*, London, 1927, pp. 24-36. 仙田左千夫「イギリス絶対王制期における消費税制の先駆的展開―初期独占の財政的意義―」、『彦根論叢』（滋賀大学）第132・133号、1968年12月、127-135頁。
(29) W. H. Price, *English Patents of Monopoly*, London, 1906, p. vii.
(30) 矢口孝次郎「初期独占における収益特権」、『関大経済論集』（関西大学）第5巻第1号、1955年7月を参照せよ。

(31) 仙田左千夫「イギリス絶対王制期における財政制度の形成過程」、前掲論文、39頁。
(32) John Sinclair, *The History of the Public Revenue of the British Empire*, Vol. I, London, 1785, 3rd ed., 1803, p. 380.
(33) 長谷田泰三、前掲書、6-7頁。
(34) 仙田左千夫『イギリス公債制度発達史論』法律文化社、1976年、15-21頁。
(35) Cf. Andrew Thrush, *Naval Finance and the Origins and Development of Ship Money*, in M. C. Fissel, ed., *War and Government in Britain 1598-1650*, Manchester, 1991, p. 152.
(36) 酒井重喜『チャールズ一世の船舶税』、ミネルヴァ書房、2005年、「まえがき」、i-iii頁。
(37) くわしくは、D. K. Keir, "The Case of Ship Money", *Law Quarterly Review*, No. 52, 1936. 酒井重喜、前掲書、第9章を参照せよ。
(38) しかし、1638年の5回目と1638年の6回目には、むしろ税収が落ち込んでいる (Cf. M. J. Braddick, *The Nerves of State, Taxation and the financing of the English state, 1558-1714*, Manchester, 1996, p. 103. 酒井重喜訳『イギリスにおける租税国家の成立』ミネルヴァ書房、2000年、12頁)。
(39) その後、1660年、1667年、1678年、1689-1690年に賦課され、1692-1693年、1694-1695年、1698-1699年には、季節ごとに年4回賦課された (*Ibid.*, p. 98. 邦訳、100頁)。
(40) たとえば、1641年には約40万ポンドであったが、1660年には約23万ポンド、1667年には約25万ポンド、1678年には約26万ポンドであった (*Ibid.*, p. 98. 邦訳、101頁)。
(41) 仙田左千夫「イギリス・ピューリタン革命期における財政収入制度」、『彦根論叢』(滋賀大学) 第144号、1970年7月、21頁。
(42) W. O. Scoroggs, "English Finances under the Long Parliament", *Quarterly Journal of Economics*, Vol. XXI, 1906, pp. 464-477.
(43) *Ibid.*, p. 474.
(44) 仙田左千夫「イギリス・ピューリタン革命期における財政収入制度」、前掲論文、28頁。
(45) M. Ashley, *Financial and Commercial Policy under the Cromwellian Protectorate*, London, 1934, new imp. 1972, p. 73.
(46) 隅田哲司、前掲書、168頁。
(47) 同上書、177頁。
(48) 1653年に、月割税全廃の要求が出され、政府と正面から衝突するに至り、4分の1の減額が行われた。1656-1657年には、月割税に対する抗議はさらに激しさを増し、同税を一切の財産収入1ポンド当たり6ペンスの全国一律課税にす

るとの提案が議会に対して行われたが、土地所有者たちによって拒否された（Cf. M. Ashley, *op. cit.*, pp. 74-77）。
(49) このことは、とりもなおさず、イギリス国内における資産についての精密な調査の問題であって、ひいては全国的な地籍の確定にもかかわる問題であったのである。さらにいえば、全国的規模における近代的土地所有者の確定にともなう金納地租の設定の問題であったのである。そして、こうした問題こそが、共和制時代のアイルランドにおいてペティが精力的に取り組んだ問題なのであって、さらには、王政復古後におけるかれの主著『政治算術』の主題、とりわけその地代論に深く結びつく問題にほかならなかったのである（松川七郎『ウィリアム・ペティ―その政治算術＝解剖の生成に関する一研究―（増補版）』岩波書店、1967年、82頁）。
(50) 隅田哲司、前掲書、128頁。
(51) Cf. M. Ashley, *op. cit.*, p. 83.
(52) Cf. T. S. Willan, *A Tudor Book of Rates*, Manchester, 1962, Introduction.
(53) 石坂昭雄「租税制度の変革」（大塚久雄・高橋幸八郎・松田智雄編『西洋経済史講座―封建制から資本主義への移行―Ⅳ』岩波書店、1964年、所収）、177頁。なお、この時期の関税制度の変革の要因は、巨額の戦費調達という財政問題にあったという点については、隅田哲司、前掲書、149-150頁を参照せよ。
(54) この法令は、それまでのイギリスの関税諸法を統合整理するとともに、17世紀後半の大部分にかけて存続した関税制度にその基礎を提供したもので、イギリス関税史上重要な意義をもつものであった。
(55) Stephen Dowell, *op. cit.*, Vol. II, p. 9.
(56) 佐藤進『近代税制の成立過程』東京大学出版会、1965年、13頁。
(57) この時期におけるオランダの内国消費税制度については、さしあたり以下の文献を参照せよ。E. R. A. Seligman, *Essays in Taxation*, London, 1895, 9th ed., 1921.; F. K. Mann, *Steuerpolitische Ideal*, Jena, 1937. 石坂昭雄「オランダ連邦共和国の租税構造＝政策―仲継貿易資本と間接消費税―」、『社会経済史学』（社会経済史学会）第29巻第3号、1946年2月。
(58) 通常、ヘイルズの『イングランド王国の繁栄についての一論』（*A Discourse of the Common Weal of this Realm of England*, London, 1581）は、イギリス重商主義思想に関する最初の文献であるといわれている。
(59) Stephen Dowell, *op. cit.*, Vol. I, pp. 141-142. 仙田左千夫「イギリス絶対王政期における消費税制の先駆的展開―初期独占の財政的意義―」、前掲論文、124頁。
(60) Stephen Dowell, *op. cit.*, Vol. IV, p. 69. 仙田左千夫、同上論文、124頁。
(61) *Ibid.*, p. 70.
(62) *Ibid.*, pp. 187-188. 仙田左千夫、同上論文、124-125頁。
(63) E. Hughes, *Studies in Administration and Finance 1558-1825*, Manchester,

1943, p. 116.
(64) F. C. Dietz, *op. cit.*, pp. 264-265.
(65) Vgl. Wilhelm Vocke, *Geschichte der Steuern des Britischen Richs*, Leipzig, 1866, S. 360. これに対して、ケネディは、1643年以後の内国消費税は「イギリスではなんら先行者をもたなかった」としている（William Kennedy, *op. cit.*, p. 51）。
(66) Stephen Dowell, *op. cit.*, Vol. I, pp. 264-265.
(67) William Kennedy, *op. cit.*, p. 53.
(68) Stephen Dowell, *op. cit.*, Vol. II, p. 9.
(69) *Ibid.*
(70) Cf. E. Hughes, *op. cit.*, p. 120.
(71) ケネディは、16世紀から1640年まで、下層一般大衆は、課税をほとんど免除されていたとしている（William Kennedy, *op. cit.*, p. 83）。
(72) *Ibid.*, p. 53.
(73) A. S. P. Woodhouse, ed., *Puritanism and Liberty. Being the Army Debates (1647-9) from the Clarke Manuscripts with supplementary Documents*, rpt. London, 1950, p. 425.
(74) M. Ashley, *op. cit.*, p. 164.
(75) W. O. Scoroggs, *op. cit.*, p. 481.
(76) D. M. Wolfe, *Leveller Manifestoes of the Pulitan Revolution*, New York, 1944, pp. 263-272. 松川七郎、前掲書、89-90頁。
(77) *Ibid.*, p. 288. 松川七郎、同上書、90頁。
(78) *Ibid.*, p. 302. 同上。わが国において、この時期のイギリスにおける内国消費税の負担については、まったく相反する二つの見解がある。一つは、内国消費税は主として下層の一般大衆の負担となった、とするものである（佐藤進、前掲書、18頁）。もう一つは、この時期の内国消費税の負担は主として産業資本家の肩にかかった、とするものである（石坂昭雄「租税制度の変革」、前掲論文、177頁）。
(79) 酒井重喜『近代イギリス財政史研究』、前掲書、258頁。
(80) E. Hughes, *op. cit.*, p. 122.
(81) Stephen Dowell, *op. cit.*, Vol. II, p. 8.
(82) 酒井重喜、前掲書、258頁。
(83) 同上書、259頁。
(84) 同上書、261頁。
(85) E. Hughes, *op. cit.*, p. 129.
(86) *Ibid.*
(87) ジョンソンは、イギリスへの内国消費税の導入からおよそ100年後に著わし

た辞典の中で、同税に対して「商品に課せられる憎らしい租税、資産の査定員によらないで、内国消費税の収納者に雇われた人非人たちによって取りきめられる租税」という定義を与えている（Samuel Johnson, *A Dictionary of the English Language*, Vol. I, London, 1827. p. 348）。
(88) William Kennedy, *op. cit.*, p. 54.
(89) Stephen Dowell, *op. cit.*, Vol. II, p. 10.; William Kennedy, *op. cit.*, p. 55.
(90) *Ibid.*
(91) Stephen Dowell, *op. cit.*, Vol. II, p. 11.
(92) *Ibid.*, pp. 12-13.
(93) M. Ashley, *op. cit.*, p. 68. なお、オッグの計算によれば、内国消費税による税収は、導入当初には年平均25〜30万ポンドであったが、1674年には著しく増加して70万ポンドにのぼった。その後には、平均40万ポンド前後で推移し、ジェームズ二世の治世に入ってからは50万ポンドに上昇した（David Ogg, *England in the Reign of Charles II*, Vol. I, Oxford, 1934, p. 157）。また、シンクレアは、1643-1659年の間の年平均を50万ポンドと見積もっている（John Sinclair, *op. cit.*, Vol. II, p. 284）。
(94) 佐藤進、前掲書、22頁。
(95) C. D. Chandaman, *The English Public Revenue 1660-1688*, Oxford 1975, p. 58.
(96) *Ibid.*, p. 221. 酒井重喜、前掲書、273頁。
(97) Stephen Dowell, *op. cit.*, Vol. II, p. 22. 佐藤進、前掲書、22頁。
(98) 隅田哲司、前掲書、36頁。
(99) C. D. Chandaman, *op. cit.*, p. 77, 200.
(100) Cf. J. Thirsk and J. P. Cooper, ed., *17th Century Economic Document*, Oxford, 1972, p. 668.
(101) 酒井重喜、前掲書、358、360頁。
(102) 同上書、360-361頁。
(103) 炉税に対する反対行動については、L. M. Marshall, "The Levying of the Hearth Tax 1667-88", *English Historical Review*, L I, 1936, pp. 631-641. 酒井重喜、前掲書、364-3701頁を参照せよ。
(104) David Ogg, *op. cit.*, Vol. II, p. 429.
(105) アダム・スミスは、炉税に対し、「その家族に炉がいくつあるか確かめるために、徴税人は各室に入ってみなければならなかった。このいまわしい検分が本税をいまわしいものにした」と批判している（Adam Smith, *An Inquiry into the Nature and Causes of the Wealth of Nations*, London, 1776, ed. by Edwin Cannan, Vol. II, London, 2nd ed., 1920, p. 330. 松川七郎訳『諸国民の富』（II）、岩波書店、1973年、1247-1248頁）。

(106) William Kennedy, *op. cit.*, p. 8.
(107) J. A. Schumpeter, "Die Krise des Steuerstaates", 1918, in *Autsatze zur Soziologie*, J. C. B. Mohr, 1953, S. 6-17. 木村元一訳『租税国家の危機』勁草書房、1951 年、44-60 頁。
(108) M. J. Braddick, *op. cit.*, p. 16. 邦訳、15 頁。
(109) Cf. E. R. A. Seligman, *The Shifting and Incidence of Taxation,* New York, 1899, 5th ed., 1927, rpt. 1969, pp. 19-78. 井手文雄訳『租税転嫁論』（第 1 部）、実業之日本社、1950 年、27-116 頁。

第4章　ペティ租税論の課題

第1節　『租税および貢納論』の構成と特徴

　ペティの租税財政的著作としては、『租税および貢納論』と『賢者一言』の二著が主要なものであり、このほかに『政治算術』、『政治的解剖』および『貨幣小論』などの著作にも、それぞれ租税に関する所論が展開されている。しかし、なんといっても、ペティの租税論の中心的課題をなすものは、『租税および貢納論』と『賢者一言』の中に展開されているといってよい。

　ペティの最初の経済学上の大作である『租税および貢納論』は、1662年のはじめに執筆され、その年の4、5月頃に公刊されたものと推定されている。王政復古の2年後、ペティがちょうど39歳になった頃である[1]。一般には、この著作は、総督としてアイルランドに赴任する政治的指導者たるオーモンド公（Duke of Ormond）に捧げて、多年の間アイルランドにあって見聞したところに基づいて同地の租税政策のあり方について建言したものと解されている。ペティは、本書を執筆しようとした意図を、その「序文」において次のように記している。「若くして分別のない人たちが結婚するのは、子どもを生むのを―ましてある特定の生業に適するような子どもを生むのを―第一の・そして唯一の目的としているのではあるまい。けれども、子どもが生まれたからには、子どもたちのめいめいの性向にしたがって、できる限りのことをしてやるものである。ちょうどそのように、私がこの書物を書いたのも、私の頭のなかにある多くのわずらわしい思いつきをとり払ってしまいたいというだけのつもりであって、ある特定の人たちまたは事件のために利用するつもりではなかった。けれども、いまそれが生まれてみると、しか

もその誕生が、たまたまオーモンド公が総督としてアイルランドにおもむかれる時期に際会してみると、私は、この書物が、なにほどの役にもたたぬではあろうけれども、どこか他の国についてと同様、この国について考察してゆくうえに、時宜にかなったものかもしれないと思うのである」(2)と。また、「アイルランドは、アイルランド人が将来反乱を起こして自分たちを害したり、またはイングランド人を害したりしないようにするために、かなりの大軍隊を保持しておかねばならぬ国である。そして、この大軍隊は、まずしい人民に対し、また荒涼たる国に対し、必ずや巨額の・重い徴収（Leavies）をおこなう誘因となるに相違ない。それゆえ、アイルランドが、諸々の租税および貢納（Tax and Contributions）の性質や標準を理解していても悪くはないはずである」(3)と。さらに、「アイルランドの偉大なる豊富さも、有利な輸出をおこなうためのなんらかの道がみいだされぬ限り、かえってこの国を台なしにしてしまうであろう、そしてその輸出は、以下に論ずる関税（Custom）および国内物産税（Excize）が、正当な標準で課せられるかどうかにかかっているであろう。アイルランドはイングランド人をアイルランドに送り込むか、アイルランド人をそこから引きあげるかして、その住民の大部分がイングランド人になるまで、全体としては人民不足であるし、その政策も経費のかかる軍隊なしにはけっして安全ではないから、私は、イングランド人をそこに引きよせるのは、かれらにつぎのことを知らしめるのがもっともよい刺激であると思う。すなわち、国王の収入は、その国民の富（Wealth）・賃料（Rent）および所収（Proceed）の1/10であること、つぎの時代になれば、公共的経費は当地における10分の1税と同じほどにしか感じられなくなるであろうこと、また国王の収入が増加するにつれて、国王の支出の諸原因も比例的に減少するであろうから、それは二重に有利であることこれである」(4)と。すなわち、ペティによれば、アイルランドは統治のためになお多大な兵力を必要とし、したがって多くの収入がなくてはならない。しかし、この目的に照らすと、アイルランドにおける従来の教会区はあまりにも小さくて区々であり、またその産業はその製品、食料品、牛馬の輸出入

に対してイギリス本国が輸入制限をしていたために不振であった。さらに、その人口は種々の住居制限のためにあまりにも稀薄であった。しかし、アイルランドは、自然に恵まれた土地であるので、行政ごとに租税政策のよろしきを得れば、上述のような欠点を除去することが可能となる。こうした意味において、ペティの租税財政政策を具申し、かつその政策の現実的基礎を立証したものが、本書の内容となっている。

　しかし、実際には、イギリスの国家収入調達問題こそが、本書の執筆におけるペティの直接の関心であったと思われる。すなわち、王政復古によってイギリスに帰国したチャールズ二世は、財政的にはクロムウェルの破産を相続したとでもいうべき状態にあった。しかも、次から次へと多くの費用を要する戦争を行わなければならなかった。したがって、コンベンション議会（the Convention Parliament）の提起した租税制度改革問題—財政再建問題—は焦眉の急を告げる問題であった。すでに触れたように、当時のイギリスは、国内商工業の発展にともない関税その他の貿易政策が積極的に進められる一方で、近代的立憲制度への歩みが明確になりつつあった。同時に、国家収入体系も、この時期に、中世以来の伝統的な王領地収入や王権に基づく特権的収入に代わって、近代的な関係に基づく関税や内国消費税などのいわゆる間接税を主軸にする近代的租税制度が漸次導入されざるをえない状況にあった。すなわち、国家収入体系は、しだいに成長発展してきた市民社会の商品経済的富を基礎とすべき時期が到来していたのである。ペティの『租税および貢納論』は、こうした歴史的事情の下で、直接的には、1660年の王政復古後の財政再建という緊急の政治的要請に応じるために執筆されたものである[5]。『租税および貢納論』は、75頁たらずの小冊子であるが、その表扉を見ると、次のようになっている[6]。

```
┌─────────────────────────────────────────────┐
│         租税および貢納論についての一論文         │
│                                             │
│      ⎧ 王領地 ⎫   ⎧ 刑　罰　　　  ⎫           │
│      ⎪ 課　徴 ⎪   ⎪ 独　占　　　  ⎪           │
│      ⎨ 関　税 ⎬   ⎨ 官　職　　　  ⎬           │
│      ⎪ 人頭税 ⎪   ⎪ 10分の1税     ⎪           │
│      ⎪ 富　籤 ⎪   ⎪ 鋳貨の引き上げ ⎪           │
│      ⎩ ご用金 ⎭   ⎪ 炉税　　　　  ⎪           │
│                   ⎩ 内国消費税、など⎭           │
│                                             │
│        の性質および方法を示し、あわせて          │
│                                             │
│      ⎧ 戦　争　　　　　  ⎫  ⎧ 乞　食  ⎫        │
│      ⎪ 教　会　　　　　  ⎪  ⎪ 保　険  ⎪        │
│      ⎪ 大　学　　　　　  ⎪  ⎪ 貨　幣  ⎪        │
│      ⎨ 地代および購買年数 ⎬  ⎨ 羊毛の  ⎬ 輸出   │
│      ⎪ 利子および為替　　 ⎪  ⎪ 自由港  ⎪        │
│      ⎪ 銀行および貸付　　 ⎪  ⎪ 鋳　貨  ⎪        │
│      ⎪ 資産譲渡についての ⎪  ⎪ 家　屋  ⎪        │
│      ⎩ 登　記　　　　　  ⎭  ⎩ 信教の自由、など⎭ │
│                                             │
│       に関する種々の論説および余論を点綴         │
│       以上は随所においてアイルランドの現状       │
│       および諸問題に応用して論じられている       │
└─────────────────────────────────────────────┘
```

　この表扉がよく示しているように、『租税および貢納論』は、租税的諸因子のみならず、戦争、教会、大学、地代、地価、利子および為替など、広く社会的、宗教的、経済的諸問題に関する論議をも包摂している。これは、ペティが租税問題を単独に取り扱わず、これら諸現象との関連において省察しようとしていることを意味するものであって、注目すべきことである[7]。

　なお、『租税および貢納論』は、全15章からなり、次のような構成となっている。

第 1 章　各種の公共経費について（Of the several sorts of Publick Charges.）。
第 2 章　各種の公共経費を増加、加重せしめる諸原因について（Of the Causes which encrease and aggravate the several sorts of Publick Charges.）。
第 3 章　不穏当な租税負担の諸原因は、いかにすれば減少しうるか（How the Causes of the unquiet bearing of Taxes may be lessened.）。
第 4 章　種々の課税方法について、第一、公共の諸用途に充てるため全領土の一定部分を切り離しこれに王領地の性質を与えること、第二には、課徴すなわち地租として課税すること（Of the several wayes of Taxe, and first, of setting a part, a proportion of the whole Territory for Publick uses, in the nature of Crown Lands; and secondly, by way of, Assessement, or Land-taxe.）。
第 5 章　利子について（Of Usury.）。
第 6 章　関税および自由港について（Of Customs and Free Ports.）。
第 7 章　人頭税について（Of Poll-money.）。
第 8 章　富籤について（Of Lotteries.）。
第 9 章　ご用金について（Of Benevolence.）。
第 10 章　刑罰について（Of Penalties.）。
第 11 章　独占および官職について（Of Monopolies and Offices.）。
第 12 章　10分の1税について（Of Tythes.）。
第 13 章　貨幣を徴収するための種々の比較的小規模な方法について（Of several smaller wayes of levying Money.）。
第 14 章　貨幣の引き上げ、切り下げすなわち粗悪化について（Of raising, depressing, or embasing of Money.）。
第 15 章　内国消費税について（Of Excize.）。

全15章からなる『租税および貢納論』は、第1章から第2章までが経費論であり、第3章から第15章までが収入論である。収入論を形成している

各章の内容は、おおむね次のようになっている。すなわち、第3章—収入総論、第4章—地租論、第5章—家屋税論、第6章—関税論、第7章—人頭税論、第8章—富籤論、第9章—ご用金論、第10章—罰金論、第11章—独占収入論・官職手数料論、第12章—10分の1税論、第13章—官業収入論、第14章—貨幣価値引き上げ論、第15章—内国消費税論、である。これらのうち、第3章、第4章、第5章、第6章、第9章、第12章、第13章、第15章がいわゆる租税収入論であり、他の諸章が税外収入論となっている[8]。すなわち、ペティは、『租税および貢納論』において、まず経費論を述べて、次にこの経費支弁のための収入論を述べ、この収入論をさらに租税収入論と税外収入論とに分けて論じており、すでに初期財政学の体系に近いものが形成されていることを認めることができる。こうした財政論体系は、後年のアダム・スミスも継承したものと見ることができる[9]。周知のように、アダム・スミスは、重商主義と重農主義との後を受けて、その成果を総括することによって資本主義社会を全体的・包括的に把握し、一個の独立した科学としての経済学の創始に成功した。そのかれの大著『諸国民の富』は、全5編からなる構造をもっており、それらは第1編と第2編からなる経済理論、第3編と第4編の一部からなる経済史・経済学説史、第4編の一部と第5編からなる経済政策論・財政論の3部分に整理できる。そして、アダム・スミスは、最終編のこの第5編で、第1章を経費論として国防・司法・公共事業の諸経費および主権者の威厳を維持するための経費について個別に検討し、進んで第2章・第3章で租税および公債について詳論して、形式的に整備された財政論の構成を示している[10]。

なお、『租税および貢納論』は、その表題が示しているように、国家収入の調達とくに租税の徴収方法について論述したものであるが、この徴税の問題は単なる技術の域にとどまりうるものではない。すなわち、理想的な方法で徴税するためにはどのようにしたらよいのかという具体的問題の解決は、税源・租税の実体たる貨幣・租税の負担関係の検討など現実の経済の分析を通してのみはじめて行うことができるのである。そのため、ペティは、租税

の徴収について論じるに当たり、その方法の検討を通じて純経済的な事象そのものの分析にも及んでいる。すなわち、第4章では地代論・価値論・利子論、第6章では自由貿易論、第14章では価値・価格論を、それぞれ「岐路にそれた議論」あるいは「余論」として論及している。このことが、『租税および貢納論』が眼前に迫っている実際的な財政問題を解決することを直接の目的として執筆されたものであるにもかかわらず、そこで展開されている租税に関する内容に厚みをもたらしているのである。大内兵衛は、『租税および貢納論』に対して、次の三つの特徴を指摘している。すなわち、①経費の原因についてくわしく論じている、②租税の実体である貨幣、その価値の本質、由来を探究してそれを土地と労働にあるとし、その両者の価値を統一して理解しようとしている、③租税の負担を単に経済的に見ないで、社会的に見てその軽重を論じている。これら三つの特徴は、どの一つをとって考えても、それまでの完全に法学的・行政学的でしかなかった租税論に対して、ペティの見識および創意、そしてその科学的考察の出発への貢献がいかに大きなものであったのかが容易に想像できる[11]。

第2節 『賢者一言』の構成と特徴

ペティの『賢者一言』は、『政治的解剖』の巻末付録として、かれの死後1691年に公刊された。ハルが編集した『ペティ経済学著作集』に収められている版で、わずか20頁ほどの小さな論策である。内容的には、イギリスが1665年に発生した第二次対オランダ戦争を遂行するに当たって、その戦費をいかなる方法で賄うべきであるのかについて検討した、いわばペティの戦時租税論ともいうべきものである。すなわち、当時、イギリスの租税は次第に加重となる傾向にあり、そのままに放置しておくならば、1665年以降にはイギリス国民は全収入の3分の1を支払わなければならないことになる。しかし、もし租税の賦課方法を改善すれば、それは各人の収入の10分の1をもって足りるはずである。つまり、現行の課税方法を改めれば、現行の4

分の1の負担で足りるようにすることができる。それでは、その方法とはどのようなものであるのか。これが、同書におけるペティの課題であった[12]。『賢者一言』の中で展開されている論旨は、基本的に『租税および貢納論』の範囲を出るものではなく、むしろその綱要たる性格をもっているといってよい。序論につづく本論は、以下のような10章からなっている。

第1章　国王の富についての種々の計算を収録 (Containing several Computations of the Wealth of the Kingdom.)。

第2章　国民の価値について (Of the Value of the People.)。

第3章　王国の種々の支出およびその収入について (Of the several Expences of the Kingdom, and its Revenues.)。

第4章　租税の割当方法について (Of the Method of apportioning Taxes.)。

第5章　貨幣について、および一国の産業を運営するにはどれほど（の貨幣）が必要であるか (Of Money, and how much is necessary to drive the Trade of the Nation.)。

第6章　不規則な課税の諸原因 (The Causes of irregular Taxing.)。

第7章　諸々の租税の副次的利益 (The Collateral Advantages of these Taxes.)。

第8章　海軍・陸軍および守備隊の支出について (Of the Expence of the Navy, Army, and Garisons.)。

第9章　諸々の臨時的租税を平穏に負担すべき諸導因 (Motives to the quiet bearing of extraordinary Taxes.)。

第10章　どのように人々を雇用するか、またその目的はなにか (How to employ the People, and the End thereof.)。

以上の全10章のうち、同書の主要テーマである第二次対オランダ戦争にともなう戦費調達論は、具体的には次の諸章をもって展開されている。すなわち、租税負担の比例的配分の問題について検討した第1章・第2章、経常

経費をどのような種類の租税によって賄うべきかについて論じた第3章・第4章、臨時的戦費の問題を扱った第8章がそれである(13)。

同書の特徴は、以下の2点に求められる。第1に、国富が全経済過程の基本的関連を総合的に把握しようとする見地より観察されており、その推計方法としては、統一的視点（価値計算的視点）に立っている。第2に、租税現象の数量的観察を実際に詳細に行っている。同書で、ペティが、イギリスの第二次対オランダ戦争の遂行に当たって、その戦費をいかに賄うべきかということに考察の焦点を向けているにしても、それに関連して、国富や人間の価値などを精密に計算していることは、かれが後年の政治算術的方法の確立に向かって大きく前進する一歩を踏み出しているといってよいであろう(14)。高野岩三郎は、同書におけるペティの土地、家屋、船舶、家畜類、貨幣、物品、商品という6頁目からなる国富の計算について、次のように評価している。「元来国富というものの性質については、今日に至るまで学者の間に議論の存する所であり、またその計算方法に至ってもなお帰一を見ざるものである。……しかし、この方法はいわゆる物的または客観的方法と呼ばれるものの一種である」(15)「ペッティーが今を去る260年の昔においてすでに国富統計の問題に着眼し、しかもまた重要な財産項目を網羅してこの計算を企てた壮挙に対して多大の敬意を表するに吝なるものではない」(16)と。しかし、総じて、同書は『租税および貢納論』を大きくぬきんでるといったようなものではなかった。

注
（1）松川七郎「『租税貢納論』の成立とその構成」（大内兵衛・松川七郎訳『租税貢納論』岩波書店、1952年、所収）196頁。
（2）William Petty, *A Treatise of Taxes and Contributions,* London, 1662, in C. H. Hull. ed., *The Economic Writings of Sir William Petty*, Vol. I, Cambridge, 1899., p. 5. 大内兵衛・松川七郎訳、前掲書、27頁。訳文は一部変更を加えた。なお、『租税および貢納論』は、1662年にその初版が出版された後、ペティの生前に4回、死後に3回、計7回版を重ねた。すなわち、第2版は1667年、第3版は1679年、第4版は1685年、第5版は1689年、第6版は1690年、第7版は

1769年にそれぞれ出版された。
（3）*Ibid.* 邦訳、27-28頁。
（4）*Ibid.*, p. 6. 邦訳、29-30頁。
（5）時永淑『経済学史』（第一分冊）、法政大学出版局、1962年、113-114頁。
（6）William Petty, *Treatise of Taxes, op. cit.*, title-page.
（7）大淵利男『イギリス財政思想史研究序説―イギリス重商主義財政経論の解明―』評論社、1963年、280頁。
（8）高野利治「サー・ウィリアム・ペティの経済学にかんする一考察（2）―『租税貢納論』を中心として―」、『経済系』（関東学院大学）第50輯、1961年9月、2頁。
（9）スミスが、ペティの著作を熟読したであろうことは、『諸国民の富』の中に引用していることによって推察することができる。たとえば、第1編第8章「労働の賃金について」（Of the Wages of Labour）の中に、ペティの『政治算術』からの引用が、また、第2編第2章「社会の総資財の特殊部門とみなされる貨幣について、すなわち、国民資本の維持費について」（Of Money considered as a particular Branch of the general Stock of the Society, or of the Expence of maintaining the National Capital.）の中に、『賢者一言』からの引用が見られる。
（10）第5編の目次を示すと、次の通りである。
　　第5編　主権者または国家の収入について
　　　第1章　主権者または国家の経費について
　　　　第1節　防衛費について
　　　　第2節　司法費について
　　　　第3節　公共土木事業と公共施設の経費について
　　　　　第1項　社会の商業を助成するための公共土木事業と公共施設について
　　　　　　その1　社会の商業一般を助成するためのもの
　　　　　　その2　商業の特殊部門を助成するためのもの
　　　　　第2項　青少年の教育のための諸施設の経費について
　　　　　第3項　あらゆる年齢層の人民の教化のための諸施設の経費について
　　　　第4節　主権者の威厳を維持するための経費について
　　　　本章の結論
　　　第2章　社会の一般的または公共的収入の諸源泉について
　　　　第1節　主権者または国家に固有のものとして属しうる元本または収入の諸源泉について
　　　　第2節　租税について
　　　　　第1項　賃料に対する租税、土地の地代に対する租税
　　　　　　　　　地代ではなく、土地生産物に比例する租税

　　　　　　　家屋の賃料に対する租税
　　　第2項　利潤、すなわち資財から生じる収入に対する租税
　　　　　　　特殊の職業の利潤に対する租税
　　　　　　　第1項と第2項への付録
　　　　　　　土地・家屋および資財の資本価値に対する租税
　　　第3項　労働の賃金に対する租税
　　　第4項　ありとあらゆる種類の収入に無差別にかけることを目的とする租税
　　　　　　　人頭税
　　　　　　　消費品に対する租税
　　第3章　公債について
(11) 大内兵衛「『租税及び貢納論』の学説史的意義」（東京大学経済学会『古典学派の生成と展開』有斐閣、1952年、所収）、47頁。
(12) 大内兵衛「ペッティーの生涯と業績」（同訳『政治算術』栗田書店、1941年、所収）、61頁。
(13) 大倉正雄、『イギリス財政思想史―重商主義期の戦争・国家・経済―』日本経済評論社、2000年、27頁。
(14) 松川七郎「『賢者には一言をもって足る』について」（大内兵衛・松川七郎訳『租税貢納論』岩波書店、1952年、所収）、227-228頁。
(15) 大内兵衛「ペッティーの生涯と業績」、前掲論文、64頁。
(16) 同上論文、64-65頁。

第5章　ペティ租税論の方法—政治算術—

第1節　政治算術の確立とその内容

　一般に、イギリスの17世紀は変革の世紀といわれている。この時代に、さまざまな分野において多くの天才が登場し、旧来の学問的伝統や思考様式をその根底から覆し、変革した。はたして、それが中世的なものの完全な超克であったのか否かについては、幾分議論の余地があるところであろう。しかし、少なくとも、かれらがそれを目指していたことは確かである。ペティも、そうした中の一人であった。

　ところで、いかなる場合においても、変革は古いものの破壊であると同時に、また新たなるものの創造でもある。しかるに、創造には当然にその方法が必要である。したがって、ペティにとっても、まずもって重要な課題は、租税の問題を考察するに当たって、その依拠すべき方法の確立であった。ペティは、いくつかの著作において租税について論述している。その場合に、ペティが用いている方法は、かれ自身が「政治算術」(Political Arithmetick)と呼んだ科学的方法である。ペティによって「政治算術」という名称がはじめて用いられたのは、1672年12月17日づけで、かれがアングルシア卿 (Lord of Anglesea) に宛てて書いた手紙においてであるといわれている[1]。また、1674年に公表された『二重比についての論述』(Discourse of Duplicate Proportion)（以下、『二重比論』と略称）の冒頭に付されているニューキャッスル公 (Duke of Newcastle) への書簡においても、「世の中にはなお一層奨励せられるべき政治算術 (Political Arithmetick) ……というものがある」[2]と記している。さらに、1687年にエドワード・サウスウェル (Edward Southwell) に宛てた手

紙の中でも、若干その内容にも触れつつ「……政治算術と名づけ、事柄を数学的に取り扱うために、事柄に関する多くの言葉を数・重量・尺度を用いた表現に変えた」[3]と記している。しかし、ペティが、この「政治算術」という方法を採用する明確な意思とその内容を明示したのは、真の自然哲学を最終的に打ち立てた大天才と呼ばれているアイザック・ニュートン（I. Newton）の『自然哲学の数学的諸原理』（Philosophiae naturalis principia mathematica, 1687）[4]とほとんど同じ時期に執筆された、同名の『政治算術』の「序」においてであった。ペティは、ここで、自らが租税について考察するに際してその基礎に置く方法について、「私が……採用する方法は、現在のところあまりありふれたものではない。というのは、私は、比較級や最上級の言葉をのみ用いたり、思弁的な議論をする代わりに、……自分のいわんとするところを数（Number）または重量（Weight）・尺度（Measure）を用いて表現し、感覚に訴える議論のみを用い、自然の中に実際に見ることができる基礎をもつような諸原因のみを考察するという手続をとった……個々人の移り気・意見・好み・激情に左右されるような諸原因は、これを他の人々が考察するに任せておくのである」[5]と、述べている。このペティの叙述は、その意味するところは必ずしも明瞭であるとはいいがたい。ペティがこの叙述において示したかったことを要約すると、以下のような内容になるであろう。まず第1に、自分が考案した新たな考察方法、すなわち政治算術は、これまで他の者によって用いられたことのない斬新なものである。第2に、科学的な考察においては、主観的で観念的な言葉による思弁的な議論は避けなければならない。したがって、自己の諸著作においては、誇張した表現を含む意味の曖昧な言葉を用いた議論は退ける。第3に、何らかの大きさを表現する場合には、客観的な性質をもっている数量を用いる。第4に、自己の著作において検討の対象とするものは、数量によってその大きさを把握することができる事物や事象だけに限定する[6]。ようするに、ペティの政治算術の特徴をなすのは、消極的には、超経験的方法を排除しようとする、科学における反形而上学的態度の表明であり、また積極的には、経験的なるもの、いわゆる現象

の考察のみに依存しようとする実証主義の表明である。そして、その最大の特徴をなすのは、数学主義ともいうべき熱烈な「数への信頼」、すなわちペティのいう「数・重量・尺度」を用いた把握・考察である[7]。

　ペティが、政治算術を定式化するに際して用いている「数・重量・尺度」という言葉そのものは、もともとは『旧約外典』(The Old Testament Apocrypha) の一つである『ソロモンの知恵』(Wisdom of Solomon) において用いられたものである。三つの語の順序は必ずしも同一ではないが、『ソロモンの知恵』第11章第20節には、「あなた（神）はすべてを尺（度）と数と（重）量もて按配されたのである」[8]と記されている[9]。以後、この言葉は、いろいろなところでしばしば用いられてきたが、キリスト教思想の下で、あくまでも天上世界に対してのみ用いられてきたのである。しかし、中世後期からルネサンス期にかけての商品経済の浸透が人間活動の諸側面の数量化を促すようになると、この言葉は地上の人間世界に対するものとしても用いられるようになった。イタリアにおいて、1494年に、ルカ・パチョリ (Luca Pacioli) が、大著『算術・幾何学、比および比例全書』(Summa de Arithmetica, Geometria, Proportioni et Proportionalita) (以下、『算術全書』と略称) を公刊した。『算術全書』は、第1巻が算術と代数、第2巻が商業実務へのその応用、第3巻が簿記、第4巻が貨幣と度量衡、第5巻が幾何学の理論と応用からなり、商業数学から代数学まで、また複式簿記から幾何学まで記した、文字どおりの「全書」であり、数学に関する百科事典ともいうべきものであった[10]。中でも、『算術全書』の中心は第2・3・4巻の商業数学の部分にあり、とくに第3巻第9部第11編「経理および記帳の詳論」が、世界ではじめて複式簿記について詳述され、印刷・出版されたものであることは、会計学の分野では周知の事柄である[11]。パチョリの活躍した舞台は、貨幣経済と商業の世界であった。商品経済においては、異質な商品の価値（交換価値）を貨幣によって一元的に数量化することが求められる。パチョリは、『算術全書』の第3巻第8章で、商品の提供に際しては、「できるだけすべての記号とともに、重さ・数量・丈尺等を記載しなければならない」[12]と記している。

また、ドイツにおいても、神秘思想家と称されているニコラウス・クザーヌス（Nicolaus Cusanus）が、15世紀半ばに『知ある無知』（*De docta ignorantia,* 1450）において、「万物は、あるいは類と種と数において、あるいは種と数において、相互に差別をもっていなければならない。したがって、おのおののものは固有な数と重さと尺度をもっている」(13)と述べている。こうした、パチョリやクザーヌスにおける「数・重量・尺度」なる言葉の使用は、明らかに『ソロモンの知恵』におけるそれとは異なったものであり、地上世界における現実認識に対して用いられているのである。ペティが、『政治算術』において、「自分のいわんとするところを数・重量または尺度を用いて表現する」というときにも、パチョリやクザーヌスと同様に、かれはそれを地上の世界に対するものとして用いているのである。この意味では、先に引用したパチョリやクザーヌスの叙述は、ペティの政治算術の構想を先取りしたものであったといってもよいであろう(14)。しかし、ペティにあっては、現実認識に対して数量的把握・考察方法が不可欠なものであるとみなし、これをもってその学問的認識に到達するための最有力な武器の一つとしようとしているところに、かれらとの大きな違いが見られるのである。また、上に記したような特徴をもつペティにおける政治算術の方法は、一朝にしてなされたものではなく、『政治算術』を執筆するに際しその「序」において、かれ自身が「私がずっと以前からねらいをさだめていた政治算術の一つの見本」(15)と記しているように、かなり前から温められていた構想であった。1640-1650年代におけるペティの著作・小論などの中に、すでにその初歩的な内容が見られる(16)。しかし、それは、すべてかれひとりの独創になるものではなく、「科学革命」（Scientific Revolution）(17)の時代と呼ばれるこの時期における多くの者の学問的貢献があって、はじめて可能なものであったのである。ペティの政治算術の特徴をなす超経験的方法の排除・反形而上的態度は、ベイコン（Francis Bacon）によって創始された経験論的な実験哲学（experimental philosophy）から強い影響を受けたものである。

　周知のように、ベイコンは、1561年1月22日にロンドンの名門政治家の

第 5 章　ペティ租税論の方法

家に生まれ、1600 年を中心にその生涯のほとんどを法律家および政治家としての道を歩み、ジェームズ一世の下で大法官（Lord Chancellor）の重職まで務めた[18]。ベイコンは、早くから、かれの時代に主流をなしていた、演繹法を中心に据えたアリストテレス主義的・スコラ哲学的な論証的学問、議論のための議論に終始する不毛な伝統的思弁的な学問に不満を抱き、学問のあるべき姿と方向を指し示そうとした。ベイコンは、それまでの伝統的な学問を根本から否定し、それとはまったく異なった、いままで企てられたことのない未知の方法によって新たな学問の確立を構想したのである。それは、まさに、学問の改革ではなく、学問の革命をすら宣言するものであった[19]。そして、それは、自然に背を向けて机上の空論に耽る中世的な世界観から脱却して、経験的・実験的方法によって事物の本質を解明しようとするものであった。つまり、ベイコンにおける方法は、観察や実験によって得られる資料を収集・整理して一覧表を作成することから出発し、それに基づいてゆっくりかつ確実に努力を積み重ねることによって理解していくという、従来の学問が採用していたのとはまったく異なる方法であったのである。こうしたベイコンによる方法を、20 世紀の論理実証主義者の一人であるライヘンバッハ（H. Reichenbach）は、「感覚による観察が知識の第一の源泉であり、また知識の究極的審判者である」[20]とする立場であると要約している。つまり、ベイコンの方法的立場は、経験こそが第 1 のものであり、この意味で学問において経験から理論へ進むと主張する立場であるというのである[21]。ライヘンバッハは、基本的にはこのベイコンの立場を支持し、学問の特徴が帰納法の使用であると考え、このような観点からベイコンの帰納法についても、「経験科学に対する機能的推論の重要性を強調したのは、ベイコンの歴史的功績である。かれは、演繹的推論の諸限界を認め、観察による事実から一般的真理を導き出して将来の観察を予測する方法を演繹理論では提供できないことを主張した」[22]と、積極的に評価している。ベイコンは、すでに見たように、実験主義の第 1 の唱道者であるが、その最大の功績の一つが演繹法に代えて帰納法を重視したことである[23]。以上のような、ベイコンが示唆し

た実験や観察に基づいて真理を導き出す実験的・帰納的方法が、ペティによって『政治算術』やその他の著作における租税問題の考察において実践されることになるのである。科学史家ヘンリー（John Henry）は、17世紀を「科学革命」の時代であると位置づけ、その大きな特徴の一つは、「世界像の数学化」、すなわち自然的世界の働きを理解するのに数学を用いたことであるとしている[24]。しかし、ベイコンは、数学的方法には無関心であって、数学の意義を軽視していた。それゆえ、科学史家ギリスピー（C. C. Gillispie）が批判するように、ベイコンの自然研究においては、自然界の現象を数量的に把握する方法はとられておらず、数学的合理性に欠けるものであった[25]。このことは、ペティの政治算術における大きな特徴の一つである、数学主義に基づく数量的把握の方法そのものについては、ベイコンに負うものではなく、むしろ主としてベイコン以外の者による影響を受けたものであることを意味する。ペティ研究家のストラウス（E. Strauss）やベヴァン（W. L. Bevan）が指摘しているように、フランスの自然実験家でもあった学僧メルセンヌ（Marin Mersenne）のサークルの参加者であったガリレオ（Galileo Galilei）、デカルト（René Descartes）、ホッブズもまた、ペティの政治算術における数学的方法の採用に、大きな影響を与えたものと思われる[26]。

　科学史における最も重要な人物の一人であるガリレオは、一般に、天文学者として知られているが、かれの当初の関心は、地上の力学、とりわけ静力学にあった。もともとピサ大学の数学教授であったガリレオは、鋭敏で創造的な知性をもち、また自らの考えを伝達する才能にも長けていたといわれている[27]。ガリレオも、「実験を重視する経験主義者」と呼ばれていることからわかるように、ベイコンと同じく、自然認識において実験と観察を重視した。他方で、ガリレオは、このように実験と観察によって得た事例を普遍的な法則にまで高めるためには、同時に数学的方法が不可欠であると主張する。ガリレオは、「近代科学の方法論を基礎づけた者」あるいは「近代の科学的方法の建設者」と称されているにもかかわらず、ベイコンやデカルトのように、とくに学問における方法についての専門の著書をものしているというわ

けではない。しかし、かれの学問方法論上の立場は、実験的方法と数学的方法とを結合させ、事実の観察と実験とに基づき数学的推論を中核として帰納させる、いわば「実験的数学主義」[28]ともいうべきものである。まさに、ハットフィールド（Gary Hatfield）が指摘しているように、ガリレオは、自然を研究するに際して、数学の有用性と威力とをいかんなく示したのである。これこそが、科学の発達に対するガリレオの最大の貢献であるといってよいであろう[29]。以上のような、ガリレオが力説した自然研究の方法としての数学重視の態度は、ペティにおける政治算術の一大特徴をなす「数・重量・尺度」による把握という方法の採用に影響を与えたものと思われる。現在のところ、ペティとガリレオとが直接相まみえた痕跡は見あたらない。しかし、ペティがカーン市のイエズス会の学校にいたころの1639年に公表した著作の表題 "*A System of Astronomy*" は、ガリレオの『二大世界体系についての対話』（*Dialogo sopra i due massimi sistemi del monte tolemaico, e copernico*, 1632）のそれを想起させるものであり、ペティがこの当時すでにガリレオの影響を受けていたことを暗に示しているといってよいであろう[30]。

　ついで、デカルトは、哲学史において「近世哲学の祖」として著名であるが、数学史においても「解析幾何学の創始者」[31]としてその名を残している。デカルトの解析幾何学は、幾何学における作図題や代数学における方程式をモデルにしたものであった。すなわち、与えられた作図題を解こうとするとき、その与えられた問題について、既知のものと未知のものとを方程式の定立によってそれらの連関をその量的把握の下に表現し、そしてこれを解くというものであった。そうであるとすれば、デカルトの数学的方法の本義は、代数的方法にあったといってよいであろう。なぜならば、数字と記号の計算的技法としての代数は、方程式の定立によって未知量と既知量とを関連づけていくという方法に、その本領をもっているからである[32]。このようなデカルトの数学における立場は、ペティの政治算術にも影響を与えたものと思われる。すなわち、ペティは、「代数学は、論理学の一種で、数のみならず種々の事物を加・減することによって、通常の、しかもやさしい諸原則に基

づいて行う一層洗練された推論の一つの方法である」[33]と考え、「代数の算法と称せられるものは、数および種々の事物を記号で表わし、それによって加・減・乗・除を行い、根・量・比を求める術である」[34]としている。つづけて、ペティは、他の数学者とともにデカルトの名前に触れつつ、代数学を「純粋に数学的なこと以外のことがら、すなわち政策に適用した。その際、数学的な処理を行うために、多くのことがらを数・重量・尺度に還元するために、政治算術という名称を用いたのである」[35]といっている。「政治代数学」(Political Algebra) と呼ばれるべきペティのこの方法は、計算記号の単なる結合として代数学を構成したデカルトに負うものであると考えて、ほぼまちがいないであろう。

　ホッブズもまた、ペティの政治算術の構想に、いろいろな面において大きな影響を及ぼした。その一つが、数学的方法の重視であった。ホッブズは、40歳を超えた後の1629年に、スコットランドの貴族クリフトン卿 (Sir Gervase Clifton) つきの家庭教師としてヨーロッパを訪れたときに、ある人物の書斎で古代ギリシャの数学者ユークリッド (Eukleides) の『幾何学原理』(Elements of Euclid, B. C. 300?) に接し、一見ありえない命題がみごとに証明されているのを見て、驚嘆の念を抱いた。このときの体験が契機となって、ホッブズに、方法論上において、幾何学的・数学的方法への眼を開かせることになった[36]。ホッブズは、後年に、かれの不朽の名著である『リヴァイアサン』(Leviathan, 1651)[37] で、幾何学は「神が人類に与えてくださった唯一の科学である」[38]とまでいっている。ホッブズが、これほどまでに幾何学を絶賛し、そして魅了されたのは、かれ自身「幾何学……においては、人々はかれらの語の意味を決定することからはじめる。この意味の決定を、かれらは定義と呼び、それをかれらの計算のはじめに置くのである」[39]といっているように、この学問においては名辞を定義するところから推論がはじめられる、という点であった。ホッブズは、このような幾何学的・数学的方法に基づいて、哲学（学問）における新たな分野を開拓し、自己の哲学体系を構築しようとしたのである。ホッブズの哲学体系は、基本的には、大きさと運動

の一般原理を示し自然的な物体の動きを捉えようとする『物体論』(*De Corpore*, 1655)、人間の感情・感覚・思想・欲望を外界の運動に対応する身体的な内的運動として示そうとする『人間論』(*De Homine*, 1658)、人間相互間の統合および離反の運動を基礎として人為の産物である国家の理論を展開しようとした『市民論』(*De Cive*, 1642) の、三つの主要著作からなっている。これらのうち、『物体論』がその全体系の基礎をなしており、主著『リヴァイアサン』で示した所説は、基本的にはこの『物体論』とほぼ同一のものであると考えてよい[40]。

　ホッブズは、ペティが先師と仰ぎ、かれ自身も秘書を務めたことのあるベイコンの学問的態度を継承し、実践性あるいは実効性のある哲学の構築を目指し、『物体論』の冒頭において、その哲学を「原因ないし生成の知識から正しい推論によって得られる結果ないし現象の知識である」[41]と定義する。この定義からすると、哲学的知識は、他の生命体も具有している感覚や記憶によって与えられるものではない。また、記憶にほかならない経験によっても、すでにもっている経験からする予期である慎慮によっても与えられない。ようするに、ホッブズにおいては、哲学は推論 (ratiocination) のうえに成立するものであり、その推論によって知識を獲得する営みこそが哲学であると考えられたのである[42]。ここで、ホッブズが「推論」というのは、「計算」(computation) を意味し、具体的には計算の操作としての加法と減法、ひいては除法と乗法である。しかし、この場合に、ホッブズは、「計算」というものを、今日におけるような数のみを用いて展開する狭義の計算、すなわち算術の意味で用いるのではなく、広く「考慮に入れる」「考察する」あるいは「思考する」という意味をも含めて用いているのである[43]。こうした、ホッブズの哲学においては、推論を重ねて、既知の原因から結果へ、また既知の結果から原因へと至る、最短の道を探すことが重要となる。いわゆる、方法の問題である。これについて、ホッブズは『物体論』において、「哲学研究の方法は、結果をその既知の原因によって、もしくは原因をその既知の結果によって発見するための最短の道である」[44]と述べている。また、同じとこ

ろで、「哲学の方法は……一部は分析的で、一部は統合的である。すなわち感覚から原理（普遍的な諸事物の諸原因）の発見へと進むのは分析的で、残りは統合的である」[45]と述べている。これらのホッブズの叙述から、ホッブズは、哲学の方法として、分析的方法（analytical method）と総合的方法（synthetical method）の二つの方法を用いようとしていることがわかる。ホッブズが、その哲学において用いた方法は幾何学から学んだものであるが、その幾何学的・数学的方法はまた、ペティの政治算術の構想に大きな影響を及ぼしたと思われる。

　ホッブズが哲学の方法について叙述しているのは、1651年の公刊になる『リヴァイアサン』と、1655年の刊行になる『物体論』である。ペティがこれら刊行された二つの著書を直接目にしたという、確かな資料的根拠は見あたらない。しかし、『リヴァイアサン』については、ペティの伝記を公刊したフィッツモーリスが指摘しているように、ペティがパリでホッブズに出会った1645年ごろは、ホッブズがこの著書を公刊するための準備を着々と進めていた時期であった。したがって、このときに、ホッブズがその弟子ともいうべき立場にあったペティに、『リヴァイアサン』の公刊に先立ってその内容の少なくとも一部を知らせていたことは、十分に考えられることである[46]。このように、ペティがパリで『リヴァイアサン』の内容を知る機会があったとすれば、『物体論』についても同様に、公刊前にその見解に接する可能性があったと考えてよいであろう。マクネリー（F. S. McNeilly）によれば、ホッブズが『物体論』の執筆に着手したのは1642年で、1645年ごろには、その初期草稿のかなりの部分がすでに完了していた[47]。したがって、ペティが、パリでその草稿を目にした可能性はきわめて高いと考えてよいであろう。たとえ、ペティがその草稿を直接手に取って読む機会がなかったとしても、その内容の概要をホッブズから口頭で伝えられた可能性は十分にあったものと思われる[48]。ペティは、政治算術を定式化した『政治算術』において、さまざまな社会経済的現象の数量化に基づく考察を「推論」と呼び、これを行うことは「天使の労働にも似た無上の喜びである」[49]と記している。

数学的考察方法にほかならないこの「推論」は、ペティが、数学的論証を重視したホッブズからも影響を受けたものであると考えて、ほぼまちがいないであろう[50]。

ペティの終生の友人であったグラント（John Graunt）は、ペティの政治算術における数量的方法の採用に対して、直接的かつ多大の影響を与えた。ロンドンの富裕な商人であったグラントは、学問的動機というよりもむしろ個人的な興味からロンドンの人口動態の研究に着手し、その成果を、王政復古後におけるペティの主著『租税および貢納論』が出版されたのと同じ1662年に、『死亡表に関する自然的および政治的諸観察』(*Natural and Political Observations made upon the Bills of Mortality*)[51]（以下では、『諸観察』と略称）として公表した。本書において、グラントは、人口変動を数量的に分析・推計し、その数量的規則性の存在を明らかにした[52]。グラントが導出した、このような人口現象についての規則性は、現在ではすでに常識の範囲のものとなっているが、当時においては空前の発見に属するもので、また後代における大数法則の確立に先鞭をつけたものであった。そして、その規則性の導出に際して、グラントが用いた研究資料の網羅的な収集・整理、その結果を基礎とする推理と既存の諸見解の検討、そして新たなる真理の導出という手順は、まさにベイコンのそれを踏まえた実証的帰納的な科学的研究手順を示すものである[53]。さらに、ここで注意しておくべきことは、先に示したような合理的な手続きを踏みながら研究を進め、人口現象における規則性を導出するに際して、グラントが用いた方法は、かれの自覚するところによれば、比例（proportion）の概念を中心とした、「商店算術」(Shop-Arithmetick) というものであったという点である。ここで、グラントのいっている「商店算術」とは、一般に「商業数学」(Commercial Arithmetic) と称されているものである。

以上のような商業数学を背景として、グラントが取り扱った死亡表は、人口現象の数量的表示にほかならないのであって、それに基づいて演算を行うのにふさわしい研究対象であったのである。しかも、その際の統計資料の不備や不足という制約が、商業数学の中でも比例計算を主軸とする推算の方法

を広範に採用させることになり、諸現象の数量的観察および比較のみならず、ひいてはそれらの数量的関連の把握をも促進させたのであった[54]。グラントの同時代人で、『諸観察』の研究成果を自己の考察に活用しようとした者には、ヘイル（Matthew Hale）、ペット（P. Pett）、ホートン（John Houghton）、チャイルド（Josiah Child）、ハリー（E. Hally）などがいる[55]。こうした数多くのグラントの同時代者の中で、かれの研究成果を誰よりも高く評価したのは、内乱時代以来の友人で、グラントの人口現象についての研究にヒントを与え、また1676年の『諸観察』第5版の出版に際して、その監修を担当したペティであったのである。ペティが、グラントの研究成果について高い評価を与えたのは、その全論述が「数・重量・尺度」すなわち客観的な数字に基づいて実証的に構成されており、またかれグラントが「商店算術という数学」を駆使しつつ一見複雑多様な人口現象の生起の中にさまざまな数量的関連を見出したばかりではなく、その規則性をも発見したからである。しかも、ペティは、グラントの研究成果を誰よりも高く評価しただけではなく、この成果を自己の政治算術へと発展させたのである。ハルは、グラントが導出したさまざまの量的法則性を指摘して、「ペティがグラントに負うところのものは、いくら引用をかさねても、十分には表現しえないほど根本的である」[56] といっている。まさに、当を得た指摘であるといってよいであろう。ペティの政治算術は、グラントが『諸観察』において用いた、商業数学（商店算術）の発達に促されて創始した数量的把握方法をその有力な基礎の一つとして構想されたのである。しかも、ペティは、グラントの方法の本質と重要性を明瞭な学問的な意識にまで高めることによって、それをきわめてたくみに発展させたのである。さらにいえば、ペティの功績は、先行者グラントの方法をただ単に直接承継しただけではなく、取り扱う対象の範囲をはるかに広げたことにある[57]。

　ペティが、グラントから継受した方法を適用しようとした方向は、やはりグラントの『諸観察』における「結論」の中にその重要な手がかりがすでに与えられている。きわめて簡潔に叙述されているこの「結論」は、12の章

にわたる本論において述べた諸々の観察結果に即して本論を締めくくったものであるというよりも、むしろ新たな課題を圧縮した形で提起したものであると解される。ここでグラントの提起している課題は、人口現象の数量的規則性に関する上述の知識に基づいて、「臣民を平和と豊饒のうちに保持するための真の政治学……すなわち正直で無害な政策の基礎もしくは根本的要素」(58)とすることができるか、というものであった。一層明瞭にいえば、グラントの著書の表題「自然的・政治的」のうちの、「政治的」なものを対象として、社会経済現象の数量的把握と質的認識を深めることが、ペティに残された課題であったのである。

　クラーク (G. N. Clark) は、17世紀のヨーロッパを特徴づける新興科学の台頭に言及しつつ、イギリスにおける同世紀について、「ベイコンにはじまってニュートンに終わる世紀であり、この関連におけるまぎれもない所産は、……社会的諸事実についての数量的研究の興隆であった」(59)といっている。その集大成が、ペティが『租税および貢納論』において定式化した「政治算術」であったのである。ペティの従弟で親友でもあったサウスウェルは、ペティをもって「政治算術の才能において当代第一人者であった」(60)と評している。また、ペティの最も有能な追随者といわれているダヴナントは、政治算術を「諸事項について数字を用いて推理する術である」(61)と定義しつつ、「この術をとくに収入と交易との対象領域に適用したのは、サー・ウィリアム・ペティが最初である。……かれはこれに政治算術という名称を与え、規則と方法とを導入した」(62)と評価している。この場合に、もし政治算術の数量的把握という点のみに着眼するならば、この時代のイギリスにおける経済学説の主流をなしていた重商主義者たちは、幼年期の資本主義社会を流通的側面において、すなわち主として商品価格を通して数量的に把握していたのであるから、本質的には多かれ少なかれダヴナントが定義する意味においての政治算術家 (Political Arithmetician) であったといえよう(63)。しかしながら、ペティの政治算術は、先師ベイコンからは新たな学問における方法の確立という明確な自覚の下に経験主義を、そしてガリレオ、デカルト、ホッブズな

どからは明証的確実性の確保という点から数学的方法を、さらにグラントからは一層具体的に諸現象の数量的把握・考察方法を継受して構想されたものであったのである。このゆえにこそ、ペティの政治算術は、科学的・近代的な方法となりえたのであり、経済諸科学とりわけ租税論の発展史のうえに有するその意義と影響とが高く評価されることになるのである。

ペティにおいて、数量的考察方法を積極的に利用することを可能にした理由は、第一義的には、当時のイギリスにあっては諸産業の発展が実現され、それにともなう商品経済の展開により、相当程度に広い範囲において数字的表現をもちうるものとなっていたことに求められる。周知のように、イギリスにおいては、1540年ごろからの約1世紀の間、強力な王権の下に重商主義政策が採用され、ドイツやイタリアなどの大陸諸国から鉱山業・製鉄業・製紙・印刷・ガラス製造業などが導入され、さらに独占付与による産業の育成および特権会社の設立が図られ、「先駆的工業革命」とも「第一次産業革命」ともいわれる幅広い経済における飛躍的発展があった。また、イギリスは、他国との経済的関係においても、1588年にかの名高いスペイン無敵艦隊を撃破し、強力な海軍を擁する海洋国家へと成長し、ヨーロッパ諸国はもとより、アフリカ、北アメリカ大陸にまで、各種の羊毛製品を輸出するようになった。さらに、そればかりではなく、大西洋を横断して、アジアや北アメリカの物産の再輸出貿易をかなりの程度に遂行するに至った。とりわけ、首都ロンドンの仲介貿易による発展はめざましく、消費の対象となる商品やサービスの種類を多様化させ、全国的に国内商業を刺激することとなった[64]。

こうして、17世紀中葉のイギリスは、首都ロンドンを中心とした貨幣経済が習慣的に一般化し、資本主義に近似した、いわば「生成期資本主義」あるいは「幼年期資本主義」と呼ばれる段階に至っていた[65]。資本主義社会成立への過程をたどっていた16世紀末から17世紀初頭のイギリスでは、中世の基本的社会関係である領主対農民の間に見られた経済外的な支配・服従の関係とは異なった商品経済的関係が、かなりの程度に経済生活の中に浸透

しはじめていた⁽⁶⁶⁾。これにともなって、社会的諸関係が、きわめて広い範囲において数字的表現をもちうるようになったのである。すなわち、この時代のイギリスでは、商品生産と貨幣による生産物の売買が社会関係の全面を支配するようになり、土地や家屋をはじめとして衣・食・住あるいは労働力までもが、それぞれ貨幣的表現を得るようになっていたのである⁽⁶⁷⁾。その意味において、この時代に至って、イギリス社会は、はじめて、「貨幣という共通の分母において公約され、統計的ないしは数字的計量の対象として熟そうとしていた」⁽⁶⁸⁾のである。換言すれば、資本主義発展への道を歩みつつあった当時のイギリスにあっては、あらゆる社会経済的関係が、価格関係を通じて、封建時代におけるような質的に異なるものとしてではなく、量的にのみ異なるもの相互の関係として現われるようになっていたのである。つまり、異種の商品が、すべて共通の価格によって表現されることによって、同種の数量として表わされるようになったのである。このことは、資本主義社会の基本的な性格の一つである⁽⁶⁹⁾。

資本主義社会においては、マックス・ウェーバーが指摘しているように、経済諸活動の「合理化」がその大きな特質をなす。すなわち、資本主義においては、企業家は、競争関係の下で自己の利益を最大化するために、生産をはじめとするあらゆる経済活動を最も能率的にすることが求められる。資本主義における企業家にとって、経済過程の「合理化」は至上命題とされ、目的と手段との効率的な連携を図るという意味でのいわゆる「目的合理主義」は、資本主義社会のあらゆる経済分野を支配することになるのである⁽⁷⁰⁾。その場合に、経済事象の数量的把握は、このような「合理化」にとって不可欠の手段とされるのである。このことは、資本主義生成期の16世紀・17世紀イギリスにおいても例外ではなく、この時代の企業家による「合理化」への意識的な努力が、経済事象の数量的方法を実用面から必要としたのである。ペティは、いち早くこうした資本主義社会の到来と一層の進展という時代状況を認識し、租税現象の考察に当たって、独自の数量的方法を導入したのである。

第2節　政治算術の意義

　数量的方法は、ペティの政治算術を著しく特徴づけているものであるが、かれの諸著作の論述において使用されている数字の性質は、三つの種類のものに大別することができる。すなわち、第1は、社会経済現象を実際に観察し、その結果として経験的に得られた数字である。この種類の数字は、さらに第一義的な個人的観察によるものと、第二義的な統計調査あるいは行政上の業務記録などによるものとに分けることができる。前者のケースはきわめて多いが、後者のそれは著しく少ない。これは、当時、信頼できる正確な統計資料がほとんど存在していなかったという、ペティが被らざるをえなかった歴史的な制約に由来するものである。第2の種類の数字は、なんらかの方法に基づいて、加工し、推計されたものである。その加工・推計の方法は、①既知数または既知量を基礎として、具体的な関係をたどって推計する方法、②理論的な推理に数字を当てはめて推計する方法、③平均的な数値を基礎として推計する方法、の三つに要約しうる[71]。ペティが利用することができた既知数は、人口あるいは家屋数、炉税、内国消費税の徴収額等々であり、それらが当時十全なものではなかったために、推計の結果もまた不完全なものとならざるをえなかった。しかし、ペティは、この③の推計方法については、きわめて大胆かつ独創的な方法を用いて集中的に国富の推計を行っている。

　ペティにおける国富の推計は、かれの著作・手稿の多くに見出されうるが、その最初のものは、1665年後半の執筆であると推定される『政治的解剖』に付して公刊された『賢者一言』におけるそれであるとみなされる。ペティは、同書において、当時の第二次対オランダ戦争の戦費調達のための租税政策を喫緊の課題とし、国民の富に対する公平な課税をもってすれば、そのための十分な財源が存在することを論じ、その具体的な根拠を示すために、国民の富の大きさとその構成内容を数量的に推計した[72]。その際に、ペティ

は、各種の統計的資料を積みあげて国富を算定したのではなく、地代と地価との関係を基礎に置いて、平均量から総計量を導き、ついで比例関係から別個の量を算出し、あるいは均衡関係から差額を求めるという手続きを用いた[73]。このような推計方法は、おそらくはごくかぎられた範囲内での行政資料を除いて、ペティの知見の範囲で情報を利用して行われたものであろうが、かれの政治算術を理解するうえで、一層示唆的なものであるといってよいであろう。この第3の種類に含まれる数字は、ペティにおける政治算術の方法の基調をなす数学主義そのものに根ざすものであって、かれが、政治算術を定式化した『政治算術』の序文において、「私がねらいさだめているあの知識（一般的認識）へ到達する道を示してくれる仮説」[74]といっている、例示的な数字である。この種類の数字もまた、きわめて多く用いられている。ようするに、ペティにあっては、その著作において用いている数字は、多くの場合、厳密な統計調査の結果として経験的に得られたものではなく、また推計数でもないのであって、ただ理論的推理を明晰にするための重要な手段として、あるいはその仮説として用いているものである[75]。ペティは、以上におけるような3種類の数字を駆使することによって、租税現象についての考察を進めようとしたのである。

一般に、租税現象の考察において数量を用いることの効果には、次の二つのことが考えられる。第1に、それによって命題が客観的な形で表現されることになることである。ここで、客観的ということは、二つの意味をもっている。一つは、そこにいわれている趣旨の意味が、一般的妥当性をもってはっきりとした意味をもっているということである。二つ目の意味は、当該の命題の内容が他の命題との関連で、疑問の余地のない形で与えられるということである。このように、数量による表現が二つの意味において客観的であることに応じて、それは現実に二重の効果をもつことになる。すなわち、第1に、少なくとも原理的には、命題の真偽を検証することが可能であるということである。第2に、数量的表現をとることによって、各命題の間の論理的関係が明確にされるということである。数量的方法の効果は、主として、

この第2の意味の客観性によることが多い⁽⁷⁶⁾。ペティは、すでにこのことをよく承知していたのである。すなわち、ペティは、『政治算術』を10の章で構成し、すべて数字を用いた具体的な議論によるイギリスの国力の算定、およびそれがオランダ・フランスに劣っていないことの立証に捧げている。そして、同書の「序」において、「私が以下の議論の土台にしているところの、数・重量および尺度によって表現された諸観察および諸命題は、いずれも真実であり、そうでなくても明白なまちがいではない。また、もしこれらがもともと真実でも、確実でも、明瞭でもないにしたところで、王権 (Sovereign Power) をもってすればそういうものになしうるべきであろう。なぜなら、確かならしめうるものは確かなり (Nam id certum est guod certum reddi potest) であるから。それに、もし、これらがまちがっているにしたところで、それをもとにしてなされている議論がそのために壊されてしまうほどのものではなく、どうまちがっていても私がねらいさだめているあの知識への道を示してくれる仮説としては十分なのである。……私は現在のところ10個の主要な結論を詳述するにとどめておいた。もし、将来、この10個の結論が緊要なりと判断され一層十分に討議するねうちがあるということになるならば、私は、独創的にして私心なき人士のすべてが、これらの推論 (Ratiocination) の基礎をなす諸命題のうちどれかに発見されるであろう諸々の誤謬・欠陥および不備を是正されることを希望する」⁽⁷⁷⁾といっている。この引用文の中に、合理的な議論を行うための数字的表現の重要性と、さらにそれを用いて真実の命題に到達することの可能性と必要性とが、明確に把握されている。こうした認識の下に、ペティは、あらためて、1680年代に執筆されたと推定される『土地と人手について』(*Of Learning & Hands*) において、土地面積、地形、気象、法律、政治、軍事、人口、資産、建築物、賃金、生産物、交通、運輸、通信、貿易、商品価格、賃料、金融、国家収入、教育、文化、保健衛生等々に至るまで、およそその国の状態に関するいっさいの事項を、あますところなく数量的に把握することの必要性を力説しているのである⁽⁷⁸⁾。そして、このペティによって確立された政治算術と呼ばれる新た

な社会科学的研究方法は、この時代においてかれ一人だけにとどまることなく、エンゲルス（Friedrich Engels）が、「ペティが経済学のほとんどの領域で行なった最初の大胆な試みが、かれのイギリスにおける後継者たちによって一つ一つ採用され、さらに仕上げられていった。……1691年から1752年まで……この期間に出た多少とも重要な経済学上の著作が、肯定的にせよ否定的にせよ、どれもペティから出発している」[79]といっているように、当時およびそれ以降の多くの者によって継承されたのである[80]。まさに、フィリス・ディーン（Phyllis Deane）がいうように、「王政復古後の半世紀は政治算術の黄金時代」[81]であり、またアシュトン（T. S. Ashton）の言葉を借りれば、イギリスの「18世紀は政治算術の時代」[82]であったのである[83]。

しかしながら、ペティの利用した社会経済現象に関する数字的材料は、厳格なる意義の統計をもって目すべきものに乏しく、その多くは概算であった[84]。この欠点については、ペティ自らがよく認識していたところである。また、当時の政治算術の方法を用いた者について、総じていえることであった。しかし、ペティの政治算術における真の価値は、ロッシャーによる『英国経済学史論』第8章での叙述、「ペティの統計的諸作は、当時の参考資料がすべてはなはだ不完全であったことを示していると同じく、かれ自身の識見が天才的に周到かつ明晰であったことを示している」[85]の後段の部分にあったのである。すなわち、その卓越した数量的観察と分析とをもって、実証に通暁しようとした努力と、その数量的観察とそれに基づく分析の着想に対する眼識にこそあったのである。スコットランド啓蒙（Scottish Enlightenment）の18世紀末期における代表的な知識人であるデュゴルド・ステュアート（Dugald Stewart）は、「前世紀の間において、人口、国富およびこれに付随する諸問題に関係する諸研究に、その注意を向けた人々は二重に分けられる。その一つは『政治算術家』（political arithmeticians）もしくは『統計的蒐集家』（statistical collector）、他に対しては『政治経済学者』（political economists）もしくは『政治哲学者』（political philosopher）である」[86]といっている。まさに、ペティにおける政治算術は、ステュアートが二つに分けた双方、す

なわち経験的観察と理論的な分析との連関をうまくかみ合わせ、それを正しく位置づけようとするものであったのである。ペティ自身の言葉を借りれば、かれの政治算術は、「同じローソクをもっと明るくする芯切り鋏として役立つ」[87] ものとして位置づけられるものであったのである。このゆえにこそ、ロッシャーは、ペティの政治算術を、「誠にペティが基礎を築いた画時代的な進歩を識るためにはわれわれは、ただ所謂 Republical Elzeuriance 中のもっとも尤なるもの、すなわち、コリング（Conring）の著作をペティと対照すれば足りる。統計は右の眼であり、比較はこれが左の眼である。そして、このいずれの点においてもペティは驚嘆に値する」[88] と評するのである。また、大内兵衛は、政治算術の創始者としてのペティを論述するに当たって、「新たなる社会的事実に対して統計的方法を適用し、それによって社会的認識の一大実例を示した功績は否定できない」[89] としている。さらに、ロールは、経済学の発展過程について著述するに当たり、ペティの政治算術について一層的確に、「数量的観察方法がけっして統計的面にとどまるものではなく、もっと広い機能を有することを見落としはしなかった」[90] と評している。これらの引用文の中に、ペティの政治算術の真価が十分に認められているといってよいであろう。

　なお、ひとくちに社会科学における数量的方法の利用といっても、二つの段階のものに区分される。一つは、すでに述べたように、仮定的な数字を用いて、議論の展開を補助し、命題の意味を明らかにするというものである。これは、数量的方法の最も初歩的なもので、算術的方法とも呼ぶべきものである[91]。ペティが『政治算術』やその他の多くの著作においてしばしば用いたのは、この方法である[92]。数量的方法における二つ目は、算術的方法を現実の数字の統計に結びつけることによって、経験的に検証可能な命題を導き出そうとするものである。この段階のものは、算術的方法を一層前進させたもので、数量的分析と呼んでよいであろう[93]。ペティが最終的に目指していたものは、このような数量的分析であったと思われる。しかし、残念ながら、ペティ以後のおよそ200年以上の間、経済学・財政学の領域におい

ては、算術的方法が広く用いられたのにもかかわらず、それを現実の数字と結びつけるという試みはほとんどされなかった。数量的分析という方向での全面的な展開は、20世紀に入った後の1930年以降にケインズ（J. M. Keynes）の登場によるマクロ経済学の成立を経て、計量経済学の発展によってはじめてなしとげられることになるのである[94]。計量経済学の発展は、ペティが『政治算術』において目指した数量的分析の採用という目標を、より高いレベルで実現したものであるといってよいであろう。こうした点において、ペティの数量的方法を特徴とする政治算術は、まさに近代的な科学的方法であったといってよいであろう。

注
（1）Edomond Fitzmaurice, *The Life of Sir William Petty, 1623-1687*, London, 1895, p. 158.
（2）William Petty, *Political Arithmetick*, London, 1690, in C. H. Hull, ed., *The Economic Writings of Sir William Petty*, Vol. I, Cambridge, 1899, p. 240. 大内兵衛・松川七郎訳『政治算術』岩波書店、1955年、16頁。訳文は一部変更を加えた（以下同様）。
（3）Marquis of Lansdowne, ed., *The Petty-Southwell Correspondence 1676-1687*, London, 1928, rpt. 1967, p. 322.（以下、*Correspondence* と略称。）
（4）この書は、当時、新しい数学的な自然科学の模範として仰がれた。
（5）William Petty, *Political Arithmetick, op. cit.*, p. 244. 邦訳、24頁。
（6）大倉正雄『イギリス財政思想史―重商主義期の戦争・国家・経済―』日本経済評論社、2000年、11頁。
（7）小谷義次「ペティ経済学の方法に関する一考察」、『経済学雑誌』（大阪商科大学）第20巻第1・2・3号、1949年9月、126頁。
（8）Joseph Ziegler, ed., *Sapientia Salomonis*, Göttingen, 1962, 2 Aufl., 1980, p. 131. 関根正雄訳「ソロモンの知恵」（日本聖書学研究会編『聖書外典偽典2 旧約外典II』教文館、1981年、所収）、43頁。訳文は一部変更を加えた。
（9）ペティが、この章句を引用したり、これに依拠したりしたという直接の証拠は、いまのところ見当たらない。
（10）山本義隆『一六世紀文化革命』（1）、みすず書房、2007年、339-343頁。
（11）今日いうところの複式簿記それ自体は、パチョリの考案ではなく、すでにベネツィアの商人たちによって使用されていた（片岡義雄『パチョーリ「簿記論」の研究』森山書店、1956年、6頁）。

(12) Luca Pacioli, *Ancient Double Bookkeeping, Luca Oaciolis Treatise*, Venessia, 1494, English trans. by J. D. Geijsbeek, Denber, 1914, p. 97. 片岡義雄訳「ルカ・パチョーリの『簿記論』」(同『パチョーリ「簿記論」の研究』森山書店、1956年、所収)、53頁。

(13) Nicolaus Cusanus, *De docta ignorantia*, 1450, in E. Hoffmann and R. Klibansky, eds., *Nicolai de Cusa De docta ignorantia*, Lipsiae, 1932, p. 119. 岩崎允胤・大出哲訳『知ある無知』創文社、1966年、158頁。

(14) 山本義隆、前掲書、344頁。

(15) William Petty, *Political Arithmetick, op. cit.*, p. 244. 邦訳、24頁。

(16) 松川七郎「創始期における政治算術」、『経済研究』(一橋大学)第6巻第2号、1955年4月、104頁を参照せよ。

(17) この時期については、科学史家によって若干の違いが見られる。一般には、その中心は17世紀であり、16世紀はさまざまな側面でそれが準備された時期、また18世紀はその成果の整理と地固めの時代であるといわれている (Cf. John Henry, *The Scientific Revolution and the Origins of Science*, London, 1997, 2nd ed., 2002, p. 1. 東慎一郎訳『一七世紀科学革命』岩波書店、2005年、1頁)。

(18) ベイコンの生涯については、次の文献を参照せよ。J. Campbell, *The Life of Francis Bacon*, London, 1853.; W. H. Dixon, *The Story of Lord Bacon's Life*, London, 1862.; do, *The Personal History of Francis Bacon*, London, 1861.; P. Woodward, *The Early Life of Lord Bacon*, London, 1902.; W. Krohn, *Francis Bacon*, Muenchen, 1987. 花田圭介「フランシス・ベイコン研究(一)―生涯について―」、『文学部紀要』(北海道大学)第11号、1963年2月;福原麟太郎・成田成寿「ベイコンの生涯と思想」(福原麟太郎編『世界の名著20 ベイコン』中央公論社、1970年、所収);山崎正一「フランシス・ベーコン―生涯と思想―」(『世界の大思想60 ベーコン』河出書房、1960年、所収);坂本賢三「ベーコンの生涯と思想形成」(同『人類の知的遺産30』講談社、1961年、所収);上田泰治『ベーコン』牧書店、1964年。

(19) 浜林正夫「17世紀イギリスにおける観念論的合理主義と経験論」(『小樽商科大学創立50周年記念論文集』、1961年、所収)、195頁。

(20) H. Reichenbach, *The Rise of Scientific Philosophy*, Los Angels, 1951, p. 75.

(21) 植木哲也「帰納法のベイコンとベイコンの帰納法―現代科学哲学におけるベイコン像―」(花田圭介責任編集『フランシス・ベイコン研究』御茶の水書房、1993年、所収)、280頁。

(22) H. Reichenbach, *op. cit.*, p. 82.

(23) しかしながら、ベイコンの方法は、一般的なものから個別的なものへの演繹的過程を完全に排除するものではなかった。この点について、ハッキングは、「実験哲学者であるベイコンには、帰納主義と演繹主義という単純な二分法はう

まく適合しない」としている（Cf. Ian Hacking, *Representing and Intervening*, Cambridge, 1983, Chap. 15）。
(24) Cf. John Henry, *op. cit.*, pp. 8-23. 邦訳、20-41 頁。
(25) Cf. C. C. Gillispie, *The Edge of Objectivity: An Essay in the History of Scientific Ideas*, Princeton, 1960, p. 82.
(26) Cf. E. Strauss, *Sir William Petty*, London, 1954, Chap. XV.; W. L. Bevan, "Sir William Petty: A Study in English Economic Literature", in *Publication of the American Economic Association*, Vol. IX, No. 4, 1894, p. 457.
(27) Cf. John Henry, *op. cit.*, p. 18. 邦訳、31-34 頁。
(28) 伊東俊太郎「ガリレオ科学の方法」（同『人類の知的遺産 31　ガリレオ』講談社、1985 年、所収）、320 頁。
(29) Cf. Gary Hatfield, "Metaphysics and the New Science", in D. C. Lindberg and R. S. Westman, eds., *Reappraisals of the Scientific Revolution*, Cambridge, 1990, pp. 93-166.
(30) 松川七郎『ウィリアム・ペティ―その政治算術＝解剖の生成に関する一研究―』岩波書店、1967 年、63、131 頁。
(31) 武隈良一『数学史の周辺』森北出版、1974 年、4 頁。
(32) 所雄章『デカルト』(II)、勁草書房、1980 年、7-9 頁を参照せよ。
(33) Marquis of Lansdowne, *op. cit.*, p. 318.
(34) *Ibid.*, p. 322.
(35) *Ibid.*
(36) 永井道雄「恐怖・不信・平和への道―政治科学の先駆者―」（同責任編集『世界の名著 23　ホッブズ』中央公論社、1977 年、所収）、18 頁。
(37) フルタイトルは、『リヴァイアサン、すなわち教権的および市民的国家の実質、形態、および権力』（*Leviathan, or the Matter, Forme and Power of a Common-Wealth Ecclesiasticall and Civill*, 1651）である（以下、*Leviathan* と略称）。
(38) Thomas Hobbes, *Leviathan*, London, 1651, in Sir William Molesworth, Bart, col. and ed., *The English Works of Thomas Hobbes of Malmesbury*, London, 1839, Vol. III, pp. 23-24. 水田洋訳『リヴァイアサン』（一）、岩波書店、1973 年、73 頁。
(39) *Ibid.* 同上。
(40) 中村友太郎・国嶋一則・山下太郎・丸山豊樹他『哲学理論の歴史』公論社、1985 年、112 頁。
(41) Thomas Hobbes, *Elements of Philosophy, The First section, Concerning Body*, London, 1655, in *Works*, Vol. I, p. 3. 本文中の訳文は、大倉正雄「ウィリアム・ペティの政治算術（2）―経済科学の曙―」、『政治・経済・法律』（拓殖大学）第 6 巻第 2 号、2004 年 2 月に負っている（以下、同様）。

(42) 大倉正雄、前掲論文、27-28頁。
(43) 同上。
(44) Thomas Hobbes, *Concerning Body, op. cit.*, p. 66.
(45) *Ibid.*
(46) Cf. Edmond Fitzmaurice, *op. cit.*, p. 16.
(47) Cf. F. S. McNeilly, *The Anatomy of Leviathan*, London, 1968, p. 43.
(48) 大倉正雄、前掲論文、26頁。
(49) Marquis of Lansdowne, *op. cit.*, p. 283.
(50) 松川七郎、前掲書、126頁。
(51) この著書は6版を重ねたが、初版のフルタイトルは、『上記の〔ロンドン〕市の政治、宗教、商業、発達、空気、疾病、及び各種の変化に関連した死亡表に関する下掲の見出し中に列挙の自然的及び政治的諸観察—大衆の称賛のために労作せず、少数の読者にこころ足らいて—』(*Natural and Political Observations Mentioned in a following Index, and made upon the Bills of Mortality. By John Graunt, Citizen of London. With reference to the Government, Religion, Trade, Growth, Ayre, Diseases, and the several Changes of the said City,: Non, me ut miretur Turba, laboro, Contentus paucis Lectoribus*, 1662) である (以下、*Political Observations* と略称)。〔 〕括弧内は筆者。なお、本書の真の著者はグラントであるのかそれともペティであるのかをめぐって、19世紀半ば以降に、アメリカ、ドイツ、フランスなどの経済学者、統計学者、数学者、経済史家、歴史家、文学史家など広範な分野の者が直接・間接に参加した、いわゆる著作者論争が展開された。その梗概については、次の文献を参照せよ。E. Strauss, *op. cit.*, pp. 159-160.; C. H. Hull, ed., *The Economic Writings of Sir William Petty*, Vol. I, Cambridge, 1899, Introduction, pp. xxxix-liv. 高野岩三郎校閲・久留間鮫造訳『死亡表に関する自然的及政治的諸観察』栗田書店、1941年、「解題」、354-427頁；松川七郎「J. グラント『諸観察』の成立、その方法の発展および評価をめぐる歴史的展望—統計学の学問的性格に関する一反省—」、『経済研究』(一橋大学) 第7巻第2号、1956年4月、133-139頁。
(52) V. John, *Geschichte der Statistik*, Stuttgart, 1884, S. 167. 足利末男『統計学史』有斐閣、1956年、175頁。
(53) Cf. W. F. Willcox, *Introduction to the Reprint of J. Graunt's Observations*, Baltimore, 1939, Intoroduction.
(54) 松川七郎、前掲書、283頁。
(55) V. John, *a. a. O.*, S. 185. 邦訳、194頁。
(56) C. H. Hull, *op. cit.*, Vol. I, Introduction, p. lxxii.
(57) 松川七郎「J. グラント『諸観察』の成立、その方法の発展および評価をめぐる歴史的展望」、『経済研究』(一橋大学) 第7巻第2号、1956年4月、128頁。

(58) John Graunt, *Political Observations*, London, 1662, in C. H. Hull, ed., *op. cit.*, pp. 395-396. 邦訳、237頁。

(59) G. N. Clark, *Science and Social Welfare in the Age of Newton*, Oxford, 1937, rpt. 1949, p. 120.

(60) Marquis of Lansdowne, *op. cit.*, p. 333.

(61) Charls D'avenant, *Discourses on the Public Revenues, and on the Trade of England*, London, 1698, in Sir Charles Whitworth col. and rev., *The Political and Commercial Works of that Celebrated Writer Charles D'avenant. LL. D.* London, 1771, rpt. Farnborough, Hants, 1967, Vol. I, p. 128.

(62) *Ibid.*

(63) 松川七郎、前掲書、20頁。

(64) Cf. F. J. Fisher, "The Sixteenth and Seventeenth Centuries: The Dark ages in English Economic History?", *Economica*, No. 93, 1957.; do., "Commercial Trends and Policy in Sixteenth Century England", *Economic History Review*, Vol. X, No. 2, 1940.

(65) William Cunningham, *The Progress of Capitalism in England*, Cambridge, 1916, rpt. 1925, p. 63. 塚谷晃弘訳『イギリス資本主義発達史』邦光書房、1963年、62頁。

(66) 時永淑『経済学史』（第一分冊）、法政大学出版局、1962年、9頁。

(67) 大内兵衛「ペッティーの生涯と業績」（同訳『政治算術』栗田書店、1941年、所収）、40頁。

(68) 同上。

(69) ボルケナウは、中世的な質の対立に基づく世界観から近世的な量的な世界観への変化を、自然法の概念の変化という形で分析し、数量的世界観の成立が資本主義社会の成立と密接な内的関連を有していることを強調している（Vgl. Franz Borkenau, *Der Übergang vom feudalen zum bürgerlichen Weltbild; Studien zur Geschichte der Philosophie der Manufakturperiode*, Paris, 1934, S. 362-370. 水田洋・竹内良知・元浜晴海・山田宗睦・田中浩・菅原仰訳『封建的世界像から市民的世界像へ』(II)、みすず書房、1959年、110-120頁）。

(70) Vgl. Max Weber, *Die protestantische Ethik und der Geist des Kapitalismus*, in *Gesammelte Aufsätze zur Religionssoziologie*, Bd. I, Tübingen, 1920, S. 82. 大塚久雄訳『プロテスタンティズムの倫理と資本主義の精神』岩波書店、2002年、91-99頁。

(71) 松川七郎「創始期における政治算術」、前掲論文、109-110頁。

(72) 『賢者一言』での国富等の推計結果を示せば、次の通りである。松川七郎「ペティの国富算定論について」、『経済研究』（一橋大学）第3巻第4号、1952年10月、325頁より作成。

A	人口	6,000,000 人
B	人民の支出年額	40,000,000 ポンド
C	国富総額	250,000,000 ポンド
	土地	44,000,000 ポンド
	家屋	30,000,000 ポンド
	船舶	3,000,000 ポンド
	家畜	36,000,000 ポンド
	鋳貨	6,000,000 ポンド
	諸物品	31,000,000 ポンド
D	国富の年所収	15,000,000 ポンド
	〔地代	8,000,000 ポンド〕
	〔他の資産の所収	7,000,000 ポンド〕
E	労働の年所収	25,000,000 ポンド
F	人民の価値	417,000,000 ポンド

(73) ペティの推計手順を図式的に示せば、次の通りである（浦田昌計『初期社会統計思想研究』御茶の水書房、1997 年、180 頁）。

①人民の支出年額　←　1 人当たり支出×人口
②地代総額　←　平均地代×土地面積
③地価　←　地代総額×購買年数（18 年）
④土地以外の諸資産額　←　（項目別推定）
⑤土地以外の諸資産の年所収　←　資産価値÷購買年数（15 年）
⑥国富の総額　←　③＋④
⑦国富の年所収　←　②＋⑤
⑧労働の年所収　←　支出総額①－国富の年所収⑦
⑨人民の価値　←　労働の年所収×（国富÷国富の年所収＝約 16.7 年）

(74) William Petty, *Political Arithmetick, op. cit.,* p. 244. 邦訳、25 頁。

(75) 竹内啓『社会科学における数と量』東京大学出版会、1971 年、2-3 頁。

(76) この代表的なものは、『租税および貢納論』あるいは『政治的解剖』における、価値観の展開過程において示されている。ここで、ペティが、1 ブッシェルの穀物を 1 オンスの銀と等価であるというとき、また 100 人の人間が 100 年間に生産した穀物と、他の 100 人が 10 年間に生産した銀とを等価というとき、さらに大小さまざまの 100 人の人間の食物の 100 分の 1 というとき、これらの数値は実際の観察結果として得られたものではない（Cf. William Petty, *A Treatise of Taxes and Contributions,* London, 1662, in C. H. Hull, ed., *The Economic Writings of Sir William Petty,* Vol. I, Cambridge, 1899, p. 43. 大内兵衛・松川七郎訳『租税貢納論』岩波書店、1952 年、77 頁）。

(77) William Petty, *Political Arithmetick, op. cit.,* p. 244. 邦訳、25 頁。

(78) Cf. Marquis of Lansdowne, ed., *The Petty Papers, some unpublished Writings of Sir William Petty*, London, 1927, rpt. Vol. I, New York, 1967, pp. 193-198.

(79) Friedrich Engels, *Herrn Eugen Dühring Umwälzung der Wissenschaft*, Berlin, 1894, in *Werke*, Bd. 20, S. 221. 栗田賢三訳『反デューリング論―オイゲン・デューリング氏の科学の変革―』(下)、岩波書店、149頁。

(80) ステファン・バウアーは、イギリスにおいてペティの政治算術を継承した者として、ダヴナント、グレゴリー・キング(Gregory King)、ジョン・ミッチェル(John Mitchell)、アンドリュー・フック(Andrew Hooke)、エラスムス・フィリップス(Erasmus Philips)、ウィリアム・パルトニ(William Palteney)、アーサー・ヤング(Arthur Young)、ジョージ・チャマーズ(George Chalmers)、などの名前を挙げている(Cf. Stephan Bauer, "Political Arithmetic", in H. Higgs, ed., *Palgrave's Dictionary of Political Economy*, Vol. I, London, 1925, p. 56)。また、経済学の早期における展開過程を分析方法の問題視角から鳥瞰したジェイコブ・ホランダーは、前記の者に加えて、ジョセフ・マッシー(Joseph Massie)、トマス・クラーク(T. B. Clarke)、フレディリック・イーデン(F. M. Eden)、ディヴィッド・マクファーソン(David Macpherson)、ジョン・シンクレーア(John Sinclair)、ジェームズ・アンダースン(James Anderson)、リチャード・プライス(Richard Price)、ジェームズ・ラファン(James Laffan)、ジョセフ・プリーストリ(Joseph Priestley)、トーマス・クーパー(Thomas Cooper)、などの名前を挙げている(Cf. J. H. Hollander, "The Dawn of a Science", in John M. Clark, et al. eds., *Adam Smith, 1776-1926: Lectures to Commemorate the Sesquicentennial of the Publication of "The Wealth of Nations"*, Chicago, 1928, rpt. New York, 1966, pp. 5-8)。さらに、統計学の成立過程をきわめて体系的かつ詳細に取り扱ったヨーンは、ペティの政治算術を受け継いだ者として、上に列記した者のほかに、ダーラム(W. Derham)、ショート(T. Short)、アーバトノット(Arbuthnot)、メイランド(Maitland)、シンプソン(W. T. Simpson)、ホッジソン(J. Hodgson)、などの名前を挙げている(Vgl. V. John, *a. a. O.*, S. 195. 邦訳、231頁)。

(81) Phillis Deane, "Political Arithmetic", in J. Eatwell, M. Milgate and P. Newman, eds., *The New Palgrave: A Dictionary of Economics*, Vol. III, London, 1987, p. 902.

(82) T. S. Ashton, *An Economic History of England: The 18th Century*, London, 1955, rpt. 1966, p. 11.

(83) しかしながら、ペティの創始になる政治算術に対して、古典派経済学の創始者たる地位に立つアダム・スミスはまったく別の見解をとっている。すなわち、アダム・スミスは、『諸国民の富』の第4編第5章において、穀物貿易および穀

物法を論じるに当たり、政治算術に対して、「わたくしは、政治算術をそうたいして信用していないし、こういう算定のいずれについてもその正確さを保証しようとは思わない。わたくしがこういう算定をとりあげるのは、最も賢明で経験に富んだ人々の見解においても、穀物の国内商業よりもその外国貿易のほうがどれほど重要性が少ないかということを明らかにするためにすぎない」として、そっけない評価を下している (Adam Smith, *An Inquiry into the Nature and Causes of the Wealth of Nations*, London, 1776, ed. by Edwin Cannan, Vol. II, London, 2nd ed., 1920, p. 36. 大内兵衛・松川七郎訳『諸国民の富』(II)、岩波書店、1973 年、793 頁)。これは、アダム・スミスが、政治算術を諸推計における単なる統計的な技術であると考えていたことによるものであると思われる。

(84) 高野岩三郎『社会統計学史研究 (改訂増補)』栗田書店、1942 年、73 頁。一例を挙げると、ペティは、『政治的解剖』において、1672 年におけるアイルランドの土地、その価格、住民、家屋、教会、アイルランドの反乱の影響、政府の構造、軍備、貨幣、貿易、宗教、衣食、言語などについて、克明な数字を示している。しかし、その場合に、ペティは、家屋数から世帯数を計算し、推定世帯の人数をもってただちに都市の人口を査定している。また、草原放牧地の面積および小家族および大家族の所有する馬数の見積平均数から、ただちに全国の家畜数を算定している (William Petty, *Political Anatomy of Ireland*, London, 1691, in C. H. Hull, *op. cit.*, Vol. I, pp. 141-147. 松川七郎訳『アイァランドの政治的解剖』岩波書店、1952 年、49-59 頁)。

(85) Wilhelm Roscher, *Zur Geschichte der englichen Volkswirtschaftlehre im sechzehnten und siebzehnten Jahrhundert,* Leipzig, 1851, S. 69. 杉本栄一訳『英国経済学史論――一六・一七両世紀に於ける――』同文館、1929 年、147 頁。

(86) Dugald Stewart, *Elements of the Philosophy of the Human Mind*, London, 1792, in Sir William Hamilton, ed., *The Collected Works of Dugald Stewart*, Edinburgh, 1854-1858, rpt. Vol. II, Westmead, 1971, p. 183.

(87) William Petty, *Observations upon the Dublin-Bills of Mortality 1681, and the state of that City*, London, 1688, in C. H. Hull, ed., *op. cit.*, Vol. II, p. 481.

(88) Wilhelm Roscher, *a. a. O.*, S. 70. 邦訳、149 頁。

(89) 大内兵衛「ペッティーの生涯と業績」、前掲論文、81-82 頁。

(90) Eric Roll, *A History of Economic Thought,* London, 1938, 2nd ed., 1945, p. 101. 隅谷三喜男訳『経済学史』(上)、有斐閣、1954 年、121-122 頁。

(91) 竹内啓、前掲書、55 頁。

(92) また、後においては、経済学の発展において大きな足跡を残した、フランス重農学派の始祖フランソア・ケネー (François Quesnay) の『経済表』(*Tableau économique,* 1758) における農業を中心とした社会全体の再生産構造の分析、古典派経済学の完成者リカード (David Ricardo) の『経済学および課税の原理

(*On the Principles of the Political Economy, and Taxation*, 1817) における貿易に関する比較生産費説の主張などにおいても、この方法を中心的な方法として用い、その論述が展開されている。マルクスの「再生産表式」(Schema of Reproduction) もまた、この方法を用いている著しい例である。さらにいうならば、19世紀の後半以後に、ジェヴォンズ (W. S. Jevons)、メンガー (Carl Menger)、レオン・ワルラス (Léon Walras) などをその代表者として展開された限界理論も、算術的方法における仮説的な数値を代表記号で置き換えることによって、より一般的な形での議論に発展させたものであるといってよいであろう。

(93) 竹内啓、前掲書、57頁。
(94) 同上。

第6章　公共経費の再検討―租税制度改革の前提―

第1節　公共経費の種類―国家の諸機能―

　ペティは、『租税および貢納論』で租税について論述するに当たり、各種公共経費（国家の諸機能）の検討からはじめている。これは、ペティが、国家収入の問題を取り扱おうとする場合には、合わせて経費についても触れる必要があることをよく認識していたためである。ペティは、「主要で自明」な公共経費として、次の六つを挙げている。ペティが詳細に叙述している内容を要約すれば、以下のようになる。

　①陸海の国防、国内国外の治安、ならびに他国からの侵害に対する正当防衛の経費[1]。この経費が公共経費となることは、ペティの眼前で繰り広げられた国内および国外における対立・抗争という17世紀のイギリスの情勢から見て、自明のことであった。したがって、ペティはそのことについて一言も触れていない。ただ、ペティは、ホッブズの影響を受けて、この経費増大の原因となる戦争、とくに内乱誘発の原因を深く追究している[2]。

　②元首およびその他の統治者たちの生活維持費、ならびに裁判、処刑、犯罪予防に要する経費[3]。ペティにあっては、国内治安の維持に必要なこの経費の公共性についても、あらためて説くまでもないものであった。ただし、元首費については、それに相応な額を割り当てなければならない理由を、ペティは次のように述べている。「かりに、非常に多くの者がその仲間の一人を国王と呼ぶにしても、この選定された君主の見栄が他より際立って立派に見えないかぎり、また自分のいうことに服従し、自分を喜ばせて他の者には逆のことをなす者に褒賞を与えないかぎり、たとえかれがたまたま仲間の誰

よりも優れた肉体的あるいは精神的能力を身に付けていようとも、かれを選定することにはほとんど意義がない」[4]と。ここで、注目すべきことは、ペティが、元首費と文政費との厳密な分離は別として、従来国王の自己収入によって充足させてきたそれらの経常的支出を、公共経費にあげて議会的収入に依存させなければならない必要について、明らかに認識していることである[5]。

③人間の魂を監督し、その良心を教導するために要する経費[6]。この経費に対しては、当時、反対論があった。そこで、ペティは、この経費の公共性をとくに論証する必要を認め、「この経費は、あの世に関するもので、しかもそこでの各人の特殊な利害に関するものであるから、この意味において公共的経費たるべきではない」[7]という見解に対して、「人間というものがいかにやすやすと法律の目をかすめ、証拠のあがらない犯罪を犯し、証言を不純にしたり歪曲したりして、法律の意義や主旨を曲げる等々のことをするかを考慮するならば、神の掟に通じている人たちを養成するために、公共的経費を貢納する必要がある」[8]と反論を加える[9]。

④諸々の学校および大学、とくに読み・書き・算術以上に高度の教育をほどこすかぎりでの学校や大学のために要する経費[10]。この経費についても、大部分の学校が、「特殊な人たちの寄贈物にすぎないか、または特殊な人たちが自己の計算においてその金と時間とを費やしている場所」[11]となっていた当時の事情においては、公共経費とするには疑問があった。しかし、ペティは、「それらの目的が、自然の一切の働き（operations）を発見できるように仕向けるために、最高至善の・天賦の才智ある人たちに、ありとあらゆる援助を与えることになるならば、それが不都合なものでないことは疑う余地もなかろう」[12]として、当然に公共経費であるべきであると主張する[13]。

⑤孤児・捨子の扶育費、無能力者・失職者の生活扶助費[14]。ペティが、これらの費用を公共経費とした理由は、食糧を得ようと思えば得られる者に、「こじきをするのを許しておくのは、一層経費のかかる扶養方法」[15]であり、また、「貧民の賃銀を制限し、そのために、かれらが無能力になったり、仕

事がなくなったりするときに備えて、なに一つ積みたてておけなくなるのを正当としながら、（他方では）かれらをしていやしくも飢え死にさせておくということは不当である」[16]と考えたからである。

⑥公道・河川・水路・橋梁・港湾などに要する経費[17]。身体の健全な失職者に対する取り扱いは、身体障害者に対するそれと異なって、公共的な事業につかせることができる。ペティが、この経費を公共経費として認めているのは、失業者を放置しておくことによって生じる労働意欲の減退を最も恐れたからである。ペティは、失業者対策のために、次のような徹底した見解すら表明している。「冗員の仕事についてであるが、外国の諸物品を費消しないような仕事につかせるがよい。そのうえでならば、かりにソールズベリ平原に無用なピラミッドを建設しようが、ストーンヘンジの石をタワーヒルにもってこようが、その他これに類することをしても、たいした問題ではない。というのはこういうことをすれば、最悪の場合においても、かれらの精神を訓練し、従順にし、そして必要が起きた際に、かれらの肉体を一層有利な労働の苦痛に耐えさせるものとするからである」[18]と[19]。

以上、要約すれば、ペティは、軍事費、行政・司法費、宗教費、教育費、社会事業費、公共土木事業費の六つのものを公共経費として挙げている。これらの経費は、確かにペティのいうように「主要にして自明なもの」であるが、必ずしも当時の国家の経費そのものではなかった。当時のイギリス国民が経費の内容に「疑念をいだき」「これらの経費を支払うのを好まない」状態であったことを反映して、ペティの経費論は単におざなりに社会通念としての国家の職務を述べようとしたのではないのである。それは、市民革命後におけるあるべき国家の姿を展望するものでもあった[20]。このことは、6種の経費のうち宗教費、教育費、社会事業費および公共土木事業費の四つの経費が、ペティ独自の提案であることによく表わされている。したがって、ペティは、軍事費と行政・司法費の二つの経費と異なり、それらの公共性を論証することにとくに意を注いでいる。ここで、われわれの注意を引くのは、ペティの挙げている6種の公共経費は、直接的にしろ、間接的にしろ、いず

れにせよ富の増大に寄与しうるものである、ということである。軍事、行政・司法活動は、国内外の平和と治安を維持し、人々の経済的活動を安全にしかも順調に行わしめることはいうまでもない。ホッブズの影響を大きく受けたペティにおいては、宗教に対する不当な圧迫もまた内乱の一因をなすものであるから、僧侶に対する生活を国家が保証するということは、ひいては安全かつ自由な経済活動を招来して国富の増大に貢献するものと考えられた。教育は個人の技量を高めて労働生産性を向上させ、社会事業は国家による雇用の合理性を高めて、一国における人的資源の効率的利用に資する。また、公共土木事業の促進は、明らかに富の増大に直結している[21]。

第2節　公共経費の節減―安価な政府の要請―

　ペティは、6種の公共経費中、軍事費、行政・司法費、宗教費、教育費の四つの経費については、その削減を主張し、社会事業費、公共土木事業費については、その積極的支出を提案している。すなわち、ペティは、軍事費については、「侵略的対外戦争を避けるためには、統治者の収入を少なくし、戦争を遂行するには不十分ならしめることが必要である」[22]とし、また、「防衛戦争は、被侵入国が戦争に対して無準備であることから惹起される。それゆえ、国内において常に戦争の態勢をとっているということが、外国からしかけられる戦争を遠ざける最も安価な方法である」[23]としている。これらの叙述から推察できるように、国防を軽視してはいないが、軍事費の増大には否定的である。後に指摘するように、ペティの立場からすれば、むしろその削減を主張しているといってよいであろう。行政・司法費については、「行政および法律に関する官職の経費を節減することについていうならば、問題は、不要の・過多の・また時代遅れの官職を廃止することにあるであろう。同時にまた、その他の官職の手数料を削減して、それら各々の仕事についての労働・技芸および信用が必要としている程度のものたらしめることにあるであろう」[24]と述べて、その削減を説いている。宗教費については、ペ

ティは、政治的・社会的・経済的変化があったにもかかわらず、教区や牧師職などには依然として変化がなく、無駄があると考える。そこで、ペティは、政治算術的方法を用いて、次のように必要な教区や牧師職数を計算し、それに基づいて整理統合や改革することによって、物的にも人的にも経費を削減することを提案する。すなわち、「イングランドおよびウェールズの人口が500万人にすぎないとすれば、教区は5,000あれば十分である。つまり、一教区当たり1,000人の信者で運営できる。しかし、ロンドンの中心では一教区当たり5,000人の信者が属している。この割合によれば、イングランドおよびウェールズでは1,000の教区で足りることになる。ところが、実際には約1万の教区が存在している。極端を避けて、教区を半減して5,000にすることによって、1寺禄を年当たり100万ポンドとすれば、50万ポンドを節約することができる。このほかに、教区の人員を半減すれば、現在2、30万ポンドの費用を要する僧正、首牧師および牧師会館、学寮ならびに寺院も半数で足りることになる」[25]と。さらに、教育費についても、ペティは、「神学・法律および医学などの職業の用途を減少させる」[26]ことによって学生数を減少させ、その削減に努めるべきであるという。ここでも、ペティは、やはり政治算術の方法を駆使する。神学生数の減少については、すでに宗教費の節減のところで述べたように、教区の整理統合とそれにともなう人員の減少によって可能であるという。法律学生数の減少については、ペティによれば、「登記制度が確立され、また各種の金融機関が設立されるならば、訴訟事件は10分の1に減少する。また、人口、土地およびその他の富の計算によって、法律家や代書人の数が調整されるならば、その数は100分の1で十分となる。しかし、実際には、これらの数は必要な数に対して10倍となっており、訴訟事件は、前述の改革が行われた場合に予想される数の10倍となっている。そこで、法律家や裁判所は、100分の1に減少させることができる」[27]ことになる。次に、医学生の減少についても、ペティによれば、ロンドンにおける病人の数を死亡者数から割り出し、ついで、ロンドンの人口とイングランドの全人口との割合からイングランドの病人の数を算出し、こ

れによってイングランドにおいて必要な医者の数を計算することができる。したがって、医学生の数も適当な数に抑制することができることになる[28]。

以上において見たように、ペティは、6種の公共経費のうち軍事費、司法・行政費、宗教費、教育費については削減を主張している。その理由は、これら4種の公共経費が経済社会に対して資することがわずかであると考えられたからである。しかし、それだけではない。ペティにおいては、これらの経費が削減されればそれだけ、租税徴収が容易かつ公平になると考えられたからである。ペティは、次のようにいっている。「もしも、行政、法律および教会に関連する多数の官職ならびに報酬が節約され、また神学者、法律家、医者……の数も節減されるならば、これらすべての者は社会に対して行なうきわめてわずかな仕事に対して、巨額の報酬を得ている者であるから、公共の費用はどれほど大きな安らぎをもって支弁されることであろうか、そしてその課徴もまた、どれほど公平になされるようになることであろうか」[29]と。こうして、ペティが租税問題の検討に先だって公共諸経費の妥当性を再検討しているのは、とりもなおさず、まず国民の負担軽減を図ることによって、理想的租税制度の確立に向けた改革のための前提条件を整えようとしたためである。また、租税負担の軽重の判断に際しては、公共経費の支出面をも含めて、すなわち財政収支全体を考慮して行うことが必要であると考えていたからである。なお、ペティは、社会事業費と公共土木事業費の両経費については積極的支出を主張している[30]。この理由は、これらの経費が富の増大に大いに寄与するものであると同時に、これによって公共経費がはなはだしく増大するとは思われず、また国民の理解も容易に得られると考えたからである。

ペティの『租税および貢納論』は、そもそも租税政策の原理を提示することを目的とするものであった。その場合に、ペティが財政収入と公共経費との相対的関係によって租税問題に取り組み、租税原理とそのとるべき方策とを均衡概念によって解明しようとしたことは、租税論史上において画期的なことであった。ペティの時代には、財政収入のうちに占める租税収入の割合

は、相当に高くなっていた。このことは、イギリス財政がその国民経済を対象としないかぎり、それを維持することが困難である状態を露呈しているものであって、その前途において、経費政策論の台頭、非均衡的・国庫目的主義的財政運営の崩壊および国民経済主義的財政への展開は不可避であることを予知させるものであった。しかし、当時のほとんどの論者は、租税に関しては論評しているが、その租税の起因としての公共支出、すなわち租税収入の前提としての公共経費については触れていない。このことは、とりもなおさず、ペティの展開した租税論の革新性を示すものである(31)。

また、ペティの公共経費調節は、一面において、「最良の財政計画は最小の経費」という、いわゆる「安価な政府」(cheap government) としての自由主義国家観にも通じるものであった。ペティの挙げている6種の公共経費は、民間部門では実施が困難であるか、あるいは不適当と思われるもののみである。したがって、ペティは、1世紀後に登場することになるアダム・スミスに先んじて、すでに自由社会を要望し、「安価な政府」を希求していたと見て大過ないであろう(32)。さらにいうならば、こうしたペティの公共経費体系論は、今日財政原則の一つとして重要な役割を演じている、収支均衡原則あるいは量出制入原則への手がかりを与えているといってよい。

注
（1）William Petty, *A Trestise of Taxes and Contributions,* London, 1662, in C. H. Hull, ed., *The Economic Writings of Willam Petty,* Vol. I, Cambridge, 1899, p. 18. 大内兵衛・松川七郎訳『租税貢納論』岩波書店、1952年、37頁。
（2）*Ibid.,* pp. 21-25. 邦訳、42-45頁。
（3）*Ibid.,* p. 18. 邦訳、37頁。
（4）*Ibid.* 邦訳、37-38頁。
（5）大川政三「ウィリアム・ペティの租税論」、『一橋論叢』（一橋大学）第29巻第1号、1953年1月、63頁。
（6）William Petty, *Treatise of Taxes, op. cit.,* p. 18. 邦訳、38頁。
（7）*Ibid.,* p. 19. 同上。
（8）*Ibid.* 邦訳、38-39頁。
（9）ペティは、『政治算術』においても、オランダの宗教政策を見習うべきであ

るとしている（Cf. William Petty, *Political Arithmetick*, London, 1690, in C. H. Hull, ed., *The Economic Writings of Sir Willam Petty*, Vol. I, Cambridge, 1899, p. 262. 大内兵衛・松川七郎訳『政治算術』岩波書店、1955 年、182-183 頁）。
(10) William Petty, *Treatise of Taxes, op. cit.,* p. 19. 邦訳、39 頁。
(11) *Ibid.,* pp. 19-20. 同上。
(12) *Ibid.,* p. 20. 邦訳、40 頁。
(13) 大川政三は、ペティが宗教費とともに教育費を公共経費に組み入れて国家活動の範囲をこの方面にまで拡大しようとした真の意図は、ホッブズの意を受け継いで、教会に対する国家主権の優越性を確立しようとすることころにあった、としている（大川政三、前掲論文、64 頁）。
(14) William Petty, *Treatise of Taxes, op. cit.,* p. 19. 邦訳、40 頁。
(15) *Ibid.* 同上。
(16) *Ibid.* 同上。
(17) *Ibid.* 同上。
(18) *Ibid.,* p. 31. 邦訳、57 頁。
(19) このような、一見浪費的とも思われる支出に意義を認める見解は、後のケインズによる有効需要論においても見出すことができる（Cf. J. M. Keynes, *The General Theory of Employment, Interest and Money*, London, 1936, p. 129. 塩野谷九十九訳『雇傭・利子および貨幣の一般理論』東洋経済新報社、1970 年、155-156 頁）。しかし、ペティにあっては、慈善的救済のみに依存して交換経費の一因子としての働きをなそうとしない貧民の労働意欲を喚起して、かれらを交換経済の循環の中に取り込み、それによって生産活動の活発化を図ることに重点が置かれている。これに対して、ケインズにあっては、非自発的失業の解消、それによって導かれる有効需要の増加、国民所得の増大に究極の目的が置かれている。この点に、両者の差異が存する。
(20) 宮本憲一「ペティ財政学の位置—財政学の生成過程に関する一研究—」、『法文学部論集』法経篇 I（金沢大学）1954 年 3 月、130 頁。
(21) 大淵利男『イギリス財政思想史研究序説—イギリス重商主義財政経済論の解明—』評論社、1963 年、287-288 頁。
(22) William Petty, *Treatise of Taxes, op. cit.,* p. 22. 邦訳、42-43 頁。
(23) *Ibid.* 邦訳、43 頁。
(24) *Ibid.,* p. 25. 邦訳、49 頁。
(25) *Ibid.,* pp. 23-24. 邦訳、45-46 頁。
(26) *Ibid.,* p. 26. 邦訳、50 頁。
(27) *Ibid.,* p. 27. 邦訳、51 頁。
(28) *Ibid.* 同上。ペティは、これらの経費の節減のために、法律家、僧侶、医師などの必要人員を計算しているが、これによって、実際にこれらの階層の過剰人

員を整理し人的資源の合理的配置の実施を構想していたのであれば、国家的統制主義ということになる。なお、これに関連して、卸売商と小売商も富の増大に寄与しない不生産的階層として、次のように厳しく批判している。「これらの人たちは、貧民の労働をたがいにもてあそんでいる博徒であって、社会からは、本来的に・そして本源的になにものを稼ぎとることはしない徒であり、また、政治体の血液を養液、すなわち農業および製造業の生産物を前後に分配する静脈および動脈のほかにはなんらの果実もけっして生み出さない徒である」と (William Petty, *Treatise of Taxes, op. cit.*, p. 28. 邦訳、53頁)。そればかりではない。ペティは、「わが国の農産物・製造業・消費および輸入についての記録が発達すると、わが国の過剰の諸物品を他国のそれと交換しうるためにははたしていく人の卸売商が必要であるかがわかるであろうし、またこの国のあらゆる村にまで再分配し、その村々から過剰物資を受け取って帰るには、はたしていく人の小売商が必要であるかがわかるであろう」として、卸売商および小売商の社会的必要数の算定にまで及んでいる (*Ibid.*, p. 28. 同上)。

(29) *Ibid.*, pp. 28-29. 邦訳、53-54頁。
(30) ペティが、公共経費の生産性をどのように考えていたかは、必ずしも明らかではない。しかし、ペティが、社会事業費と公共土木事業費の増額を主張していることは、マルサス（T. R. Multhus）を経てケインズの雇用理論にまで結びつきうる性質をもつものであった。
(31) 岩下篤廣『財政経済主要理論の歴史的研究』崇文荘書店、1975年、163-164頁。
(32) 山﨑怜『《安価な政府》の基本構成』信山社、1994年を参照せよ。

第7章　税外収入論—租税国家の要請—

第1節　中世的・封建的特権収入論

　ペティが、『租税および貢納論』で取りあげている具体的な財政収入形態とその体系は、整理すると、次のようなものであった。①官有財産収入—官有地収入、②官業収入—富籤、販売独占、銀行および質屋営業、海上および火災保険経営、慈善事業、未成年者・狂人白痴者の保護事業、遊技場・娯楽施設の経営、橋梁・道路・渡船場の経営、③特権的収入—独占（発明の権利に関するものおよび新しい製造の導入に関するもの）、官職（売官料および官職保持料）、④行政的収入—罰金、貨幣改鋳収入、⑤租税収入—地租、家屋税、関税、人頭税、ご用金、10分の1税、財産税、通行税、ユダヤ人税、内国消費税、などである[(1)]。

　まず、ペティは、税外収入たる官有財産収入、官業収入、特権的収入および行政的収入について、国家収入の見地からその是非について次のように検討を行っている。

　①官有財産収入。この種の収入については、ペティは、王領地からの収入についてだけ述べている。その場合に、ペティは、土地による収入の一部を国家が財政収入として獲得する方法として、王領地制度と地租制度とを比較し、「二つの方法のうち、後者の方が明らかにまさっている。国王にとっては、この方法が一層安固であるし、また一層多くの納税義務者をもつからである」[(2)]として、地租による方法を支持している。ペティが王領地よりも地租を支持する論拠として示しているのはこれだけであり、あまりに簡単すぎてその真の意味を把握することは困難である。しかし、この時代における王

ペティの財政収入体系

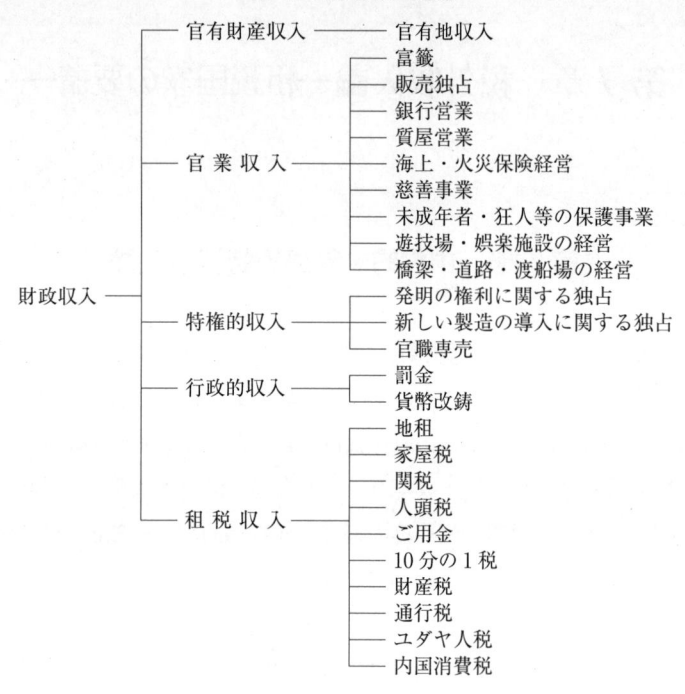

- 財政収入
  - 官有財産収入 ── 官有地収入
  - 官業収入
    - 富籤
    - 販売独占
    - 銀行営業
    - 質屋営業
    - 海上・火災保険経営
    - 慈善事業
    - 未成年者・狂人等の保護事業
    - 遊技場・娯楽施設の経営
    - 橋梁・道路・渡船場の経営
  - 特権的収入
    - 発明の権利に関する独占
    - 新しい製造の導入に関する独占
    - 官職専売
  - 行政的収入
    - 罰金
    - 貨幣改鋳
  - 租税収入
    - 地租
    - 家屋税
    - 関税
    - 人頭税
    - ご用金
    - 10分の1税
    - 財産税
    - 通行税
    - ユダヤ人税
    - 内国消費税

領地の財源としての意義を見てみると、ペティが王領地よりも地租を支持した理由がより明らかとなる。王領地による粗収入は、1605年には14.5万ポンド、1621年には約11.5万ポンド、1630-1635年には約12.8万ポンド、1641年には約12.4万ポンドであった[3]。その後、1650年代の王領地の乱売によって国王の土地財産は減少し、王政復古期には王領地からまとまった収入を得ることは望めなくなっていた。1670年代には、第二次対オランダ戦争の負債からくる危機を乗り切り、さらに追加的資金の確保を図るために王領地は一層減少し、年額3,000ポンド強を得ていたにすぎなかった[4]。こうした当時の状況を考慮するとき、ペティが王領地収入を否定していたと見て大過ないであろう[5]。

②官業収入。まず、富籤収入について、ペティは、基本的に富籤業を民間

に委ねることには不賛成であり、半官半民的なものにすべきであると考えていた。しかし、その場合には、収入は僅少となり、財政収入として論じるほどのものではないと論断する[6]。次に、販売独占について、ペティは、この時期に行われていた、石炭、塩、石鹸などの専売のうち、塩を例にとり、これは最も単純な人頭税と同様のものであると考える[7]。ペティは、後に述べるように、人頭税を不公平なものとして否定しているのであり、したがって人頭税の性格をもつ塩の専売に代表される販売独占収入を、否定していると解してよいであろう。さらに、ペティは、かれがヨーロッパ大陸において見聞した特殊な官業収入を列挙している。それは、官営銀行業、官営質屋業、官営保険業、官営の慈善事業、未成年者・狂人・白痴者の保護事業、遊戯場・娯楽施設の経営、橋梁・道路・渡船場の経営、などによる収入である。これらの収入については、ペティは、個別的にその是非を具体的に述べていない。ただ、これらの収入について述べている箇所の標題「貨幣を徴収するための種々の比較的小規模な方法について」からも推知されるように、ペティは、これら一切の収入を、あまりにも少額なものであるので、くわしく論じるに足らない類いのものであると考えていたようである[8]。なお、厳密にいえば、慈善事業と保護事業は、社会政策の実施を意味するものであって、官業といえなくはないが、そもそも収入を予定すべきものではない。

③特権的収入。ペティは、独占について、発明の権利に関する独占と、新しい製造方法の導入に関する独占とに分けて論じている。ペティによれば、発明の権利に関する独占とは、発明者を保護する目的で、一定期間、発明の独占を許可するものである[9]。また、新しい製造方法の導入に関する独占とは、なんらかの商品に関する優れた製造方法が、一人の熟練した特定の職人のみによって実施され、他の職人によってはうまく行われえない場合に、一定期間、その職人の長に当該製造の独占を許可してほかの職人たちを指導させ、かれらが同様にうまく製造しうるようにすることである[10]。こうして、独占を与えられた者から徴収する独占許可料が財政収入となるのであるが、ペティは、この種の収入についても、少額であるため多くを論じるに足らな

いといっている。次に、ペティは、イギリスの行政府に一貫して現われた官職販売（sale of offices）も機能および職業に関する独占の一種であるとして、財政収入の見地からその是非について検討を加えている[11]。ペティは、官職の現状について、かつてのように国家がいまだ十分に発達していなかったときには官職の数は少なく、また官職を遂行することは相当に困難で責任も重かったが、その後の国家の発達によって官職の数が多くなり、国家機構が整備されて官職の仕事が容易となったにもかかわらず、売官料や官職保持料は以前と同様のままである、と批判している[12]。ペティは、この官職販売にともなう収入そのものの是非については直接には論じていないが、官職の現状を批判している点から見て、このような収入も望ましくないものであると考えていたと推測してよいであろう[13]。

④行政的収入。まず罰金については、これはペティが提唱しているきわめて特異な収入形態である。ペティは、通常行われている刑罰の方法として、死刑、身体の損傷、投獄、不名誉、一時的体刑、大拷問および罰金を列挙し、あらゆる刑罰を罰金刑にすることを提案する[14]。すなわち、「国家が、その成員を殺害したり、その手足を切断したり、投獄したりするのは、同時に国家自身をも処罰することにほかならない」[15]「この見地から、このような処罰はできるかぎり避けなければならず、それらは労働と公共の富とを増加する罰金刑に換刑されるべきである」[16]と。そして、ペティは、換刑された罰金も、当該者の財産の状態に応じて、富裕な者からは多く、貧困な者からは少なく徴集し、破産者であれば強制労働につかせるのがよいと主張する。しかし、ペティは、犯罪の種類と程度に応じて、どのような比率と標準で罰金を課したらよいのかまでは述べていない。いずれにしても、ペティは、罰金を支持しているのであるが、それはあくまでも人間の労働力に着目してその労働力保全の立場からのものであって、財政収入の立場からはその是非についてなにも触れていない。したがって、罰金収入それ自体についてのペティの考えは、不明である。最後に、「貨幣の切り上げ・切り下げ、すなわち粗悪化」たる貨幣の改鋳については、当時、国王の特権において重要な地位を

占めていた[17]。しかし、ペティは、この貨幣改鋳という特権の乱用による弊害について、これが財政収入獲得の手段として行われる場合には、租税賦課と同様の作用をもたらすものであることを、次のように指摘している。「国家が、貨幣を増殖するためには、またそうすることによって、貨幣を従来以上のものに思い込ませるために、その国の貨幣の名目価値を引き上げたりまたはその素材を粗悪化したりすることがしばしばあった。……これらすべては、国家が人々に債務を負いながら、課税することにほかならない。そうでないにしても、人々に返済しなければならない借金を国家が使い込んだことであり、同様に、また、恩給・固定地代・年金・手数料・賜金などで生活している人たちすべてに対して、租税同様の負担を負わせることである」[18]と。つづいて、ペティは、「貨幣の引き上げ、または、その粗悪化は人々に対するきわめてみじめな、しかも不公平な課税方法である」[19]として、貨幣改鋳による財政収入の獲得方法を鋭く非難している[20]。

　ペティは、租税収入を除いて、その他の封建的な官有財産収入、官業収入、行政的収入に対して、概して否定的あるいは消極的立場をとっている。その主な理由は、それらがすでに時代遅れのものであり、また徴収しても少額の収入しか期待できなかったからである。このことは、後期官房学派の代表的学者であり、しかもアダム・スミスと同時代人であったドイツのユスティ（J. H. G. von Justi）が、王室の収入源として、第1に王領地収入、第2に特権収入を挙げ、なお不足する場合にはじめて租税収入によるべしと主張した見解とは、著しい対照をなすものである[21]。これは、ペティが、すでにカメラリストやマーカンティリストの域を脱して、古典学派、とくにスミス租税論の先駆的存在であったことを示す証左であると見てよいであろう。中世以来、国王の収入の基礎であった、いわゆる特権的・初期重商主義的収入の否定は、「国王は、自己の収入で生活すべきである」という原則論との決別であり、「財政収入は租税収入たるべし」という、シュンペーターの「租税国家」成立への要請であるといってよい。

　ところで、租税は、国民経済とくに財政において、けっして絶対的、純粋

経済的範疇に属するものではなく、歴史的範疇に属するものである。今その発生を理論的に考えれば、その前提としてまず一方においては、個人の自由と所有財産が存在し、他方においては、国家の経済的活動の存在することを要する。さらに、租税発生の第2次的条件は、国家の経済的活動が租税を必要とし、かつこれを要求する意思を有することであろう[22]。これらの観点から、ペティの「租税国家」の主張を見れば、当時のイギリスが、私有財産制度と自由とを背景とする個人主義、自由主義時代を迎えつつあったことを示すものであり、また国王の中世封建的収入を基礎とした有産国家から無産国家への移行という現実を反映したものである。否むしろ、それらの一層の促進を要請したものであった、といった方が正しいであろう。このことは必然的に、領地経済から租税経済への移行、専制国家から立憲国家への移行を意味する。ペティの「租税国家」の要請は、こうしたイギリス経済社会の変化をいち早く見抜くとともに、その一層の進展を期待したものであったのである。

第2節　公債収入論

シンクレア（John Sinclair）によれば、イギリスにおいて、公債の萌芽的形態は、すでに13世紀のころに認めることができる[23]。チャールズ一世の時代ともなれば、公債は、国内課税および関税とともに、国庫の基本的な源泉となっていた[24]。そして、1660年以降チャールズ二世の王政復古の時代にかけて、公債制度はしだいに整備されていった。その推進力となったのは、ひとえに財政赤字の膨張であった。すなわち、1653年の長期議会解散当時、依然として支払い能力を有していた国家財政は、第一次対オランダ戦争が終結した1654年以降、毎年20万ポンドないし150万ポンドを超える大幅な赤字を計上するに至った[25]。このような財政赤字の膨張の大部分が、公債の発行によって賄われたのである。しかし、公債制度の近代化がいまだ不十分なものであったために、公債発行の困難さのみならず、その他の種々の問題

をも引き起こしていた⁽²⁶⁾。このような公債をめぐる状況の中にあって、ペティは、主著『租税および貢納論』を執筆し、同書をもってかれは、「イギリスにおいて、財政に関する問題全般を、組織的に取り扱った最初の学者である」⁽²⁷⁾と称されている。さらに、同書に対しては、「財政におけるほとんど全域を包括して論及している」⁽²⁸⁾と評されている。

しかし、ペティは、『租税および貢納論』において、当時、財政上の大きな問題となっており、しかも近代財政学の主要な内容をなしている公債の問題については、ほとんど触れていない。先に、ペティの封建的な官業・官有財産収入およびその他の初期重商主義的収入に対する考えを概観したが、かれは、これらの収入方法には多くを期待せず、むしろ原則的には、消極的・否定的な見解をとっている。封建的収入制度の否定は、とりもなおさず、財政収入は租税収入たるべしということになるのであって、財政は租税経済たるべきことを主張しているのである⁽²⁹⁾。しかも、ペティの租税主義の主張は、単に租税収入を財政収入の大宗とすべきで、官業・官有財産収入や公債収入をある程度は認めるというのではなく、ほとんど絶対的に租税収入のみに依存すべきであるというものである。これは、ペティが自由主義をもって国家政策の基調とすべきであると考えていたことに基づくものである。自由主義の立場に立てば、国家の職務をできるかぎり制限して、公共経費をできるかぎり圧縮すべきであり、このためには、公債依存を認めることは危険であり、租税のみですべての公共経費を支弁する方針を確立しなければならないのである⁽³⁰⁾。

封建的な官業・官有財産収入の否定と、租税収入の肯定についてのペティの主張は、主として平時財政におけるかれの収入論ともいうべきものである。それでは、非常臨時の場合に求められる巨額な支出に対して、ペティは、いかにしてその資金を調達しようとしていたのであろうか。ペティは、『政治算術』において、オランダ国民が他国民に比較してより重い租税負担をなしつつも、なお富強である原因を租税政策に求めている。ここにおいて、ペティは、「イギリス国王の臣民の全支出の10分の1で──もしこれが規則的に課

税・調達されるならば——ゆうに1万の歩兵・4万の騎兵、4万の水兵を維持し、経常・臨時の双方についての政府のいっさいの経費を賄うことができる」[31]と、いっている。このことを論証するために、ペティは、国民がすべて忠良の吏であることを前提として一つの計算表を作成する。すなわち、ペティは、国民一人当たりの1年間の平均支出を7ポンドと計上し、人口を1,000万とすれば、総支出の1割すなわち700万ポンドを得、これをもって先の全公共経費に充てるべきであるとする。ただし、ペティによれば、平時においては、1年間の公共経費は60万ポンドであるという。これに加えて、ペティは、国民が裕福であれば、国民所得はその支出を超過することになるため、支出の1割は所得の1割以下であるようになるという。のみならず、人々がその支出の5分の1を節約し、その生産の努力を5％強化して1割の租税を提供することは、経験からいって耐えられることであるという。いわんや、有事に際して、以上のようなことは、一層容易であるという[32]。このように、ペティは、国民の総支出の1割を租税によって規則的に徴収すれば、大軍を支えて大戦を遂行しうると考えていたのである。このような、非常時における公共経費を公債によることなく、租税によって支弁しようとする見解は、『賢者一言』において、最もよく表明されている。

　すでに述べたように、『賢者一言』は、『租税および貢納論』執筆の約3年後、すなわち1665年の後半に、商権の制覇を目的として戦われた第二次対オランダ戦争によって、イギリス王国の財政が著しく窮迫し、大増税が実施されたとき、その戦費の合理的調達方法を示すために執筆された論策である[33]。この書の序論において、ペティは、次のようにいっている。「多くの人が、関税・内国消費税・煙突税などとして、比較的無意識にまた直接支払っているもの……のほかに、毎月わずか7万ポンドの租税調達に貢献するため、その全資産の10分の1を強制的に支払わされているところからすると、もしオランダとの戦争が、昨年どおりの価値を支出しながら、もう2年もつづくならば——陛下が債務をおこしたまわざるかぎり——これらの人たちは、1665年のクリスマス以降、自己の全資産の3分の1を支払わねばならぬと

いう事態が生ずるにちがいない」⁽³⁴⁾と。さらに、つづけていっている。「しかしながら、もし公共的経費が比例的に課せられるならば、たとえ租税が月額25万ポンドに増額される場合でさえも……自分の全財産の10分の1以上を支払う人は一人もいないはずである」⁽³⁵⁾と。これらの記述に見られるように、ペティは、租税の負担が公平になされるならば、対オランダ戦争の費用を十分に賄うことができると考えていた。したがって、戦費といえども、これを公債によって調達することには否定的であったのである⁽³⁶⁾。

　さらに、後に述べるように、ペティは、地租、家屋税、関税、人頭税、ご用金、内国消費税、10分の1税、財産税、通行税、ユダヤ人税などの各種租税を取りあげ、これらの優劣を比較検討している。その際の基準については、多少の混乱が見られるが、主として「負担の公平」という観点から、内国消費税以外の諸税をほとんど否定している。しかしながら、ペティは、『賢者一言』においては、『租税および貢納論』で展開した内国消費税絶対主義を修正し、地租、家屋税、その他の動産税、関税、人頭税および煙突税などの諸税も認めるに至っているのである⁽³⁷⁾。このことは、戦時といえども公債の発行を認めず、あくまでも租税主義を貫こうとする、ペティの強い意思の表われであると考えられる。これは、かれの自由主義国家観では、公共経費の膨張を欲しないのであるから、公債は公共経費を増大させ、財政を不健全にならしめ、また資本の蓄積を阻害すると考えられたからである⁽³⁸⁾。いずれにせよ、ペティは、非常時の戦費においても公債を排斥して租税主義を採用しようとしているのであるから、いわんや、通常の公共経費を公債によって支弁することには反対であったと考えてよいであろう⁽³⁹⁾。このような、戦時公債を排斥して租税収入をもって戦費を支弁するべきであるという主張は、その後、ダヴナント、ヒューム、リカード、ミル（J. S. Mill）およびアダム・スミスなどによって力説され、またピット（William Pitt）やグラッドストーン（W. F. Gladstone）のような政治家によって実行されることになるのである⁽⁴⁰⁾。

注
（1）菅原修「ウィリアム・ペティの累積的国内物産税論について」、『富山大学経済学部論集』(富山大学) 第10号、1956年6月、78頁。
（2）William Petty, *A Treatise of Taxes and Contributions,* London, 1662, in C. H. Hull, ed., *The Economic Writings of Sir William Petty,* Vol. I, Cambridge, 1899, p. 39. 大内兵衛・松川七郎訳『租税貢納論』岩波書店、1952年、69-70頁。
（3）R. W. Hoyle, ed., *The Estates of the English Crown 1558-1640*, Cambridge, 1992, pp. 10-11.
（4）C. D. Chandaman, *The English Public Revenue 1660-1688*, Oxford, 1975, pp. 110-115.
（5）王領地の財源としての意義が小さかったのは、次のような理由による。第1に、当時、行政手段が貧弱であったため、獲得可能な収入を最大限に確保することはおろか王領地の保有状況を把握することすら困難であり、またその保有態様もきわめて複雑であった。第2に、王領地が単に財政的資産としてしか考えられておらず、恩顧や報償手段など他の目的への土地利用が国王にとってその財政的価値を減じていた。第3に、戦争など緊急時に巨額の資金を調達するためにしばしば王領地が売却され、土地経営改善への誘因がとぼしかった (M. J. Braddick, *The Nerves of State, Taxation and the financing of the English state, 1558-1714,* Manchester, 1996, p. 52. 酒井重喜訳『イギリスにおける租税国家の成立』ミネルヴァ書房、2000年、66-67頁)。
（6）*Ibid.*, p. 65. 邦訳、111-112頁。
（7）*Ibid.*, p. 74. 邦訳、128-129頁。
（8）*Ibid.*, p. 83. 邦訳、143-144頁。
（9）*Ibid.*, p. 75. 邦訳、129-130頁。
（10）*Ibid.* 邦訳、131頁。
（11）*Ibid.*, p. 75. 邦訳、131頁。財政手段としての官職販売は、当時、フランス、イタリア、スペインなどでも行われた。イギリスで大々的に行われたのは、1540年代、1620年代、王政復古期である (Cf. Penry Williams, *The Tudor Regime*, Oxford, 1979, pp. 85-107)。
（12）*Ibid.*, pp. 76-77. 邦訳、132-133頁。エイルマーによれば官職販売は、国王の重要な収入源ではなかった (Cf. Gerald Aylmer, *The King's Servants: The Civil Service of Charles I, 1625-1642*, London, 1961, p. 246)。
（13）*Ibid.*, p. 67. 邦訳、116-117頁。
（14）*Ibid.*, p. 68. 邦訳、119頁。
（15）*Ibid.* 同上。
（16）*Ibid.* 同上。
（17）貨幣の悪鋳は、国王の財政上の貧困や貨幣不足などから、かなり早い時期か

ら行われていたもので、14世紀のはじめごろから貨幣の量目が減少しはじめている。1ペンス＝1銀貨の重量は、1100年の22.5グレインから1300年の22グレインと200年間ほとんど変化していなかったが、1346年には20グレイン、1412年には15グレイン、1527年には10.5グレインと、14・15世紀の200年間に半減している（山村延昭『イギリス経済史概説』（上）、未来社、1979年、123頁）。なお、貨幣の悪鋳は、16世紀に入ると量目減少から品位低下にとって代わり、ヘンリー八世治世下の1543年からはじまる悪鋳では、銀貨の純分は、同年に10オンスであったものが、1546年には4オンスに低減し、金銀の比価は1543年の1：10から、1：5となった（小松芳喬『封建英国とその崩壊過程』弘文堂、1947年、215頁）。こうした悪鋳による貶質に対して、すでにヘイルズは、イギリスにおける重商主義思想の最初の文献とされている著作の中で、悪鋳によって国民が貧しくなることを通じて結局国王も貧しくなるのであって、戦争時に軍事品を調達するために十分な資金が徴収できなくなる危険を指摘している（John Hales, *A Discourse of Common Weal of this Realm of England*, London, 1581, ed. by Elizabeth Lamond, Cambridge, 1893, rpt. 1954, p. 78. 松村幸一・尾崎芳治・武暢夫・山田浩之・山下博訳「イングランド王国の繁栄についての一論」〔出口勇蔵監修『近世ヒューマニズムの経済思想―イギリス絶対主義の一政策体系―』有斐閣、1957年、所収〕、92-93頁）。

(18) William Petty, *Treatise of Taxes*, op. cit., p. 84. 邦訳、146頁。

(19) *Ibid.*, pp. 90-91. 邦訳、156頁。

(20) この貨幣の悪鋳については、貨幣の問題を集中的に取り扱った『貨幣小論』においても論述されている（Cf. William Petty, *Quantulumcunque concerning Money*, London, 1695, in C. H. Hull, ed., op. cit., pp. 339-448. 渡邊渡訳「貨幣小論」、『大倉学会雑誌』改巻第18号、1948年11月、83-98頁）。

(21) Vgl. J. H. G. von Justi, *System des Finanzwesens*, Halle, 1766. rpt. Neudruck, 1969, S. 177. 池田浩太郎・大川政三『近世財政思想の生成』千倉書房、1982年、118-119頁。

(22) 大畑文七『国家租税論』有斐閣、1934年、39-51頁。

(23) John Sinclair, *The History of the Public Revenue of the British Empire*, Vol. I, London, 1788, p. 380.

(24) H. E. Fisk, *English Public Finance from the Revolution of 1688*, New York, 1920, p. 49.

(25) M. Ashley, *Financial and Commercial Policy under the Cromwellian Protectorate*, London, 1934, new imp. 1972, p. 68. 池田嘉男「イギリス市民革命の租税構造」、『歴史』（東北史学会）第28輯、1964年3月、15頁。

(26) この点については、竹本洋「王政復古期における公債」、『大阪経大論集』第166号、1985年7月を参照せよ。

(27) 井手文雄『古典学派の財政論（増訂新版）』創造社、1960年、14頁。
(28) 大淵利男『イギリス財政思想史研究序説―イギリス財政経済論の解明―』評論社、1963年、337頁。
(29) 井手文雄、前掲書、157頁。
(30) 同上書、158頁。
(31) William Petty, *Political Arithmetick*, in C. H. Hull, ed., *op. cit.*, p. 305, 邦訳、133頁。
(32) *Ibid.*, p. 306. 邦訳、134-135頁。阿部賢一「サー・ウィリアム・ペティの経済財政学説」、『同志社論叢』第2号、1920年6月、61-62頁。
(33) 松川七郎「『賢者には一言をもって足る』について」（大内兵衛・松川七郎訳『租税貢納論』岩波書店、1952年、所収）、224-225頁。
(34) William Petty, *Verbum Sapienti*, London, 1691, in C. H. Hull, ed., *op. cit.*, p. 103. 大内兵衛・松川七郎訳『賢者には一言をもって足る』（同訳『租税貢納論』岩波書店、1952年、所収）、168頁。
(35) *Ibid.*, p. 103. 邦訳、169頁。
(36) 大淵利男は、これらペティの章句に関して、「かれがまったく公債を否定し去っているのであれば、"……provided His Majesty be kept out Debt"、という文字は抹殺されていても、一向にさしつかえないことである」として、かれペティが、戦時財源としてのみならず、平時においても公債発行を認めていたとしている（大淵利男、前掲書、329-331頁）。
(37) くわしくは、井手文雄、前掲書、136-142頁を参照せよ。なお、この点に関して、池田浩太郎は、「推奨すべき税種とペティが考えているものには、時には所によって表現に若干の相違がみられる。しかし、この差異のよって来るところは、問題になっている当の租税の使用目的、すなわち、それが経常支出に当てられるのか、あるいは臨時支出に当てられるのか、また期待すべき税収の多寡がどれ程のものであるか、というような考察の前提条件に主としてかかわるものである。さらには、推奨すべき税種を原理的に考察しているのか、現実的収入制度の上に立ってこれを検討しているのか、というような立場の相違に基づいた推奨税種の相違も考えられるであろう」としている（池田浩太郎・大川政三、前掲書、18-19頁）。
(38) これに対して、松下周太郎は、過去の公債理論を楽観説、悲観説および中庸説の三つのグループに分け、ペティを楽観説に分類している（松下周太郎『財政学要綱（再訂版）』東京敬文堂、1970年、465頁）。また、木村元一も、重商主義者は経費の生産促進効果を高く評価していたから、公債についても楽観的であったとしつつ、ペティをもって「重商主義時代の公債謳歌論者」として位置づけている（木村元一『近代財政学総論』春秋社、1968年、249頁）。
(39) 井手文雄、前掲書、96頁。

(40) 黒川芳蔵「アダム・スミスの公債論に就て」、『同志社論叢』第91号、1949年1月、11頁。公債についての18世紀の見解については、E. L. Hargreaves, *The National Debt*, London, 1930, pp. 73-90. 一ノ瀬篤・斉藤忠雄・西野宗雄訳『イギリス国債史』新評論、1987年、76-126頁を参照せよ。

第8章　租税収入論（1）—基本的原理—

第1節　租税根拠論

　「租税国家」の成立を要望したペティは、「不穏当な租税負担の諸原因はどうすれば減少しうるか」という問題を取りあげ、合理的租税制度を実現するための諸条件を導入しようとしている。ここで、ペティは、現行徴税制度の実状を把握し、自己の見解を述べるのであるが、その中で、「租税がどれほど巨額であろうとも、もしそれがすべての人に対して比例的であるならば、なにびともそのために自己の富を失うことはないであろう」[1]と述べている。そして、また、ペティは、「この国のすべての富—すなわち、土地・家屋・船舶・諸物品・家具・銀器および貨幣—」[2]ともいっている。こうしてみると、ペティは、さしあたっては、租税は貨幣の形態をもってする人々の資産または富の部分的な徴収にほかならないと考えていたようである[3]。

　すでに述べたように、ペティは、その財政論に関するかぎりにおいては、経費論と租税論と税外収入論とを比較的整然と述べており、いまだ学問体系とは断定しえないが、すでに近代財政学体系の雛形を提示しているのである。しかし、ペティは、近代の財政学の主要問題のうち、租税の根拠については明確に示していない。ペティによる『租税および貢納論』の執筆動機は、当時のイギリスにおける財政問題に対する解決策の提示、すなわち効率的な財源調達によって財政を再建することであった。そのためには、なによりもなぜ租税を支払わなければならないのかを国民に納得させることが必須である。そうであるとすれば、当然に、まず租税の根拠が問題とされるはずである。これに関して、ペティは、国家哲学上におけるホッブズの追従者として、絶

対王政論を信奉しており、かれのこの立場からは、租税の根拠はなんら問題とはならなかった、との議論がある[4]。しかし、ペティが、かれの著作とくに『租税および貢納論』において、租税の根拠を明確に示していないのは、それがまったく問題とならなかったからではなく、むしろ、かれの著作の成立にまつわる実践政策的要求によるものであると考えられる。換言すれば、ペティの著作に租税の根拠に関する明確な叙述を欠いているということは、裏をかえせば、かれがすでになんらかの租税根拠論に立脚していることを意味するものであると解してよいであろう[5]。このような、すでにペティの中で確固たる地盤をもち、かれの租税論を支えた思想的基礎について、ハルは「かれ（ペティ）は疑いもなく……ホッブズの政治学派の徒である」[6]といい、またフィッツモーリスは「ホッブズが理論に描いたところをペティは実際に適用しようとした」[7]といっている。ペティの『租税および貢納論』に現われている租税論を、ホッブズの『リヴァイアサン』に書かれているところのものと対比すると、確かにペティの租税論は『リヴァイアサン』の具体化、数式化である。この意味において、ペティの租税論を理解しようとすれば、ホッブズの政治理論を離れてはよく解しえないとすることは、妥当であると考えられる。

　周知のように、ホッブズは、1651年に公刊された不朽の名著『リヴァイアサン』で、国家の設立について、次のように説いている。ホッブズは、後のマックス・ウェーバーの理念型的考察と同様な思考操作により、思惟的構成体としての自然状態を想定する。この自然状態においては、すべての人間は平等な心身の諸能力をもち自己の生命の維持という不可侵の自然権を有する。それゆえ、この自然権を行使されるがままに放置すれば、全体的相互的な猜疑不信と不断の相互的恐怖を本質とする悲惨な「万人の万人に対する闘争状態」（bellum omnium contra omnes）が必然的に現出する。そこで、各人は、理性によって発見された戒律または一般法則たる自然法（平和の法）に基づいて、相互に契約を結び、自然権の一部を放棄することによって主権者を設立し、自然状態からの脱却を図る。しかし、このような契約は、それだけで

はなんら強制力を保持しておらず、相互的不履行の恐れがある。そこで、契約を確実で有効なものにするために、主権者に絶対的権力を与えなければならない(8)。ここに、いわゆる、「国家」が成立し、偉大なる「リヴァイアサン」が誕生する。国家は、その設立の目的を実現するためのあらゆる手段を実行する権利を有する。学説の審査権、立法権、司法権、戦争・平和に関する権利、官僚任命権、賞罰権、栄誉権などが、これである(9)。これらの諸権利は、絶対的かつ不譲、不可欠なものである。ここで問題にしている課税権は、戦争・平和に関する権利から当然に導出されるものである。国家設立のいきさつからいって、課税の是非を論議したり、課税権を制限したりするようなことは、断じて許されない。

　こうして、ホッブズは、理性的人間を前提としつつ、絶対的な権力を有する国家すなわち絶対的国家の出現を痛感し、国家契約あるいは社会契約によってそのような国家の成立を見ると考え、この絶対的国家の課税権に服従することが、結局において、国家を構成している国民の利益であると説くのである。ようするに、ホッブズにおける租税についての根本的観念は、主権者の利益と人々の利益とは互いに対立するものではなく、主権者の課税権の絶対性と自主的納税の理論とは調和するということであり、ここからホッブズにおける租税の根拠が導出される(10)。すなわち、ホッブズは、初期の労作『法学要綱』(*De Corpore Politico*, 1640) において、「主権者によって人々の財産に課せられる租税は、主権者が人々のために維持する平和と防衛の代価にほかならない」(11)と説き、租税は国家より受ける利益の代価であるから、租税はこの利益によって測定すべきことを示している。ついで、『市民論』では、「人々によって公共の用途のために納められるものは、購われた平和の対価にほかならず、この平和を平等に支払わなければならない」(12)ことを指摘している。さらに、主著『リヴァイアサン』において、「主権者権力によって人々に課せられるすべての賦課は、個々人がそれぞれの仕事や職業を実行するのを防衛するために、公共の剣をもつ人々に対して、当然に払うべき賃金にほかならないのである。そこで、それによって各人が受ける便益は、生命

の享受であり、生命は貧しい者にとっても裕福な者にとっても、平等に高価なのである」(13)といっている。

　以上において見たように、ホッブズにあっては、租税は主権者にも人々にも等しく利益であって、共同の平和と防衛のためになるものである。そこで、人々は、主権者に対して生命保全の代償として、租税を支払わなければならないのである。このような思想は、財政学上あるいは租税論史上、一般に租税利益説（benefit theory）または租税交換説（exchange theory）と呼ばれている(14)。こうしたホッブズの租税理論を手がかりとして、ペティの論述の中に租税の根拠についてのかれの考えを示していると思われるものを求めてみると、『租税および貢納論』の内国消費税について論述している箇所で、次のようにいっている。「人は、公共の平和に浴する分け前と利益とに応じて、すなわち、自己の資産または富に応じて、公共的経費を貢納すればそれでよいということは、一般になにびといえども承認するところである」(15)と。この叙述は、後に述べるように、直接的には、ペティの租税配分原則に関する立場を表明したもので、かれが租税配分原則として租税利益説と租税能力説とを併せ支持しているように考えられる。そして、もし、ペティが租税配分原則としての租税能力説を支持しているということになれば、租税根拠論としての租税義務説（obligatory theory）が導き出されることになる。しかしながら、ペティが、最初に、「人は、公共の平和に浴する分け前と利益とに応じて……」といっていることは、種々の課税方法を論じる際に、かれが「国民が、統治され保護されるために、さらに自分たちの君主や国土の名誉のために、不可欠とされるものに対する正当な分け前を支払うことを満足し、それに不服がないものにしておこう」(16)といっていることに照応しており、ペティは、基本的には、ホッブズと同様に租税利益説をとっていると考えてよいであろう。しかし、その場合には、ペティが国家の保護（国家よりの受益）として考えていたものが、生命であるのか、財産であるのか、あるいはまたそれらの両者であるのか、が問題となる。ペティの財政収入調達論がホッブズの国家哲学のうえに立脚したものであることを考えたとき、この問題

に対する回答も、やはり、先師ホッブズに求めるのが自然であろう。そのホッブズは、国家保護の対象を生命に求めている。なぜならば、ホッブズにおける「万人の万人に対する闘争状態」においては、財産の保護よりもまず生命の保護の方が重要であったはずであるからである。こうした点から見て、国家の保護においてペティによって第一義的に必要と考えられたものは、財産の保護ではなくて生命の保護であった、と考えるのが妥当であろう[17]。そうであるとするならば、ペティにおける租税の根拠は、ホッブズにおけるそれに帰着することになる。このことは、とりもなおさず、他方で、ペティの租税の根拠における租税利益説が、18世紀以降に入ってフランスのルソー（J. J. Rousseau）によって理論づけられ、ヴォーバン（Seigneur de Vauban）やミラボー（V. R. Mirabeau）などの重農主義、さらにアダム・スミスをはじめとするイギリスの古典学派によって説かれたものとは異なり、一定の制約をもつものであったことを意味している。すでに述べたように、ペティの国家に対する把握は、先験的に与えられた自然権から出発し、このような自然権の相互実現のために結ばれた社会契約によって国家が成立するとする、ホッブズの国家観を継承している。このような国家は、現実の未成熟ゆえに、絶対主義的権力によって統治されざるをえず、自主的納税理論をそのうちに秘めているとはいえ、租税協賛権を全面的に受け入れることは困難であった。換言すれば、ペティにおける国家は、個人に対してあまりにも全能でありすぎ、したがって社会契約説の基礎的諸理論である、独立した自由な個人、人間の平等、国民主権、私有財産の保有などを欠落させているのである。この意味で、ペティの租税利益説は、いまだ十全の意味での租税利益説とはいいがたく、萌芽形態の租税利益説であったといわなければならない[18]。

第2節　租税原則論

ペティは、『租税および貢納論』で租税について論述するに当たり、最初に公共経費を増加・加重せしめる一般的諸原因について論じている。ここで、

ペティが挙げている一般的諸原因は、次の六つである[19]。

①国民が各種公共経費の支払いを好まないこと。これは、国民が、賦課額が多すぎはしないか、または徴収されたものが横領されたり、浪費されたりはしないか、あるいは不公平に取り立てられたり、課徴されたりはしないか、という疑惑を抱くことから起こる。

②公共経費の支払いを、貨幣で一定時期に支払うのを強制し、諸物品で最も好都合な時期に支払わせないこと。

③課税権が曖昧であったり、疑わしかったりすること。

④貨幣の欠乏および鋳貨の混乱。

⑤国民、とくに労働者および工匠の少ないこと。

⑥国民が人口・富・産業について無知であること。

ペティによれば、ここに挙げたこれら六つの公共経費増大の一般的原因は、とりもなおさず、いずれも租税政策における欠陥を表わすものであって、結果的に、国民の租税負担を増大させることになるものである。ペティは、つづいて、租税負担が増大する原因をいかにすれば除去できうるのかという観点から、公共経費増大の6原因を再論している。ここで、ペティが取りあげている原因は、次の11である[20]。

①元首が自己の必要としている以上に租税を徴収すること。

②租税が各人の富に比例していないこと。

③各人が、相互に隣人との比較において、平等に課税されていないこと。

④租税収入が浪費されること。

⑤租税収入が、宴会、壮大な外観、凱旋門などに支出され、浪費されること。

⑥国王が国民から調達した租税を、自分のお気に入りの者に授与すること。

⑦租税の支払いを、貨幣で一定時期に支払うのを強制し、諸物品で最も好都合な時期に支払わせないこと。

⑧課税権が曖昧であったり、疑わしかったりすること。

⑨貨幣が不足していること。
⑩人口が少ないこと。
⑪国民が人口・富・産業について無知であること。

すでに指摘したように、ペティは、公共経費増大の一般的原因として、①国民の納税忌避、②金納の強制、③課税権の曖昧さと疑念、④貨幣の欠乏と鋳貨の混乱、⑤国民の数（労働者と工匠）の少なさ、⑥国民の人口・富・産業についての無知、の６項目を挙げていた。いま、これらを不当な租税負担の一般的諸原因として挙げているものと比較してみると、①元首の誅求、②租税負担が各人の富に比例していないこと、③租税が他人との比較において不公平であること、④租税収入の浪費、⑤租税が国王によって寵臣に与えられること、が新たに付け加えられているだけであって、双方の内容はほぼ同様のものであるといってよい。しかも、ペティが挙げている不当な租税負担の一般的原因は、現行の徴税における実状を批判したものであるが、一方で課税に際して依拠すべき基準を意味しており、いわば租税原則（Principles of taxation）ともいうべきものを表明しているものと見ることができる。ペティが述べているところを整理すると、次のようになるであろう[21]。

①租税は必要額だけを徴収すること。
②富に比例して課税すること。
③公平に課税すること。
④⑤租税の浪費を慎むこと。
⑥人口・富・産業についての正確な知識をもち、各人の負担能力と課税標準を明確にすること。
⑦賦課権（課税の根拠）を明確にすること。
⑧人口を増加させること。
⑨貨幣の供給量を適正化すること。
⑩金納を強制せず、納税者に対して租税支払いの便宜を図ること。
⑪租税の徴収に際しては、一国の産業を阻害しないように配慮すること。

ペティは、租税原則を独立のものとして、また系統だてて論じていないが、

先の11項目を総括してみると、後年アダム・スミスが『諸国民の富』第5編で提示した、①公平の原則（principle of equality）、②確実の原則（principle of certainty）、③便宜の原則（principle of convenience）、④最小徴税費の原則（principle of economy in collection）という租税4原則（four maxims with regard to taxes）にも通じる見解を示しているといってよい[22]。いま、これらスミスの租税4原則に則して、ペティの著作の各所に散在している叙述をも合わせて具体的内容を見てみると、次のようになるであろう。

　①公平の原則。ペティは、あらゆるところで、租税は公平でなければならないという考えを表明している。『租税および貢納論』の第3章では、「最も人を怒らせるものは、その人が自分の隣人以上に課税されていることである」[23]といっている。また、第7章では、「この方法（＝人頭税：筆者注）の欠点は、それが非常に不公平だということである。つまり、能力が違う人たちが、すべて一様に支払わなければならないし、子供たちについての費用が最大の人が、最も多く支払わなければならない、いいかえれば、貧困な人ほどますます重く課税される」[24]といっている。これらによっても、ペティが租税は公平でなければならないと考えていたことは明らかである。ここで、いかなる課税方法が公平であるのかが問題となるが、これについては、ペティは、「租税がどれほど巨額であろうとも、もしそれがすべての人に対して比例的であるならば、なにびともそのために自己の富を失うことはないであろう」[25]と述べている。ようするに、ペティは、租税によって富の分配が変わることを否定し、比例課税をもって公平の原則に適うものと考えていたようである。ここに、ペティの自由主義思想の一端をうかがうことができる。また、ペティは、免税点についてはなんらも言及しておらず、ここにもかれの公平の原則における一つの特徴が見られる[26]。

　②確実の原則。ペティは、先に示したように、公共経費膨張の一般的原因として、課税権の曖昧さと疑念とを挙げているが、これは、明確な課税権の確立を主張したものであると解してよい[27]。しかし、ペティの確実の原則は、『政治算術』の第5章で、よりはっきりとした形で示されている。すな

わち、ペティは、「イングランドにおけるもろもろの租税が支出に対して課せられるものではなく、全財産に対して課せられ、それも土地、資財および労働に対して課せられないで、主として土地だけに対して課せられている。しかも、これがなんらかの公平な、そして無差別な標準によってではなく、党派とか徒党とかいうたまたま優位を占めるものによって課せられている」[28]と述べている。ここで、ペティがいわんとするところは、現行の租税が法律によって明確に制度化されているものによって徴収されているのではなく、徴税者の気まぐれによって徴収されていることは大いに問題であり、確立された明確な課税権の下でだれもが納得する形で徴収されるべきである、ということである。

③便宜の原則。ペティは、すでに示したように、公共経費増大の一般的原因として、租税の物納を許さず、納期を一定期間に限定し、金納を強制することを挙げていた。このことは、逆にいえば、徴税はできうるかぎり国民の好都合な時期に好都合な方法で行われなければならないという主張である。このような便宜の原則については、ペティは、その著作の随所で触れている。公共経費増大の個別的原因について論述しているところでは、「すべての租税が貨幣で支払わなければならないということは、いくぶん、つらいように思われる。……現物で支払うことにすれば、そのとき、その場で、貧民にとって相当に大きい苦情の種を減らすことになる」[29]と述べている。さらにまた、『政治算術』の中でも、「各々の竈について銀2シリングを支払うべしとするよりも、各人が2シリングの値のある亜麻で支払うようにする方が人々にとっては一層がまんしやすいし、国王にとっては一層有利であろう」[30]「アイルランドでは亜麻で徴税し、イングランドでは亜麻布その他の亜麻製品で徴税すべきという提案をしたが……スコットランドでも……鰊で租税を支払ってもさしつかえなかろう」[31]といっている。これらの叙述において、ペティは、貨幣経済の進展に逆行するような物納さえも推奨して、徴税は納税者の都合を最優先させて行われるべきことを強調している。

④最小徴税費の原則。ペティによれば、公共経費増大の一般的原因のうち

の、必要額以上の租税の徴収、租税収入の浪費、不公平な徴収に対する疑念などは、すべて余分な徴税費を招来させる原因となるものであると考えられた。ペティのいうところによれば、「人々が、賦課額が多すぎはしないかとか、または徴収されるものが横領されたり浪費されたりしないかとか、あるいは不公平に取りたてられたり課徴されたりはしないかとか、という疑惑を抱き、延滞したりしぶったりする……。これらすべてが、転じてそれらを徴収するための不必要な経費となる」[32]のである。さらに、ペティは、『政治算術』においても、「これらの租税（＝土地への租税；筆者注）は、最小の労苦と経費とをもって徴収されるのではなく、徴税請負人に賃貸される……ついにその終局においては、貧民は国王が受取るものの2倍ほども支払わされている」[33]と述べて、租税の徴収が徴税請負人にまかせられる結果、徴税額が実際の課税額よりも多くなってしまうことを指摘している。つまり、ペティは、国民の支払う租税額と国庫への納入額との差額を最小にすべきことを要求しているのである。

　以上、ペティの論述の中から、アダム・スミスの有名な租税に関する4原則に相当するものを拾いあげてみた。もちろん、ペティの租税原則は、アダム・スミスのそれよりもおよそ1世紀も前に提示されたものであるので、アダム・スミスにおけるように特別に一括して論じられているわけではない。しかし、ペティの主著『租税および貢納論』や『政治算術』に論述されているものを統合すると、その表現の巧拙は別として、後年のアダム・スミスの4原則の雛形がすでに示されているといってよい。アダム・スミス自身は、租税原則について論述するに当たり、重商主義の巨星、マンの「租税の一般原則」6か条を引用している[34]。また、テーラー（W. L. Taylor）は、アダム・スミスの恩師ハチソン（Francis Hutcheson）の影響があったことを指摘している[35]。そのほかにも、アダム・スミスの租税原則は、ヒュームやヘンリー・ホーム（Henry Home）など、あるいはドイツ官房学の代表者ユスティの『財政制度の体系』（*System das Finanzwissens*, 1766）の見解にも負っているといわれている。しかしながら、アダム・スミスの租税原則が、ペティの租

税原則にその明快な原型をもっていることは疑いのないところである。なお、ペティもまた、アダム・スミスと同様に、課税に当たっては人々の経済活動をできうるかぎり圧迫しないようにすべきことを念頭に置いているのであって、租税原則についていえば、重商主義的、絶対主義国家論的立場を超え、自由主義、個人主義の立場に立っていると見てよいであろう。とくに、公平の観念については、イギリスの初期資本主義の段階において、貨幣経済が進展しつつあるとはいっても、そこには封建的な経済構造と体制が根強く存在し、資本主義経済構造と体制とが鋭く抗争対立しながら、新旧の経済構造と体制とが混然として一体となり、イギリス資本主義の将来的発展を展望する時代であっただけに、優れて進歩的な主張であったと評価してよいであろう[36]。このような、ペティの自由主義的租税原則は、アダム・スミスをはじめとしてイギリス古典学派のリカード、マカロック、ミル（J. S. Mill）などによって継承されたばかりではなく、フランスのセイ（J. B. Say）、カナール（N. F. Canard）、ルロア-ボリュー（Piérre Paul Leroy-Beaulieu）や、ドイツのロッツ（Walter Lotz）、ヤコブ（L. H. von Jakob）、ラウ（K. H. Rau）などの、大陸の諸学者たちにも直接間接に影響を与えたのである。

　さらにいえば、ペティは、『政治算術』において、次のようにいっており、国民経済的原則をも考えていたかのようである。「従来十分な仕事口をもたない人々が、海外からその国へ輸入されているような諸物品の生産について働くことを命ぜられ、またはこのことを税として課せられるならば、……このような租税もまた、共同の富を増進する」[37]と。また、「過剰な穀物は、公共の倉庫に送り、そこを通して社会の最善の利益になるように処分すべし」[38]と。これは、ペティが、租税政策による富の増大を意図した経済政策を説いているのであって、租税の国民経済的原則の主張と見ることができる。アダム・スミスも、租税政策による生産の増大をまったく説かなかったわけではないが、それはかれの論述の背後に隠されたものとして、表立っていなかった。しかし、ペティは、この点において、アダム・スミスよりもかなり積極的に国民経済的観点を強調しているのである。

第3節　租税体系の再検討

　ペティは、租税を徴収するに際して、ホッブズによって提唱された租税の根拠に関する租税利益説を継承した。また、依拠すべき租税原則を明らかにし、つづいて、「どのようにすればもっとも容易に・迅速に・しかも知らず知らずのうちに徴収しうるかということについて、種々の方法または便法を提案する」(39) として、各種の租税について検討を加え、その優劣・長短について述べている。ペティが検討の対象とするのは、地租、家屋税、人頭税、ご用金、10分の1税、関税、財産税、通行税、ユダヤ人税、内国消費税の10種の租税である。

　地租。ペティは、地租をアイルランドのような新しい国とイングランドのような古い国の二つの場合に分けて検討する。まず、新しい国については、「新しい国家においては、地租の方法が適当であろう、アイルランドにおいてそうであったように、人々がまだ全然土地を所有しさえもしていないうちに、この方法について協定が成立していたからである」(40) という。そして、この場合には、「地主ばかりが税を支払うのではなく、自分の土地からとれる一個の卵、あるいは一個の玉葱を食べているあらゆる人、もしくはそれを食べて生きているいく人かの工匠を使っているあらゆる人がそれを支払う」(41) ことになるという。この叙述から明らかなように、ペティは、アイルランドのような新しい国においては、地租が妥当であることを認める。それは、新しい国における地租は、地主だけがそれを支払うのではなく、そこから生産された物を消費するすべての者が支払うことになるからである。つまり、ペティが新しい国での地租の創設を支持する理由は、それがペティによって最も平等・公平で理想的な租税と考えられた一般消費税の賦課と同様の結果となると考えられたからである。他方、イングランドのような古い国においては、地租は不適切であるとする。その理由は、ペティによれば、「地代が確定している人、つまり地代が長期にわたって確定している人が、主と

してこのような賦課額の重荷を負担し、そして他の人たちがそれによって恩恵を蒙むることになる」[42]からである。すなわち、イングランドのような古い国では、すでに地代が長期間決定しているため地主が不利益を受け、新たに土地を貸そうとする地主と農業者が利益を受けることになるからである。なぜならば、いま両者が同じ地味・価値の土地を所有しているとするならば、前者は課された地租相当分だけ従来の地代収入が減少し、後者は前者の従来の地代に地租額を加えた地代で貸すことになるからである。しかも、前者の土地の借地農は、その農産物を後者の借地農および農業者が販売する同じ価格で販売するのであるから、結局、農産物価格の上昇を通じて、地租は前者の地主と消費者が負担することになるのである[43]。こうして、ペティによれば、「地租は、消費に対して不規則な内国消費税と化することとなり、少しも苦情をいわない者が最大の負担をするという結果」[44]になるので、不合理である[45]。

家屋税。ペティによれば、家屋税の影響は地租よりもはるかに不確実で、その理由について、「家屋には二つの性質、すなわち一方では支出の方法・手段であり、他方では利得の方便・道具であるという性質があるからである。……ところで、地租という方法によって家屋を評価するのは、この後者の性質においてである、内国消費税という方法によるのは前者の性質においてである」[46]という。いいかえれば、家屋税は、賃借者にとっては支出であり、賃貸者にとっては収益となりうる二面性的性質を有する。すなわち、同一の租税でありながら相異なった性質を有している。そこで、地租と同一の性質を有するものは家屋の所有者かあるいは賃貸者であり、賃借者にとっては内国消費税的性質を有するものである。そこで、ペティは、家屋税は消費者に転嫁されるであろうと考えている。しかしながら、ペティは、家屋税は一部しか消費者に転嫁されず、この点では、古い国における地租の場合と同様に不合理であるという。

人頭税。人頭税は、軍事費の調達を目的として設けられたもので、一般に一人当たり一律に課税されていた。しかし、その後に、この最低限の支払い

に加えて、財産と身分とに応じて複雑な等級が設けられた。そこで、ペティによれば、人頭税とは、各個人に対して単純無差別に課せられるか、あるいは称号または地位に応じて課せられる租税である[47]、ということになる。ペティは、まず、1660年9月にチャールズ二世が軍隊の解散費に充てるために課した現行人頭税を、次のように批判する。「最近とりたてられた人頭税は、おそろしくこみいったものであった。たとえば、ある単身者の富豪たちが最低率であったのに、ある勲爵士たちは必需品にさえこと欠いているところへ、20ポンドも課せられたりした。これは、受取書に、わざわざ殿様（Esquires）と書いてもらいたがっている虚栄家をうながして、貴族として税を支払わせたからであり、また、ある人たちには、医学博士あるいは法学博士として、10ポンドを支払わせたりしたものの、その人たちは、その資格ではなんの収入もあげておらず、実務にたずさわる考えもなかったからである。また、ある貧乏な商人のうちには、かれらの力のおよびもつかない税支払いをさせられるために、商業組合の仕着せをむりやり着せられた人もある。そして最後に、ある人たちは、自分たちの資産に応じて税支払をしなければならないということにされたものの、その資産が、それについてなにも知らない人によって評価されたために、ある破産者には、世間に対して資産家としての信用を博する機会を与え、課税評価官もまた、慣れ合いによって、そういう風に見えるような評定をしたのである」[48]と。このように、ペティは、現行の人頭税が混乱した納税資格の下で複雑な課税方法となっていることを指摘した後に、この租税を二つに分けて論じている。その一つは、すべての者に一様に課せられる単純な人頭税であり、もう一つは、称号あるいは地位に応じて課せられる人頭税である[49]。ペティは、これら2種類の人頭税について、「人々の数について十分な、そして多数の算定がなされておれば、この租税は容易に・迅速に・しかも経費をかけずに徴収することが出来るし、またあらかじめ計算しておくことが出来れば、君主の必要に応じてこれを適合せしめ、そして加減することができる」[50]として、その利点を指摘している。しかし、最終的には、重大な欠点をもっているとして否定する。ペティ

によれば、前者については、「能力が違う人たちが、すべて一様に支払わなければならないし、子供たちについての費用が最大の人が、最も多く支払わなければならない、いいかえれば、貧乏な人ほどますます重く課税される」[51]ことになり、非常に不公平となるからである。また、後者については、「資格や召命についての称号は、……必然的にも蓋然的にも、その支払能力を意味するものではない」[52]ため、多くの不公平がつきまとうことになるからである。ようするに、ペティは、ここで租税負担の公平を支払い能力という観点で理解して、人頭税は各人の支払い能力に応じて課されるものではなく、不公平であると考えているのである[53]。

　ご用金。そもそも、ご用金は、国家が特別の事業を行うときに、当該事業によって利益を受ける富者や地位のある者に負わせる一種の寄付であった。しかし、ペティは、このようなご用金を一見強制されるものではないように思われるが、結果において強制以上の性格をもっているとして、実質的には租税であると理解している。ペティは、このご用金の利点として、王政復古後の僧侶階級のように、特別の利益を受けた者に貢納させることができることを挙げている[54]。これは、従来免税されていた封建的特権階級も納税すべしという、いわば課税における普遍性の主張であるといってよい。しかし、ペティは、ご用金には以下のような不利な点があるとして、結局、これに反対している[55]。①嫉妬心の強い監視者が納めるべきであったと思う金額を、ある人が納めなかった場合に、その監視者による威嚇と嫌悪とが生ずる。②全国民を党派に分裂させる。③ある者が多額を納めた場合に、他人の偏見を生じさせる。④実際には貧乏な者が、信用を得るために借金をしてまでご用金を納め、このために節倹な愛国者が被害を受ける。

　10分の1税。10分の1税は、当時における動産課税の代表的なもので、都市住民に課され、俗人を対象にするものと聖職者を対象にするものとがあった。ペティは、10分の1税という租税は、国内のすべての穀物・家畜・魚類・果実・羊毛・蜂蜜・蜜蝋・油・大麻・亜麻の一定部分が、これらを生産した土地・技芸・労働および資財の成果として徴収されるので、ある意味

では、公平で不偏なものであると考える[56]。その一方で、ペティは、10分の1税の弊害として、①都市と農村との間での支払いに差が生じる、②現物で支払われるため国王の地代収入が諸物品の価格につれて変動する、③徴収に際して多くの詐術・結託・慣れ合いが起きる、の3点を列挙している[57]。しかし、ペティの10分の1税に対する反感は、次の言葉の中によく示されている。すなわち、「10分の1税というものは、ある領域内において、その地方の労働が増加するにつれて増加するし、労働は人口が増加するにつれて増加する。ところで、イングランドの人口は、200年ごとに倍加するから、過去400年の間には4倍になっている。そして、イングランドにおけるすべての土地の地代は、この国における人々の支出の約4分の1であるから、他の4分の3は労働および資財である。この見地からすると、現在10分の1税は、400年前のそれにくらべると、優に12倍に達しているに相違ない」[58]と。このように、ペティは、政治算術的方法で、イングランドにおける10分の1税の収入の増大を算出し、この租税によって僧侶が不当に富んで、しかも、他面、堕落しつつあることを批判している。さらに、ペティは、「聖杯が木で作られていた時代には、司祭は黄金であったが、聖杯が黄金になったら、司祭はただの木になった……。宗教は、司祭の苦行が最も多いときに最も栄える」[59]として、10分の1税によって多くの収入を得ている結果、僧侶が奢侈に流れ、その僧職を汚していることを指摘している。ペティが10分の1税に反対しているのは、このような僧侶に対する反感に基づいている側面がある。

　関税。すでに述べたように、関税は古くから国王の収入の一部を形成していたが、当時における関税は、海上警備の経費に充当するものであると考えられていたので、この警備活動によって保護を受けた商品に対して課せられるという意味をもっていた。しかし、共和制時代以降、租税が国家財政における主要財源となるにしたがって、関税もまた先のような特定政策目的から離れて他の租税と同様に、経常的一般的なものとなり、収入を得ることが目的とされるようになっていた。こうした関税について、ペティは、「君主の

諸領土から輸出され、またはそこへ輸入される財貨から税として切り取られる貢納（contribution）である」[60]と定義している。そして、「なにゆえ君主が、国内向け国外向けの双方について、この税の支払を受けるのか、その自然的根拠は私にはよく見当がつかない」[61]としつつも、「この制度が法律によって確定されたのはずっと昔のことであって、それが廃止されるまでは、これを支払わないわけにはいかない」[62]として、妥協的な態度をとっている。つづいて、ペティは、関税の標準について述べており、輸出税については、「輸出業者に合理的な利潤を与えた後、なお、外国人にとって必要なわが国の諸物品が、かれらがそれを他のどこかから獲得しうるよりも、いく分安くつく程度を超えてはならない」[63]とする。また、輸入税（import duty）については、「ただちに消費するばかりになっているすべての物には—他の条件を同一にしておいて実行できるならば—国内でとれたり、製造されたりする同一物よりも、やや高くつくようにしてもさしつかえない。贅沢や犯罪を促しがちの冗物には、それらのものの使用を抑制する贅沢制限法の代りの役目を果たす程度の賦課額を負わせるのもよいであろう。……これに反して、十分完成もされず加工もされていないすべてのもの、たとえば、生皮・羊毛・ビーヴァ・生糸・綿花のような物、あるいはまた製造業用の機具および原料のような物、また同様に染料等々に対しては、いずれも、これを寛大に取り扱わなくてはならない」[64]とする。しかし、ペティによれば、関税の徴収には、次のような問題点がある。①関税は、未完成で使用に耐えないもの、すなわち製造中の諸物品および改良の途中にある諸物品に課せられる。②関税を徴収するには、多数の官吏を不可欠とする、とくに港の数が多くて、潮がいつも商品の積み出しに都合のよい地方ではそうである。③買収・慣れ合い・物品の隠匿および偽装等々によって、きわめて手軽に密輸できる。④イギリス産で、外国品と交換される少数の物品に対する関税は、人々の全支出を賄うものとしては、あまりにも小部分である[65]。ペティが、関税にともなう不都合な点として、このように未完成消費財課税、密輸、税収額の僅少なことなどを挙げているのは、かれがこの租税は消費者一般に課されるもの

ではないと考えていることを示すものであるといってよいであろう。すなわち、ペティは、関税は消費者の負担とはなるが、部分的・不規則的な内国消費税の形となるものと考えたのである。しかし、ペティが関税に反対する根本的理由は、かれの自由貿易論に基づくものであった。いうまでもなく、関税は、経済政策的にきわめて重要な役割を演じる租税である。ペティが関税について論述するに当たって念頭に置いていたのは、まさに関税の国民経済に対する影響であった。ペティは、関税制度の問題点の提示において、当時行われていた重商主義的貿易政策としての輸出入制限政策に対して批判的な見解を展開している(66)。要約していえば、輸出入を不当に拘束するよりも、それを自由にして、原料の輸入→生産の増大→輸出の増大というプロセスによって、より高い水準における貿易の均衡を図るべきことを説いているのである(67)。

財産税。ペティは、この財産税について、「人の資産の整除しうる部分——たとえば5分の1、20分の1——を徴収するという方法が行われ、しかもこの資産は不動産や動産、否それどころか官職や資格、つまり無形財産にも及ぶことになっているが、この方法をめぐって、非常に多くの詐欺・慣れ合い・圧迫さらに紛議が起こりうる。……それはきわめていとうべきもの、よくないものである」(68)といって、痛烈な非難を投げかけている。ペティによれば、この財産税の大きな欠点は、課税に際して客観的な標準を欠くことにある。

通行税。ペティは、通行税については、「あるところでは、橋・堤道および渡船場を公共的経費で建設・維持し、その通行に対しては通行税が徴収されている」(69)としながらも、この租税による収入はわずかであるとして否定的な見解を表明している。

ユダヤ人特別税。ペティはまた、ユダヤ人特別税についても、「あるところでは、他国人とくにユダヤ人が特別に課税されている」(70)として、先の通行税と同様に、これによる収入はわずかであるとしてその意義を認めていない。

以上において見たように、ペティにおける内国消費税以外の各種現行租税

の検討は、全体的に、理論的・体系的には特筆すべきものではなく、ただ当時の各種の租税を列挙して、それらを個々に批判しているにすぎない。つまり、ペティにおける各種租税の優劣論は、必ずしも明快な一貫性をもっているとはいいがたい。あるいは負担の公平の観点から、あるいは労働生産力の増減の観点から、あるいは国王利害の観点から、あるいは一般的国富増減の観点から、その他課税方法や税収の観点から、その論拠は区々まちまちであって、その理解に苦しむところも少なくない。しかし、いずれにしても、ペティが、内国消費税以外の租税をほとんど否定していると見てよく、その理由は主として、これらの租税が公平の原則に背馳するからである。ペティによれば、公平な租税政策、したがって公平の理念が現実に適用されるに際しては、統治者の主観や恣意によってではなく、経済社会に関する客観的知識を基礎として、客観的標準によって課税されなければならなかったのである。

　なお、ペティによれば、地租や家屋税および関税が不都合であるのは、それらが不公平に他に転嫁されて、その負担が消費者一般に帰着するものではないからである。また、ペティは、人頭税、10分の1税、ご用金については、それらが他に転嫁されないものであると認識していた。このように、ペティは、具体的な租税の検討をその租税の転嫁をも含めて行っているのである。この租税転嫁の問題は、租税論の分野においてきわめて重要な課題の一つである。なぜならば、すべての租税制度において、その根本問題は、その社会に対する影響であるからである。したがって、租税の転嫁に関する正しい分析なくしては、当該租税の実際上の影響あるいはその妥当性に関して適切な見解は導出されえないといってよい。ペティが、各種の具体的な租税について検討するに当たって、租税転嫁の問題をすでに意識していたことは、高く評価してよいであろう[71]。

注
（1） William Petty, *A Treatise of Taxes and Contributions*, London, 1662, in C. H. Hull, ed., *The Economic Writings of Sir William Petty*, Vol. I, Cambridge, 1889, p. 32. 大内兵衛・松川七郎訳『租税貢納論』岩波書店、1952年、59頁。

（ 2 ） *Ibid.*, p. 34. 邦訳、63 頁。
（ 3 ） 宮下幸太郎「ウィリアム・ペティ財政論の特色」、『経済論集』（北海学園大学）第 9 号、1961 年 2 月、48 頁。
（ 4 ） たとえば、大内兵衛「ウィリアム・ペティ『租税及び貢納論』の学説史的意義」（東京大学経済学会編『古典学派の生成と展開』有斐閣、1952 年、所収）、4 頁を参照せよ。
（ 5 ） 菅原修「ウィリアム・ペティの累積的国内物産税論について」、『経済学部論集』（富山大学）第 10 号、1956 年 6 月、80 頁。
（ 6 ） C. H. Hull, ed., *op. cit.*, Introduction, p. lxii.
（ 7 ） Edmond Fitzmaurice, *The Life of Sir William Petty, 1623-1687*, London, 1895, p. 188.
（ 8 ） 永田洋『近代人の形成』東京大学出版会、1954 年、235-237 頁。
（ 9 ） Thomas Hobbes, *Leviathan, op. cit.*, Vol. III, pp. 160-167, 邦訳、37-52 頁。
(10) 大淵利男『イギリス財政思想史研究序説―イギリス重商主義財政経済論の解明―』評論社、1963 年、216-218 頁。
(11) Thomas Hobbes, *Elements of Law, Natural and Politic*, in *Works*, Vol. I, p. 164.
(12) Thomas Hobbes, *De Cive*, Paris, 1642, in *Works*, Vol. II, p. 173. 本田裕志訳『市民論』京都大学学術出版会、2008 年、258-259 頁。
(13) Thomas Hobbes, *Leviathan, op. cit.*, p. 334. 邦訳、288 頁。
(14) 大淵利男、前掲書、227 頁。
(15) William Petty, *Treatise of Taxes, op. cit.*, p. 91. 邦訳、157 頁。
(16) *Ibid.*, p. 38. 邦訳、65 頁。
(17) 菅原修、前掲論文、81 頁。ロールは、ペティの国家収入調達論がホッブズの国家哲学に大きく影響を受けたものであることを指摘した後に、ペティは「いたるところにおいて個人の利己心を率直に認め、また社会的地位の決定要素としての財産を高く評価している。すなわち、国家は個人の財産を保護するために存在するのであるから、個人は進んで国家の公共経費に貢献しなければならない。貢納は国民が国家の保護の下にその利益を享受する財産に比例しなければならない」と述べている（Eric Roll, *A History of Economic Thought*, London, 1938, 2nd ed., 1945, p. 104. 隅谷三喜男訳『経済学史』（上）、有斐閣、1954 年、124 頁）。また、早川鉦二は、「国家の人民への給付は、私有財産の保護のみならず人民の生命の保護をもペティは認識していた」「人民の生命と私有財産の保護に対する国家への反対給付として租税利益説が構成されている」としている（早川鉦二「イギリス古典学派の労働者課税論の展開（上）―W. ペティと A. スミスについて―」、『愛知県立大学外国語学部紀要』第 2 号、1697 年 12 月、197, 198 頁）。さらに、宮本憲一は、「ホッブズは国家が防衛してくれる利益を、

生存権という階級観ぬきの平等な慈善的人間の権利からとらえる。……これに対してペティは、生存権にかえて労働がすすめられる」としている（宮本憲一「ペティ財政学の位置—財政学の生成過程に関する一研究—」、『法文学部論集法経篇I』（金沢大学）第1巻、1954年3月、136頁）。

(18) 北條喜代治「租税利益説の生成」、『経済論叢』（京都大学）第96巻第2号、1965年8月、67頁。
(19) William Petty, *Treatise of Taxes, op. cit.*, p. 4. 邦訳、41-42頁。
(20) *Ibid.*, pp. 32-34. 邦訳、59-63頁。
(21) 高野利治「サー・ウィリアム・ペティの経済学にかんする一考察（2）—『租税貢納論』を中心として—」、『関東学院大学経済学研究論集　経済系』第50輯、1961年9月、3頁。
(22) Cf. Adam Smith, *An Inquiry into the Nature and Causes of the Wealth of Nations*, London, 1776, ed. by Edwin Cannan, Vol. II, London, 2nd ed., 1920, p. 312. 大内兵衛・松川七郎訳『諸国民の富』（II）、岩波書店、1973年、1188-1189頁。
(23) William Petty, *Treatise of Taxes, op. cit.*, p. 32. 邦訳、60頁。
(24) *Ibid.*, p. 62. 邦訳、110頁。
(25) *Ibid.*, p. 32. 邦訳、59頁。
(26) 井手文雄『古典学派の財政論（増訂新版）』創造社、1960年、105頁。
(27) ペティは、次のように、課税権が確立されていない現状を批判している。「課税権が曖昧であったり、疑わしかったりしたことは、人々が大規模な、また醜悪な反抗をしたり、君主が不本意にも酷烈に徴税したりしたことの原因であった。この著しい例は、船舶税であって、これは20年来全王国の災難の原因としてけっして軽視できないものであった」（William Petty, *Treatise of Taxes, op. cit.*, p. 34. 邦訳、62-63頁）。
(28) William Petty, *Political Arithmetick*, London, 1690, in C. H. Hull., ed., *op. cit.*, p. 301. 大内兵衛・松川七郎訳『政治算術』岩波書店、1955年、124頁。
(29) William Petty, *Treatise of Taxes, op. cit.*, p. 35. 邦訳、64頁。
(30) William Petty, *Political Arithmetick, op. cit.*, pp. 272-273. 邦訳、73頁。
(31) *Ibid.*, p. 277. 邦訳、82頁。
(32) William Petty, *Treatise of Taxes, op. cit.*, p. 21. 邦訳、41頁。
(33) William Petty, *Political Arithmetick, op. cit.*, p. 301. 邦訳、124-125頁。
(34) Cf. Adam Smith, *op. cit.*, Vol. II, p. 312. 邦訳（II）、1188-1189頁。
(35) W. L. Taylor, *Francis Hutcheson and David Hume as Predecesors of Adam Smith*, Durham, 1965, pp. 134-135.
(36) 坂入長太郎『重商主義・古典学派の財政論』酒井書店、1974年、56頁。
(37) William Petty, *Political Arithmetick, op. cit.*, p. 269. 邦訳、68-69頁。

(38) *Ibid.*, p. 275. 邦訳、77 頁。
(39) William Petty, *Treatise of Taxes, op. cit.*, p. 38. 邦訳、68 頁。
(40) *Ibid.*, p. 39. 邦訳、70 頁。
(41) *Ibid.* 同上。
(42) *Ibid.* 邦訳、71 頁。
(43) 高野利治、前掲論文、9-10 頁。
(44) William Petty, *Treatise of Taxes, op. cit.*, p. 39. 邦訳、71 頁。
(45) ペティのこの地租論は、近代租税制度の先駆的提案ともいうべきものである。その意味において、かれの論述は画期的であり、その歴史的意義はきわめて大きいといえよう。
(46) William Petty, *Treatise of Taxes, op. cit.*, p. 40. 邦訳、72 頁。
(47) E. R. A. Seligman, *The Shifting and Incidence of Taxation*, New York, 1899, 5th ed., 1927, pp. 31-32. 井手文雄『租税転嫁論』(第 1 部)、実業之日本社、1950 年、39 頁。
(48) William Petty, *Treatise of Taxes, op. cit.*, p. 61. 邦訳、108 頁。
(49) *Ibid.*, p. 61. 邦訳、108-109 頁。
(50) *Ibid.*, p. 63. 邦訳、111 頁。
(51) *Ibid.*, p. 62. 邦訳、110 頁。
(52) *Ibid.*, p. 64. 邦訳、112 頁。
(53) 高野利治、前掲論文、13 頁。
(54) 具体的な例として、1660 年における王政復古に際して、大赦令 (Act of Indemnity) を受けた人々や、王政復古以降に聖職者が非常に有利な地位を得た場合を挙げている (Cf. William Petty, *Treatise of Taxes, op. cit.*, pp. 65-66. 邦訳、115 頁)。
(55) 井手文雄、前掲書、117 頁。
(56) William Petty, *Treatise of Taxes, op. cit.*, p. 81. 邦訳、140 頁。
(57) *Ibid.*, pp. 81-82. 邦訳、140-141 頁。
(58) *Ibid.*, p. 78. 邦訳、136 頁。
(59) *Ibid.*, p. 79. 邦訳、137 頁。
(60) *Ibid.*, p. 54. 邦訳、95 頁。
(61) *Ibid.* 同上。
(62) *Ibid.*, p. 56. 邦訳、96 頁。
(63) *Ibid.* 同上。
(64) *Ibid.*, pp. 55-56. 邦訳、98 頁。
(65) *Ibid.*, p. 56. 邦訳、99 頁。
(66) 菅原修、前掲論文、83 頁。
(67) Cf. William Petty, *Treatise of Taxes, op. cit.*, pp. 57-60. 邦訳、101-105 頁。

(68) *Ibid.*, p. 84. 邦訳、145-146 頁。
(69) *Ibid.*, p. 83. 邦訳、144 頁。
(70) *Ibid.* 邦訳、155 頁。
(71) 高野利治、前掲論文、10 頁。

第9章　租税収入論（2）―内国消費税の推奨―

第1節　内国消費税の負担公平論

　ペティは、従来の封建的な国家収入制度を否定して、近代的租税国家を構想していた。しかもその場合、ペティは、内国消費税以外の各種の租税については消極的・否定的な態度をとっており、このことは、反面でかれが内国消費税をもって最も理想的な租税と考えていたことを意味する。一般に、特定の租税を支持する場合には、それをなんらかの観点から正当化する必要がある。課税の第一義的な目的が、公共経費の財源調達にある以上、特定の租税を支持する基本的動機が、経費を賄うのに十分な収入の獲得にあることはもちろんである。しかし、それだけでは、特定の租税の支持を論拠づけるには不十分であり、収入調達以外の観点からの正当化がさらに必要とされる。たとえば、租税負担の公平性により、特定租税が支持されることがある。また他の場合には、当該租税の経済的作用に注目して、その正当性が論証されることもある。さらには、課税対象の捕捉ならびに徴税の難易という税務行政上の理由がそのために利用されることもある。しかし、これら行政上の事実は、負担の公平あるいはその経済的作用と密接なかかわりを有し、それらとの関連において指摘されることが多い。したがって、特定租税支持の論拠が提供される主要観点は、負担の公平性と、経済的作用との二つの観点にしぼられると考えてよいであろう[1]。ペティの内国消費税支持においても、主としてこれらの負担の公平性と経済的作用の二つの観点からなされており、前者については主として『租税および貢納論』において論述され、後者については『政治算術』において論述されている。

ペティは、内国消費税を論じるに当たりまずその冒頭で、次のようにいっている。「人は、公共の平和に浴する分け前と利益とに応じて、すなわち、自己の資産または富に応じて、公共的経費を貢納すればそれでよいということは、一般になに人といえども承認するところである」[2]と。ここで、前段の「公共の平和に浴する分け前と利益に応じて」(according to the share and interest they have in the Publick Peace) の部分は、国民が租税を支払うのは、国家より利益を受けているからであり、租税は国民が受けている利益の程度によって支払うのが公平であるという意であり、後段の「自己の資産または富に応じて」(according to their Estates or Riches) の部分は、納税者の租税負担能力に応じて、租税額を決定するのが公平であるという意である。通常、前者は租税配分原則における租税利益説と呼ばれ、後者は租税能力説と呼ばれるものである。ペティは、租税負担配分原則において二元論者であり、しかも両説は、なんら矛盾することなく渾然調和している。ここにペティの所説の一つの特性をうかがうことができる。国家から受ける利益は、国民の消費方面に現われるという考えは、なおきわめて粗雑であるが、注目してよいであろう。ペティは、租税利益説と租税能力説の両説に適う租税の負担方法をもって公平と考え、それに合致するのが内国消費税であるとするが、果たして両者は完全に一致するのであろうか。国家より最大の利益を受ける者が、必ずしも最大の負担能力を有する者ではないと同様に、国家から最小の利益を受ける者が、必ずしも最小の担税者とはかぎらない。極端な場合には、国家からの最大の受益者が、最小の担税者で、逆に最小の受益者が、最大の担税力者であることもありうるのである[3]。ペティも、この矛盾には気づいていた。ペティは、この問題をかれ独自の富の概念を援用することによって解決しようとする。現実的富 (actual riches) と潜在的富 (potential riches) とが、それである。ペティは、これら二つの富の概念について、次のようにいう。「ある人が、現実に、そして真実に富んでいるというのは、その人が食べたり、飲んだり、着たり、またはその他の方法で、実際的に、そして現実的に享受しているものに応じて富んでいるのである。これに対して、他の人々は、

ありあまるほどの富力をもっているにもかかわらず、それをわずかしか利用しないならば、その人は潜在的に、または仮想的に富んでいるにすぎない」[4]と。この結果、租税利益説の内容は、次のように訂正されることになる。すなわち「各人は、自分自身のために取得し、そして現実に享受するところに応じて貢納すべきである」[5]と。ペティは、以上のような理論的操作をほどこすことにより、各人の現実的富と消費額および享受利益とは、完全に一致すると考えたのである。こうして、ペティは、所有財産のいかんを問わず、各人の消費するところに応じて一様に支払うような租税が、最も公平な租税であると結論づける。換言すれば、公平な租税とは所得や財産を標準とする直接税ではなくて、それらが消費に向けられる間接税でなければならないのである。ペティによれば、公正な租税政策、したがって公平の理念が現実に適用されるに際しては、統治者の主観や恣意によってではなく、経済社会に関する客観的知識を基礎として、客観的標準によって課税されなければならない。この点からして、ペティには、直接特定の者の財産を捉える直接税よりも、そういう所有者から独立した客観的な財貨を捉える間接税たる内国消費税の方が、より公平な租税形式であると考えられたのである。このペティの考え方は、今日の直接税と間接税に対する観念からすれば、奇異に感じられるかもしれない。しかし、人々の財産権がいまだ確定されておらず、しかも不備な徴税組織の下で、租税賦課が統治者の恣意や独断に基づいて不公平に行われていた当時にあっては、当然のことであったろう[6]。

　ペティの消費課税の提唱は、かれ独自の発想によるものではない。そもそも、イギリスにおいて、課税の標準として消費支出を最初に考えた者は、ペティの先師ホッブズである[7]といわれている。ホッブズは、主著『リヴァイアサン』で、次のように述べている。「賦課の平等は消費する人格の財産の平等よりも、むしろ消費されるものの平等にあるのである。というのは、多く労働して、かれの労働の果実を貯えてわずかしか消費しない人が、なまけて生活してわずかしかえず、えたものをみんな消費する人よりも、多くを課せられるべき理由は、一方が他方よりも多くコモンウェルスの保護を受け

ているのでないことを見るとき、いったいあるであろうか。しかるに、賦課が、人々の消費するものに課せられる時は、各人は、かれが使用するものについて平等に支払う」(8)と。このように、ホッブズは、課税における公平の基準を各人の富ではなくその消費支出に比例するという点に求め、消費税とは明言していないが、明らかにこの種の租税を支持しているのである。ペティにおける内国消費税の主張は、明らかにホッブズの影響によるものであり、この点においてもホッブズはペティの先駆者であった。

第2節　内国消費税の経済的作用論

　ペティは、内国消費税を理想的租税であるとして支持するに当たり、負担の公平性とともに、経済的作用面＝国富の増大を、その論拠の重要な柱としている。ペティは、『賢者一言』および『産業交易およびその増進についての解明』(*An Explication of Trade and its Increase*)において、富を「以前の、または過去の労働の成果」(9)「自分自身が使用しうる以上の物品」(10)と規定している。これらの論述によれば、ペティのいう富とは、あらゆる労働によって得られる生産物の中から、飲食などの消費によって失われる部分を控除した残余であると解される。そうであるとすれば、富の増大は、積極的には①資本の蓄積と、②労働者の労働意欲を喚起し労働供給を増大させることによって、また消極的には③なんらの富の増大をもたらさないような「浪費」を削減することによって、実現されることになる(11)。

　まず、資本の蓄積については、ペティは、内国消費税の議論に先だち、当時の直接税について、「現代に至るまで、人の資産の整序しうる部分……を徴収するという方法が行なわれ、しかもこの資産は不動産や動産、否それどころか官職や資格、つまり無形資産にもおよぶことになっているが、この方法をめぐって、非常に多くの詐欺・慣れ合い・圧迫さらに紛議がおこりうる。……私はもうこれ以上しんぼうづよく反対論をとなえられない。……きわめていとうべきもの、よくないものである」(12)と、強く非難し否定している。

ペティが財産税を激しく非難した理由は、この租税が、当時にあっては、税額の査定が課税評価官の意向によって左右され、したがって徴税がきわめて困難であり、またそこに多くの弊害がともなったからである。しかし、それ以上に、この種の恣意的な財産税が、重税感が強く、倹約や思慮によって負担を逃れることが不可能で、イギリスの国富の基礎を大規模に破壊すると考えられたからである。これに対して、内国消費税の場合には、一般大衆を一層大規模に国費の負担に加えさせ、それによって資本家の過重な負担を緩和させ、資本の蓄積を可能にすると考えられたのである[13]。

次に、消費課税による労働供給の増大については、ペティの1643年から1645年までの約2か年にわたるオランダ遊学の成果によるものである。ペティが滞在したころのオランダは、国際金融の中心となったアムステルダムを擁しつつ、著しい繁栄と海上商権の伸張を実現していた時期であった。ペティは、この新興の共和国オランダの印象を、メモ的なノートではあるが、「オランダ」という一編に残している。その中には、「公平な租税とその申し分のない使途」(Equall Tax and well bestowed)、「あらゆる人が働く」(All working)、「極度の節約－勤労」(Parsimony-Industry)、「産業交易と消費－大規模な製造業」(Trade and consumption-wholesale manufacture) などの言葉が並んでいる[14]。ここで、ペティが「公平な租税」としているのは、いうまでもなく、16世紀以降、あらゆる必需品を網羅して体系的に採用されていた内国消費税をさしている[15]。このオランダで観察した内国消費税と節倹・勤労＝国富の増大との関係は、『政治算術』において一層詳細かつ具体的に論述されている。ペティは、同書において、オランダ繁栄の原因は、自然的条件＝位置と、その上層建築としての社会経済的条件＝政策に求め、さらに「政策」の内容を、一般的な産業諸政策と租税政策とに分けて論述している。その場合に、租税政策の中心問題は、生産を促進させ富を増加させることにある。まず、ペティは、「多数の貧民を雇用する織元やその他の者が観察したところによると、穀物がはなはだしく豊富なときには、貧民の労働が比例的に高価であって、かれらを雇い入れることはほとんどまったくできない、

ただ食わんがため、むしろただ飲まんがために労働する者は、ことほどさよう放縦である」[16]として、当時の重商主義者の多くを支配していた「低賃金の経済論」に立脚し、消費課税による勤労促進効果について、次のように主張する。すなわち、「もし、イングランドにおいて費消されている穀物が、非常な豊年には、右の穀物は3分の1安価となり、……それは量においてもまた質においても、人々を過食させてしまうほど費消されており、そのためにかれらは自分たちの日常の労働をいとうようになっているのである」[17]「同様のことは、砂糖・タバコおよびこしょうについてもいえよう。これらのものは、慣習によって、現在ではあらゆる種類の人々の必需品となっており、しかも過剰栽培のために、不合理な安値をよんでいるのである。私はいう、社会がこの法外の豊富さのおかげで利益をあげるにしても、それは不合理ではない」[18]と。さらに、「レヴァント産の干葡萄に、内国消費税を課することもまた、同様に不合理ではない」[19]。このように、ペティにあっては、内国消費税は、労働意欲の乏しい貧民労働者の消費生活を圧迫することを通じて、かれらの労働意欲を喚起させ、より労働供給を増加させるための有効な手段であると考えられたのである。

　最後に、ペティは、比較的富裕な階層はその収入の大部分を、華美・逸楽・奢侈・娯楽などに支出する傾向があるとし、このような法外な浪費は、富の減少の原因であると考えたのである。内国消費税によって消費を抑制する対象となる者は、次の引用文の中に示されている。すなわち、「かりに勤勉にして創意に富む人たちの資財、すなわち自分たちの生活している国を、洗練された飲食物・服装・家具・気持ちよい花園・果樹園および公共の建物等々によって美化するばかりでなく、貿易や武力によってその国の金・銀および宝石を増加させもする人たちの資財が、租税のために減少し、しかも、それが食べたり・飲んだり・歌ったり・遊んだり・踊ったりする以外には全然能のないような人たちに譲渡されるとしよう。否、形而上学その他無用の思弁にふけるような人たちが、さもなければ、物質的な物・すなわち国家社会において現実的な効用・価値をもつ物をなに一つとして生産しないような

人たちに譲渡されるとしよう。私はあえていう。この場合には、社会の富は減少するであろう」[20]と。ペティによれば、消費を抑制する必要がある者は、「形而上学その他無用の思弁にふける者」、さもなければ「国家社会にとって現実的な効用ないし価値のあるものを生産しない者」である。後者に含まれる者は、具体的には、『租税および貢納論』第2章の経費調節論において徹底的に削減整理が主張された、行政・法律および教会に関連する多数の官吏と、神学者・法律家・医師・卸売商・小売商、などである[21]。ペティは、とくに卸売商と小売商については、「貧民の労働をたがいにもてあそんでいる博徒であって、社会からは、本来的にそして本源的になにものをも稼ぎとることをしない徒であり、また政治体の血液と養液、すなわち農業および製造業の生産物を前後に分配する静脈および動脈のほかにはなんらの果実をもけっして生みださない徒である」[22]と酷評している。

　以上のように、ペティは、内国消費税をイギリスの繁栄＝国富の増大と結びつけ、この租税の経済的作用を強調するのであるが、このようなかれの見解は、次の章句に最も集約的な形で表現されている。すなわち、「過去100年間においてオランダおよびジーランドほど、租税および公共的貢納の形で多くの支払いをした国はヨーロッパのどこにもなく、しかも右と同じ期間に、これらの国と比肩しうるほどその富を増加した国もまったくない……。というのは、これらの国はあらゆるもののうちで食用肉と飲料とに最も重い税を課すことによって、……24時間でまったくなくなってしまうようなものに過度な支出をすることを抑制し、しかも耐久力が比較的大なる諸物品を一層優遇しているからである」[23]と。また、「これらの国は、異例の場合を除けば、人が利得するところに応じて課税せず、人が消費するところに応じて課税するのを常としているのであって、とりわけ無用な費消、つまり収益のみこみなき費消に課税しているのである」[24]と。

　ペティの内国消費税支持論は、種々の観点からなされ、しかもそれは必ずしも統一性をもったものではないが、その主要な観点は、先に述べた負担の公平性とこの租税の経済的作用の二つである。これをもって、ペティは、後

に、イギリス重商主義における代表的消費税弁護論者と目されることになるのである。「公平な租税」あるいは「平等の課税」ということは、この時期に内国消費税に賛成し、これを推奨した人々にとってもまた、その主張の根拠であったが、ペティにおけるこの概念の内容は、かれの先師ホッブズのそれに基礎づけられているのである[25]。一方、経済的作用については、ペティは、内国消費税は一国の富の増大に大きく貢献するものであると考えており、こうした見解の源は、かれのオランダ遊学時における同国についての観察に求められうる。この、経済的作用面からの内国消費税支持論こそが、かれの租税論の大きな特徴の一つであるといってよい[26]。

　なお、ペティの租税論を、未成熟ながら、新たな生産様式に基づく産業資本が着実な発展を遂げつつあった当時のイギリスにおいて、大量の資本と賃金労働者の供給が求められていたという事実を背景として検討するとき、かれの立場は産業資本家の基本的意図に合致するものであり、その意味において雇用者のそれであったのである。しかし、ペティの内国消費税論は、結果的に、かれの製造業重視の主張と、自家撞着を来たすことになる。なぜなら、内国消費税が生活必需品に課される場合には、国内市場とくに大衆消費需要の拡大に対する制限となり、また商品価格を上昇させることによって売上高を減少させ、かれらの利潤を圧迫させることになるからである。

第3節　内国消費税の構造

　消費に応じた課税が最も理想的であるとしたペティにとって、次に問題となるのがその具体的な課税方法である。これについて、ペティは、次のようにいっている。「消費に対する課税という観念を、きわめて完全なものにするためには、すべての個々の必需品に対して、それらが消費のために熟しきったまさにその時に課税することである」[27]と。また、ペティは、「穀物はパンになるまで、羊毛は布またはむしろ衣類そのものになるまでは課税してはならない。そうすれば、羊毛、紡織および仕立ての価値、さらには糸や針

の価値も包含されるであろう」[28]ともいっている。これらの引用文によってわかるように、ペティは、今日における消費税の概念と同様、各人が消費する財貨、すなわち消費財そのものに直接賦課する構想をもっていたようである。次に、課税対象として、ペティは、どのようなものを考えていたのであろうか。これに対するペティの見解は、当時ビールというただ一種類の品目を内国消費税の対象としようとする提案に対して行った、かれの次のような反論が参考になる。すなわち、「ビールは、貧困な者も裕福な者も消費する。そこで強いビール (strong beer) に対する内国消費税が、弱いビール (small beer) に対するそれの5倍であるとすれば、貧乏な大工、鍛冶屋、フェルト製造人など貧困な労働者は、上流の紳士が飲む弱いビールの2倍も強いビールを飲むので、10倍もの内国消費税を支払わなければならないのであろう。のみならず、これらの工匠のビールに累積されるのは、少量のパンとチーズ、なめし革の衣服およびバターなどをぬきにした一週二度の牛と頸肉、臓もつ、腐りかかった魚、古びた豆類である。ところが、他の上流の紳士たちの場合には、飲料の他に自然と技術とによって生産されうるより多くのものが累積されるのである」[29]。ペティによれば、このような現象は塩、燃料、パンなどについても同様に起こり、これらのような貧富によって消費におけるその量や質が異なるものは、課税対象として適当ではない。つまり、ペティは、ある特定の大衆的消費財（＝生活必需品）に対する支出が、必ずしも人々の支出全体を表現し、それに比例するものではないことを認識していたのである。この内国消費税について、ペティが生活必需品に対する課税において認めている欠陥は、消費税の根本的、本質的欠点ともいうべきものであって、その徴収方法によって容易に解決することができるようなものではない。ペティは、租税転嫁が負担の公平、正義に反するものであるとの見地に立って、租税転嫁の起こらない生産における最終的段階の課税対象を捉えて課税しようとするのであるが、租税における転嫁現象は必ずしも予期されたように起こるものではない。さらにまた、各個人の富の所有と消費とが平等でないかぎり、これによって課税の公平を期しがたいことは、今日の租税理論において

も一般に認容されるところである。こうした、内国消費税の性格あるいは効果についての優れた洞察、すなわち内国消費税はある意味では不公平であるという認識こそ、ペティを、当時における他の群小の内国消費税支持論者たちから区別するものである[30]。

　それでは、現実的享受利益に比例し、しかも不公平をともなわない内国消費税とは、いかなるものであろうか。ペティによれば、それは、炉税（Hearth Tax）または煙突税（Smoak Tax）である。この租税は、1662年に設けられたもので、家屋内の各炉に対して1シリングを課すものであった。そして、課税対象の炉数と財産との間に相関関係があるとみなされ、富裕な者はその家屋により多くの炉をもっているであろうから、より多く支払うべきであると考えられていた。ただ、これをもってペティが単一消費税論者であると考えるのは早計である。なぜならば、ペティの『租税および貢納論』の執筆動機は、なによりも国家収入の確保という、実践政策的要求に基づくものであったからである。単一の内国消費税のみをもって、当時の財政需要を充足しえたのかどうか疑問である。明確に論述こそしていないが、むしろペティは、できるかぎり多くの財貨を課税対象にすべきであると考えていたようである。

　ペティは、内国消費税についての論述を終えるに当たって、最後に、次の四つの利点を列挙している[31]。

　①各人が現実に享受するところに従って租税を支払うことは、自然的正義である。この理由から、本税は、誰にもほとんど強制とはならないし、しかも自然的必需品だけで満足している人にとってはきわめて軽いものである。

　②この租税は、その取りたてを請負わせないで、規則正しく徴収されるならば、勤倹を約束する租税であり、一国民を富ますことができる唯一の方法である。

　③なに人といえども、同じ物品に対して2倍または2度の租税を支払うことはない。

④この方法を用いると、国民の富・農産物・産業および力量（strength）について、いつでも完全な記録をもつことができる。

　要約すれば、内国消費税は、比較的容易に徴収でき、多額の税収が期待され、国富の増進に貢献し、すべての者が貧富の別なく一様に納める、ということである。

　ところで、財政は、国家その他の公共団体の経済であり、その国家は一つの部分社会である。それゆえ、国家内において種々な階層あるいは集団の対立は不可避である(32)。このような特質は、当然に財政にも現われる。その財政における階級的、集団的利益は、公共経費、財政収入、公債など種々な方面に反映される。一層明瞭に、しかも社会的に表現されるのは、租税負担の方面においてである。ジョセフ・グルンツェル（Josef Gruntzel）が指摘しているように、政治的勢力を把握した階層は、できるだけ最大の利益または最小の不利益を生じるように租税を設定する傾向がある(33)。このような極端な見解を採用しないまでも、租税種類の決定において、そのときそのところにおける政治的、経済的、社会的勢力の影響を、完全に否定することはできない。そうであるとすれば、ペティの内国消費税支持は、いかなる立場に立つものであったのであろうか。結論からいえば、それは、当時支配階級として台頭しつつあった産業資本家階級である。当時の産業資本家は、一般消費者大衆を担税者とすることによって、自らは租税負担者を免れようとしていた。そのためには、内国消費税をもって租税体系の中心とするのが、最も好都合であると考えたのである。ペティの内国消費税論は、そのような産業資本家の利益に合致するものであったのである。その根拠として、次のような諸点を挙げることができる。第1にペティは、租税配分原則として基本的には租税利益説をとっている。この立場によれば、いかなる貧困者といえども、程度に差はあれ国家より利益を受けていると考えられるので、かれらにも当然その享受利益の程度に応じて租税を負担させることができ、産業資本家の負担がそれだけ軽減される。第2に、ペティは、内国消費税の課税対象として必需品を除外することなく、むしろこれに対する課税を積極的に支持

している。第3に、ペティの支持する内国消費税においては、一般に累進税率の採用は困難であり、必然的に比例税率の採用とならざるをえず、また免税点の設定も困難である。第4に、ペティは、内国消費税の負担が最終的には下層消費者大衆に帰着すると知りつつ、まさにそれゆえに同税を支持する[34]。すなわち、ペティによれば、必需品課税により食品価格が騰貴し実質賃金率が切り下げられ、労働者はその生活を維持するためにより激しくより長時間労働しなければならず、労働生産性が高められるのである[35]。以上、これらはいずれも富者階層たる資本家の利益を弁護するものであり、新興産業資本のイデオローグとしてのペティの立場は明らかである。

最後に、消費課税論におけるペティの立場を一層明確にするために、同じく消費税支持論者であった重商主義の巨星トーマス・マンと、土地単一税論者で名誉革命のイデオローグ、ジョン・ロックの所論を概観しておこう。マンによれば、消費税は一見すると民衆を貧困窮迫させるように見えるが、実はそうではない。なぜならば、「消費税によって貧民の衣食は騰貴しても、これに比例して貧民の価格が騰貴し、したがってその負担は貧民の労働を多く消費する富者に帰する」[36]からである。すなわちマンは、消費税は、それによって貧民の生活必需品の価格を騰貴させることがあっても、これに比例して賃金率もまた高まり、雇用主に転嫁される。しかも、それはさらに雇用主から裕福な製造品の消費者階級に転嫁させられる結果になるという。これは、マンによれば歓迎すべきことである。なぜならば、それによって富者は、それぞれの地位、職業などに応じて努力し、有害な浪費を慎まざるをえないからである。こうして、マンは、消費税が下層消費者階級（労働者）の負担とはならないとの理由で、同税を支持するのである。このことは、マンの消費税論が商業資本家の利益を代弁するものであったことを意味すると考えられよう[37]。他方、ロックは、租税が直接土地に課せられる場合（地租）と、商品に課せられる場合（商品税）とを考察し、いずれにおいてもその究極的な負担は土地保有者に帰すると、次のように結論する。「租税は、どのように工夫をこらしても、また直接的には誰の手から徴収されようとも、その最

大の財源が土地であるような国では、大部分結局は土地に転嫁されるということがわかるであろう。国民が主に何によって生計を維持していようとも、国家は土地によって支えられているのである。いな、おそらく土地にはほとんど影響を与えないように見える租税も、他のあらゆるものの中で最も確実に地代にかかってくることがわかるであろう。この点を看過するため、敏感に感じることは確かであっても、すぐには矯正することのできないような損害を郷紳（country gentleman）がこうむることのないように、租税の調達に際しては十分配慮しなければならない」[(38)]と。この引用文の中に、ロックの自由地保有者としての立場が明確に示されている。

注
（1）大川政三「重商主義における消費税の諸論拠―ジェームズ・ステュアートの所論を中心として―」、『茨城大学文理学部紀要』第9号、1959年2月、74頁。
（2）William Petty, *A Treatise of Taxes and Contributions*, London, 1662, in C. H. Hull, ed., *The Economic Writings of Sir William Petty*, Vol. I, Cambridge, 1899, p. 91. 大内兵衛・松川七郎訳『租税貢納論』岩波書店、1952年、157頁。
（3）井手文雄『古典学派の財政論（増訂新版）』創造社、1960年、121-122頁。
（4）William Petty, *Treatise of Taxes, op. cit.*, p. 91. 邦訳、157頁。
（5）*Ibid*. 同上。
（6）島恭彦『近世租税思想史』有斐閣、1938年、169頁。
（7）社会契約に基づき、租税利益説を最初に展開したのはグロチウスであるといわれている。くわしくは、阿部賢一『租税の理念と其分配原理』早稲田大学出版部、1926年、120頁を参照せよ。
（8）Thomas Hobbes, *Leviathan*, London, 1651, in Sir William Molesworth, Bart, col. and ed., *The English Works of Thomas Hobbes of Malmesbury*, London, 1839, Vol. III, p. 334. 水田洋訳『リヴァイアサン』（一）、岩波書店、1973年、288頁。
（9）William Petty, *Verbum Sapienti*, London, 1691, in C. H. Hull, ed., *op. cit.*, Vol. I, p. 110. 大内兵衛・松川七郎訳『賢者には一言をもって足る』（同訳『租税貢納論』岩波書店、1952年、所収）、179頁。
（10）William Petty, *An Explication of Trade and its Increase*, 〔1647?〕, in Marquis of Lansdowne, ed., *The Petty Papers, some unpublished Writings of Sir William Petty*, Vol. I, London, 1927, p. 210. 〔　〕内は執筆年。
（11）大川政三「ペティ財政論の初期資本主義的性格」、『一橋論叢』（一橋大学）

第36巻第6号、1956年12月、68頁。
(12) William Petty, *Treatise of Taxes, op. cit.*, p. 84. 邦訳、145頁。
(13) 佐藤進『近代税制の成立過程』東京大学出版会、1965年、31頁。
(14) William Petty, *Holland*, 〔1644?〕, in Marquis of Lansdowne, ed., *The Petty Papers*, Vol. II, pp. 185-186.
(15) オランダの内国消費税制度については、E. R. A. Seligman, *Essays in Taxation*, London, 1895, 9th ed., 1921, p. 9.; F. K. Mann, *a.a.O.*, S. 61-72. 石坂昭雄「オランダ連邦共和国の租税構造＝政策―仲継貿易資本と消費税―」、『社会経済史学』（社会経済史学会）第29巻第3号、1946年2月、21-52頁などを参照せよ。
(16) William Petty, *Political Arithmetick*, London, 1690, in C. H. Hull, ed., *op. cit.*, p. 274. 邦訳、76-77頁。
(17) *Ibid.* p. 275. 邦訳、77-78頁。
(18) *Ibid.* 邦訳、78頁。
(19) *Ibid.* 同上。
(20) *Ibid.* p. 270. 邦訳、69-70頁。
(21) William Petty, *Treatise of Taxes, op. cit.*, pp. 69-70. 邦訳、53-54頁。
(22) *Ibid.*, p. 28. 邦訳、53頁。
(23) William Petty, *Political Arithmetick, op. cit.*, p. 271. 邦訳、71頁。
(24) *Ibid.* 同上。
(25) 松川七郎『ウィリアム・ペティ―その政治算術＝解剖の生成に関する一研究―（増補版）』岩波書店、1967年、90-91頁。
(26) 佐藤進、前掲書、30頁。
(27) William Petty, *Treatise of Taxes, op. cit.*, p. 91. 邦訳、158頁。
(28) *Ibid.* 同上。
(29) *Ibid.*, p. 93. 邦訳、161頁。
(30) 佐藤進、前掲書、31頁。
(31) William Petty, *Treatise of Taxes, op. cit.*, pp. 94-95. 邦訳、163-164頁。
(32) 大畑文七『租税国家論』有斐閣、1934年、93-94頁。
(33) Vgl. Josef Gruntzel, *Grundriss der Finanzwissenschaft*, Leipzig, 2 Aufl., 1922, S. 28.
(34) 井手文雄、前掲書、144-148頁。
(35) ここでは、限界効用と限界苦痛とを比較して、両者の一致点まで自発的に労働しようとする、近代の経済的合理主義の上に立った賃金労働者を想像してはならない。くわしくは、大川政三「重商主義における消費税の諸論拠」、前掲論文、82頁を参照せよ。
(36) Thomas Mun, *England's Treasure by Forraign Trade: or, The Ballance of our Forraign Trade is the Rule of our Treasure*, London, 1664, rpt. London,

1971, p. 62. 渡辺源次郎訳『外国貿易によるイングランドの財宝』東京大学出版会、1965 年、119 頁。

(37) 井手文雄、前掲書、149 頁。

(38) John Locke, *Some Consideration of the Consequences of the Lowering of Interest and Raising the Value of Money*, London, 1692, in *The Works of John Locke*, Vol. II, London, 1714, 3rd ed., 1727, p. 27. 田中正司・竹本洋訳『利子・貨幣論』東京大学出版会、1978 年、84-85 頁。

第10章 『賢者一言』における戦時租税論

第1節 戦費調達における租税主義

　1652年の第一次対オランダ戦争につづき、1664年に、第二次対オランダ戦争が勃発した。この戦争は、イギリスにとっては苦戦となり、同国は財政的に危機に瀕した。こうして、『賢者一言』は、商権の制覇を目的として戦われた第二次対オランダ戦争によって、イギリスの財政が著しく窮迫し、大増税が行われたとき、その戦費の合理的調達方法を示すために執筆され、国民の「真実の、しかも至極最もな苦情のたね」である不公平な租税賦課を、合理的にするためにはどうすればよいのか、ということをその主題とする論策となったのである。

　ペティは、『賢者一言』第3章と第8章において、当時のイギリスが国家の職能を遂行するために必要な公共経費の額を、政治算術的方法によって示している。ペティの計算によれば、海軍・兵器廠・守備隊・陸軍・タンジーア（Tangier）・ジャマイカ（Jamaica）・ボンベイ（Bombay）・大使館・年金・教育についての王国の経常的支出、および国王・女王・侯爵等々の家計、すなわち手元金・納戸係・装束係・標準金貨（Angel-Gold）・ご用馬主任・馬舎・紋章・猟園・番小屋・金匠・宝石師についての国王および王室の支出は、年約100万ポンドである[1]。しかし、これは平時における経常支出であって、臨時的戦争支出のためには、さらに年300万ポンド必要であるという[2]。ペティは、この経常支出100万ポンドあるいは臨時的戦争支出を含めて400万ポンドを、どのような方法で調達しようとしているのであろうか[3]。

　ペティによれば、かれが『賢者一言』をものした1665年ごろにおいては、

人々は関税、内国消費税などのほかに直接税として総資産の10分の1を租税として支払っていた。しかし、イギリスとオランダとの間が風雲急を告げるに及んで、ペティは次のようにいう。「もしオランダとの戦争が、昨年どおりの価値を支出しながら、もう2年もつづくならば――陛下が債務をおこしたまわざるかぎり――これらの人たちは、1665年のクリスマス以降、自己の全資産の3分の1を支払わねばならぬという事態が生ずるにちがいない」[4]と。また、「しかしながら、もし公共的経費が比例的に課せられるならば、たとえ租税が月額25万ポンドに増額される場合でさえも――神はこれを禁じたもう――自分の全財産の10分の1以上を支払う人はひとりもないはずである」[5] と。ここで、ペティは、戦費調達上の租税主義に立脚して、戦費の支弁は公債によらずして租税によるべきであり、しかも、このことは可能であると考えているのである。後年のイギリスにおいては、ドイツにおける公債主義とは反対に、戦費といえどもできうるかぎり租税をもって賄うべきであるとの見解が伝統的に形成された。こうした租税主義は、アダム・スミス、リカードなどの所説を遵奉したものである。これに先だって、ペティが戦時における租税主義を主張したことは、租税論史上評価されるべきであろう。ともあれ、ペティは、租税主義に立脚して、その租税がいかに重かろうとも、それが人々の富に比例的に賦課されるならば、それによって富を失う者はいないと考えており、戦時火急の際であればあるほど、租税負担の公平が必要であると主張するのである。そこで、ペティは、必要な戦費を調達するために、いかなる租税をいかに人々の間に負担配分すべきであるかということを、政治算術的方法を駆使して検討する[6]。

　ペティは、まず、イギリス人1か年一人当たりの支出額を、6ポンド13シリング7ペンスと推定する。次に、ペティは、イギリスの人口を600万人と推定し、国民総支出額を4,000万ポンドと算定する。さらに、ペティは、イギリス全体の収入の算定に移り、まず財産収入について、土地、土地以外の不動産、動産などを合わせた一切の財産から生じる収入を、年に1,500万ポンドと推定する[7]。ペティの計算によれば、人々の総支出額は4,000万ポ

ンドで、財産収入は1,500万ポンドであるので、その差2,500万ポンドの収入の不足を生ずることになるが、それを次のように、労働による収入によって埋めるべきであると考える。「かりに、国民の資財または富からの年々の所収が1,500万ポンドを生み出すのにすぎないのに、その支出が4,000万ポンドであるとすれば、その場合には、人々の労働が残りの2,500万ポンドを提供しなければならないことになる」[8]と。ペティは、このように、国民の収入を財産からの収入とその労働からの収入とに分けることによって、公平な租税の配分を考えようとしているのである。すなわち、ペティは、財産と人とのうえに、それぞれ、それらが総収入に寄与する割合に応じて、3対5の比例で租税を配分しなければならないと考えるのである。たとえば、「いま、100万ポンドを租税として徴収する必要があるならば、その場合には、37.5万ポンドは資財から、62.5万ポンドは国民からとりたてねばならない」[9]のである。こうして、ペティは、財産のうえに課せられる租税としては、地租、家屋税、各種の動産税などを、また人のうえに課せられる租税としては、内国消費税、人頭税などを考えている。しかも、ペティは、これらの諸税による負担が、人々のよく耐えるところのものであるかどうかの問題については、楽観的に考えていた[10]。まず、財産の方面においては、総額37.5万ポンドのうち、土地からは21.6万ポンド、家畜等々からは5.4万ポンド、動産からは6万ポンド、家屋からは4.5万ポンドの徴収が必要であると計算し、これらをその収益より差し引くのは容易であると考えた[11]。

次に、人のうえに課せられる租税については、ペティの説明は次の通りである。すなわち、「人々から調達するべき62.5万ポンドについていえば、それは1年一人当たり2シリング1ペンスを必要としているにすぎない。これはむしろ一人当たり6ペンスの人頭税と19ペンスの内国消費税とに分割する方がよい。後者は平均支出6ポンド13シリング4ペンスの84分の1にみたないから、消費物の価値の84分の1と右の6ペンスの人頭税とを合わせれば、一年当たり62.5万ポンドを調達できるであろう」[12]。ただし、これについては、ペティは、人々をどのような産業に従事させたらよいかが問題に

221

なると考えている。かれは、この問題について、次のようにいう。すなわち、「少数の人手をもって、この国の全国民のための食物と必需品との生産に雇用すべし、そのために労働を強化したところで、あるいはまた、教科書および技術の簡易化を採用したところで、それは世人がむなしく一夫多妻制から期待しているところと結局は相等しいのである、と。そのわけは、ひとりで5人分の仕事ができる者は、4人の成人労働者を生むのと同じ効果をあげるからである。また、このような利益は、土地の購買年数よりも一層少ない(年数の)値いしかないのではなく、あるいはわれわれは、これをほとんど永久的と考えてよいのかも知れないのである。ところで、必需品がまだ役に立つのに、使いきれないほどの物を作るのではなくて、前述の方法によって必需品を安く製造するならば、他の人たちは、これらの必需品を買うために、他の種の多くの労働をもってせざるをえなくなるであろう。というのは、もしひとりの人が、全体のために誰よりもよく穀物を作れるならば、このときその人は、穀物を自然的に独占するであろうし、またかれは10人の他の人たちが必要に10倍する穀物を生産する場合よりも、その穀物と交換に一層多くの労働を要請できるであろう。すなわち、人々がそれに従事する必要が少なくなればなるほど、ますます他の人の労働を高価ならしめるであろう」[13]と。以上の内容を要約すれば、こうである。まず、人々の必要品の生産はただその必要額にとどめ、できうるかぎり少数の者でこれに当たらせるようにする。そうすれば、かれらは自己の勤勉によってあるいは新技術を応用してその生産に従事する。このようにすればその生産品はより安くこれを生産することができる。しかも、生産者は優良な少数の生産者であるために、かれらはその必要品の売却に際しては自然的な独占を掌握することとなり、価格は引き上げられるであろう。このようなときは、必要品生産者以外の者は他に仕事を求める。こうして、すべての生産に対し最も優良な生産者のみを必要の程度に応じて適所に就業させるならば労力の節約がこれによって大いに行われ、そして、一方において生産の増加は輸出の増進となって貨幣の輸入を招致することとなる。このような状況に至れば、人々をして租税によ

第10章 『賢者一言』における戦時租税論

って戦費を支弁させてもなんらの障害もない(14)。

第2節 内国消費税絶対主義の修正

　ペティは、上述したような見地に立って、現行の租税制度を論評し、その欠陥を指摘する。すなわち、ペティによれば、イギリスにおける現在の租税は、貨幣価値のある物件に対してのみ過重であり、過去の収入のみを見て現在の収入を見ず、またロンドン市内においては寺院、同業組合、貴族などに対して免税が多いため、その租税の負担が全体として軽きに失する。そこで、ペティは、すべてこれらの点を是正し、進んで全国民への合理的な租税賦課、すなわち関税、人頭税、煙突税、内国消費税、地租、動産税および無形財産への課税を行うべきであるという(15)。そして、ペティは、これらの諸税によってもたらされる副次的利益について、次のようにいう。

　①関税。外国貿易およびその差額についての勘定を明らかにするために、これを20分の1から50分の1に軽減する。というのは、租税を取り立てたり、罰金を増加したりすることによって、これらの勘定の不分明さは一層少なくなるであろう(16)。

　②単純かつ普遍的な人頭税。王国の偉大なる富と力量、すなわち国民についての勘定を明らかにする(17)。

　③煙突による家屋評価。それらの改善および荒廃の状態が十分明らかになる(18)。

　④内国消費税。家事上の支出を明らかにし、法外な支出を明るみに出す(19)。

　⑤諸々の地租。その支払い高を、年々の賃料にではなく、全価値に比例させるべきである。そうすれば、資産が家屋であっても、それが土地である場合より以上に租税を支払わなくてよいし、またそれが財貨である場合よりもかなり少なく支払うこともなくなる。また、抵当権についても、正当な貢納がなされるであろう。多くの貸し手は、世人が考えるほ

223

ど、恐ろしく法外に貨幣を要求するものではない[20]。

⑥動産に対する課徴。もし、それが他国におけるごとく宣誓に基づいてなされるならば、それ自体としては最も暗黒なこの部門を十分明瞭にするであろう[21]。

⑦称号または位階に対する人頭税。考慮に値する。これは、世人が分不相応にいきすぎて高位につくのをせきとめるであろうし、それと同時に真価ある人の奨励に役立つであろう[22]。

以上におけるように、ペティは、人々の支出額を基準として財政収入確保の可能性を算定し、戦時における財源を地租、家屋税、各種の動産税などの財産のうえに課せられる租税と、内国消費税、人頭税等の人のうえに課せられる租税をもって支弁すべきであるという。こうしたペティの所論を、平時の租税論が展開されている『租税および貢納論』のそれと比較してみると、同書においては、内国消費税以外の諸税は原則的に否定されていたのに反し、いまや内国消費税以外の租税が理論的に認められることとなっている[23]。しかしながら、ペティは、ここで内国消費税重視の立場を完全に放棄してしまっているわけではない[24]。

すでに見たように、ペティは、国民全体の財産収入と労働収入の割合を3対5と推定し、これに基づいて、租税を3対5の割合で財産と人のうえに課さなければならないと説いている。そこでいま、100万ポンドの租税収入が必要であるとすれば、そのうち37.5万ポンドは財産のうえに、62.5万ポンドは人のうえに課されなければならないこととなる。財産に対する租税としては、地租、地租以外の不動産税および動産税、人に対する租税としては内国消費税および人頭税が考えられている[25]。ここで、各種の租税の、租税収入金額すなわち100万ポンド中に占める割合を見てみると、ペティは、人頭税は一人当たり6ペンス、内国消費税は19ペンスとし、国民一人当たり年消費額を6ポンド13シリング4ペンスと算定しているので、人口を600万人とすれば、人頭税は総計15万ポンド、内国消費税は総計47万ポンドとなる。また、財産に対する租税は、各種の租税を合計して、前述したように、

37.5万ポンドである。したがって、ペティの構想によれば、全租税徴収額100万ポンド中、その約50％は内国消費税収入ということになるのである(26)。ペティが、『賢者一言』においても、内国消費税を租税制度の大宗たらしめようとしていたことはまちがいのないところである。しかしながら、ペティが、『賢者一言』において、内国消費税以外の諸税を明白に認めるに至ったことは、やはりその租税論における一つの修正であるといわなければならないであろう(27)。このような、ペティにおける内国消費税の主張の修正の問題は、租税問題を取り扱っている『租税および貢納論』と『賢者一言』とがともに時事の論策であるにもかかわらず、租税に関するかぎり前書はその原論的な性格をもっており、これに反して後書は対オランダ戦争時の戦時租税論＝戦費調達論であったという、両著作の基本的性格の差異によるものと思われる。

　なお、上述したような、『賢者一言』におけるペティの内国消費税中心主義の修正論の中に、粗雑ではあるが、現代的な補完的租税体系の構想の萌芽を見出すことができる。すなわち、ペティが『賢者一言』で提案している内国消費税以外の諸税の同列的容認は、当時の租税制度の問題点であった、負担における不均衡に対する改善方法の一つであったとも解される。ペティによれば、この不均衡こそが「諸税に対する真の、かつ最大の不満の種」であったのである。そこで、ペティは、現行租税制度に付随している不均衡の問題を、内国消費税に人頭税を加え、あるいは人頭税とあらゆる種類の財産から得られる収入（所得）に対する租税を一緒に追加することによって解消しようとしていたとも考えられる(28)。

注
（1） William Petty, *Verbum Sapienti*, in C. H. Hull, ed., *The Economic Writings of Sir William Petty*, Vol. I, Cambridge, 1899, p. 111. 大内兵衛・松川七郎訳『賢者には一言をもって足る』（同訳『租税貢納論』岩波書店、1952年、所収）、180頁。
（2） *Ibid.*, p. 110. 邦訳、179頁。
（3） ペティは、イギリスの支出総額の計算について、一貫していない。『賢者一

言』においては4,000万ポンドとしているが、『租税および貢納論』においては4,200万ポンド、『政治算術』においては5,000万ポンドあるいは7,000万ポンド、としている。

（4）William Petty, *Verbum Sapienti, op. cit.*, p. 103. 邦訳、108頁。
（5）*Ibid.*, p. 103. 邦訳、109頁。
（6）井手文雄『古典学派の財政論（増訂新版）』創造社、1960年、137頁。
（7）William Petty, *Verbum Sapienti, op. cit.*, pp. 105-108. 邦訳、109-174頁。
（8）*Ibid.*, p. 108. 邦訳、175頁。
（9）*Ibid.*, p. 111. 邦訳、181頁。
（10）阿部賢一「サー・ウィリアム・ペティーの経済財政学説」、『同志社論叢』（同志社大学）第2号、1920年6月、67頁。
（11）William Petty, *Verbum Sapienti, op. cit.*, p. 111. 邦訳、181頁。
（12）*Ibid.*, p. 112. 邦訳、182-183頁。
（13）*Ibid.*, pp. 18-119. 邦訳、191-194頁。
（14）阿部賢一、前掲論文、67-68頁。
（15）大内兵衛「ペッティーの生涯と業績」（同訳『政治算術』栗田書店、1941年、所収）、62頁。
（16）William Petty, *Verbum Sapienti, op. cit.*, p. 15. 邦訳、186頁。
（17）*Ibid.* 邦訳、187頁。
（18）*Ibid.* 同上。
（19）*Ibid.* 同上。
（20）*Ibid.* 同上。
（21）*Ibid.* 同上。
（22）*Ibid.* 同上。
（23）井手文雄、前掲書、133頁。
（24）財政史家ケネディは、ペティが『租税および貢納論』における内国消費税の主張を捨て、『賢者一言』においては別の租税体系をとっていることを指摘している（William Kennedy, *English Taxation 1640-1799, An Essay on Policy and Opinion,* London, 1913, rpt. 1964, p. 4）。
（25）井手文雄、前掲書、144-142頁。
（26）同上書、142頁。
（27）岡野艦記「ウィリアム・ペティの財政本質論」、『商経法論叢』（神奈川大学）第10巻第3号、1959年8月、83頁。
（28）William Kennedy, *op. cit.*, p. 4.

終　章　ペティ租税論の歴史的意義

　ペティの生涯は、王権と議会の対立がしだいに深刻の度を増していく 1623 年に始まり、名誉革命前夜の 1687 年に終わっている。これに先だつ、近世の曙を告げる新大陸の発見と東方航路の開拓は、各国に商業革命と呼ばれるほどの大きな影響を与えた。そして、それにつづく貿易競争と戦争の舞台に、イタリアが衰退すると、ポルトガル、スペインが登場し、これらが背後に退くやオランダが頭をもたげ、またフランスとイギリスがこれに迫るといったように、ヨーロッパの強国が次々と立ち現われ、そして消え去っていった[1]。まさに、17 世紀のヨーロッパは戦争の連続であった。重商主義時代の政策史を史実に即して検証したゴメス（Leonard Gomes）によれば、「戦争状態は、ヨーロッパの列強諸国——イギリス・スペイン・オランダ・フランス——の間では、ほとんど日常的関係であった。つまり、かれらはその時代のほとんどを地勢的・王室的な戦いに従事していた。……1600 年から 1667 年にかけては、わずか 1 年だけが平和であった」[2]にすぎなかったのである。こうして、ペティの生きた半世紀は、イギリスが外に連続的な戦争をともなう血みどろの貿易競争を勝ち抜きながら、内に内乱・王政復古・共和制・名誉革命という激動を通じて、世界史上いち早く絶対王政の支配を脱し、資本主義経済を確立させつつ産業革命へと進む基礎を築いた時期であった。

　他方において、ペティが著述家として活躍した王政復古の時代は、国家財政が慢性的な窮迫状態に陥っており、財政再建の問題は当時における大きな議論の焦点をなしていた。そこで、社会や経済に関する現実的な問題を深く考察できる才能に恵まれていたペティは、この焦眉の財政再建問題にひと一倍強い関心を寄せ、その解決に向けて精力的に取り組んだ。

　ペティの時代のイギリスが直面していた国家財政窮迫の主たる原因は、あ

いつぐ対外戦争の結果として、増加の一途をたどる戦費の調達と、平時における戦債の処理とであった。そこで、まずペティは、緊急の政治的課題となっていた戦時あるいは平時の際に「国民国家」(nation-state) イギリスがどの程度の歳入を確保することができるのか、また租税負担をいかに公平かつ負担とならないように客観的に明らかにすることができるのか、に関心を向けた。この課題を、ペティは、「政治算術」と称される数量的可視的把握を基礎として国家財政の運営を提案した、『租税および貢納論』あるいは『賢者一言』において果たしたのである。ペティによって創始されたこの「政治算術」は、税務行政の領域で中央集権的官僚制の色彩の濃いイギリス国家が、財政運営の場で数量的方法（＝定量分析）の理論・知識を活用し、国家財政自体を操作可能であるとみなす思考様式への道を切り拓くものであった[3]。名誉革命以降には、ペティによって基礎が築かれたこの「政治算術」に触発され、租税国家の出現と財政機構の整備とによりつつ、租税・国債関係のデータの収集・集積が図られて、租税・財政政策への応用が進められていった[4]。

　ペティは、当時の最大かつ緊急の経済問題たる財政問題に取り組むに際して、ただ単に国庫収支の破綻の回避、あるいは収支のつじつまを合わせようとしたのではなかった。財政の破綻は、王領地収入、封建的な土地保有関係に基づく諸収入および国王の特権とされていた関税収入を基軸とする中世以来の伝統的な国家収入体系が、動乱の過程で全面的に崩壊していたにもかかわらず、それに代わるべき近代的な収入体系も、また新たな指導原理もいまだ不十分なままであったことによるものでもあった。ペティは、新たな原理のうえに新たな租税体系が確立されなければならないことを、痛切に自覚していたのである[5]。そこで、ペティは、当時批難の的となっていた恒久財源としての内国消費税を中核とした租税体系を確立することによって財政再建を図り、また強固な財政基盤を築き、ひいては世界経済の主導権をめぐる抗争に勝利を収めようとしたのである[6]。ペティにとって、内国消費税は、負担の公平、税収確保、イギリス資本主義の形成の促進に適うものであり、当時のイギリスの諸状況を考慮した場合に、最良の租税であると考えられたの

である。しかし、ペティのこうした租税制度改革構想は、ただちに王政復古政府によって採用されるには至らなかった。ペティの内国消費税論が租税政策面で影響力をもちえなかったのは、主として次のような理由が考えられる。すなわち、①ペティの立場が単純明快ではなく、またかれ独特の言いまわしが議論の難解性を高めた。②ペティは、イギリスにおける必需品課税への伝統的な反感を分配論への展開に利用しようとせず、また貧困者を免税することにはためらいがあったので、普通の論法によって免税論を受け入れることができなかった。③ペティの租税に関する所論は、学問的にはある程度完成されたものであったが、補完的租税体系の一部としての内国消費税をも認めるに至ったので、実践的な響きは弱くなってしまった[7]。

しかしながら、ペティの内国消費税論は、1688年の名誉革命以降に行われた近代的かつ本格的な租税政策には少なからぬ影響を与えた。名誉革命以降に展開された財政政策は公債をもって国家財政の支柱とする赤字財政政策であり、租税中心主義のペティの構想とは異なる立場のものであった。しかし、内国消費税を中核とする租税はその従属物として、まさにペティの見解とは逆の意味で公債発行を支える役割を担うことになったのである。とくに、1714年以降においては、ほぼ毎年、内国消費税は税収総額の40％以上を占めるようになった。その後も、内国消費税の税収総額に占める割合は上昇をつづけ、1733年には55％に達した。こうして、内国消費税は、財政の困窮とそれにともなう公債累積とともに、イギリスにおける租税体系の主要な構成要素の一つとなっていった[8]。

ペティの租税論には、多様な面が含まれており、これをいかなる視点からながめるかによって、租税論史上における評価は異なったものとなる。ペティの租税論に対する評価は、その系譜をたどることによって明らかにすることができる。これまで、ペティの租税論の系譜について、おおむね、①ペティをカメラリストとするもの、②ペティをマーカンティリストとするもの、③ペティを生成期産業資本のイデオローグとするもの、の三つが提示されてきた[9]。ペティをカメラリストと位置づける評価は、①かれの租税論は、絶

対王政擁護論の立場から公共経費を「どのようにすればもっとも容易に、しかも知らず知らずのうちに徴収しうるかについて、種々の方法または便法を提案」したものである、②これに関連して、かれは、政治算術的方法を用いて、国富や国民所得について経験的・統計的考察を行っている、という点をとくに強調する[10]。確かに、ペティの著作は国家財政収入の増大という見地から書かれており、租税に関連して示された経済理論の認識のほとんどは、租税制度の行政技術論的検討の中で行われている。しかし、ペティは、富を君主個人の富としてではなく、市民社会の富として把握している。こうしたペティによる富の把握は、とりもなおさず、かれが君主の家計と国家財政とを区別しようとしていたことを意味するものである。また、ペティの政治算術的方法についても、国富・国民所得についての統計的・経験的知識の単なる集積であることを超えて、しばしばその中に経済学の理論を見出すことができる[11]。こうした点から見て、ペティは、カメラリストであることから明らかに脱却していたといってよいであろう[12]。

次に、ペティをマーカンティリストと評価する立場は、重商主義をどのようなものとして理解するのかによって、その見解を多少異にしている。概して、ペティをマーカンティリストとして評価する場合には、①ペティが、富の増大のための外国貿易を重視する立場からの初期重商主義の主張する低賃金政策とその効果が同じであるとみなされる、内国消費税を支持している、②ペティが、公共土木事業や社会事業などに対する公共支出において、生産刺激的、雇用増大的、所得再分配的効果を認めている、などの点を指摘している[13]。しかし、ペティは金・銀以外の生活必需品や便宜品をも富であると考えて、これらの富をもたらす人々を生産的であるとして、労働重視について強調している。また、ペティは、労働能力を喪失した人々を擁護するための公共支出には支持を惜しまなかったのであるが、他方において、課税に際しては、富の相対的な配分を変化させないようにすべきであることを主張している。こうした点を考慮するとき、ペティには重商主義思想を超えている面があり、一概にマーカンティリストであると位置づけることはできない

であろう[14]。むしろ、ここで問題とされなければならないことは、ペティが、本質的に、重商主義的な統制主義を志向していたのか、それとも資本主義的な自由主義を志向していたのか、という点にある。

中世封建時代の財政から近代資本主義時代の近代的財政を区別する特質は、王室家計からの分離と本質的に租税経済であることの2点に求められる。ペティは、富を君主個人の富としてではなく、市民社会の富として把握しており、このことは、君主の家計と国家財政の区分を意味するもので、ここに近代的財政へのかれの開眼が認められる。次に、ペティは、従来の財政収入体系を再検討するに際して、官有財産収入、官業収入、公債などに消極的あるいは否定的な態度をとり、財政は租税収入をもって支えられるべきであるとした。これは、ペティが自由主義をもって国家諸政策の基調とすべきであると考えていたことに基づいている。自由主義の立場からすれば、国家の職務をできるかぎり制限し、したがって公共経費をできるかぎり圧縮すべきであり、このためには公債に依存することを認めることは危険であり、租税のみをもって全公共経費を支弁する方針を確立しなければならない。また、同じく自由主義に立脚すれば、国家による財産、資本の所有に依拠する財政運営は望ましくないのであって、ここから、官有財産収入および官業収入などの否定が説かれることになる[15]。ようするに、ペティの租税国家の主張は自由主義思想に基づくものであり、それは当時における産業資本主義の胎動をかれがいち早く感知していたことによるものである。かれの時代は、表面的には重商主義の最中であったが、一方において産業資本主義成立の準備が着々と進められていたのであった。この歴史的動向に敏感であったペティの租税論は、いくぶん重商主義的な思考の残生をとどめながらも、後に展開されることになるアダム・スミスによる産業資本主義における自由主義的租税論の先駆となりえたのである[16]。再言するならば、ペティは、その著作『租税および貢納論』と『賢者一言』によって、重商主義の解体時期を早め、アダム・スミスの租税論への端緒を開いたのである。この点にこそ、ペティの展開した租税論の最も重要な特徴と、租税論史上におけるかれの特殊な役

割とがあるのである。

　なお、一般に、租税論の本来的な問題領域とされるのは、次のようなものである。すなわち、①租税とは何であるのか、②租税はなんのために徴収されるのか、③租税はいかなる根拠に基づいて徴収されるのか、④租税はなにに対して課せられるのか、⑤租税は誰によって負担されるのか、⑥公平な租税とはどのようなものであるのか、⑦租税はどのような経済的作用をもたらすのか、⑧租税制度をどのように組み立てるのか。系統だてられてはいないが、ペティは、租税の根拠の問題を除いて、その他の問題領域についてはすべて論じている。この意味で、ペティの展開した租税論は、包括的な内容をもつものであったといってよいであろう。

　また、ペティの租税論を、今日のそれを念頭に置いて見てみると、次の三つの特徴をもっている。①租税の問題を考察するに先だって、公共経費の原因とその妥当性について詳しく論じている。②租税の問題を人々の感情や党派的な意見に左右されない、経済社会に対する客観的な知識に基づいて論じている。③租税の負担を単に経済的に見ることなく、社会的に見てその軽重を論じている。これら三つの特徴は、どれ一つとって考えてみても、従来完全に行政論的・技術論的でしかなかった租税論に対して、近代的租税論発展へのペティの貢献が、いかに大きなものであったのかを容易に想像することができる[17]。こうして、近代性に根ざした体系的・包括的なペティの租税論は、現代の租税論の水準より顧みても、多くの示唆に富んだ内容を包蔵するものであり、今日においてもなお高く評価されるものであるといってよいであろう。ハルの次のような言葉、「いやしくも、公共の収支に関する問題となれば、ペティの学説は十分に考えぬかれていて、明晰であり、首尾一貫している。かのコンベンション議会の成就した財政制度の改革については、多くの議論も出たが、かれの『租税および貢納論』に比すべきものはなかった。そしてこのペティの傑作は、ヒューム以前のイギリス経済学の文献中において、示唆に富む点においても、分析力においても、雄大さにおいても、迫力においても、他のいかなる書物もおよばなかった、といってもほめすぎ

ではない。その後において、いろいろの思想が発展したが、その胚種はほとんど本書にある」[18]が、このことをよく表している。

　いまさらいうまでもなく、租税は、きわめて歴史的な概念であり、資本主義社会の発生とともに生成し、その変貌とともに変化してきた。現代の各国における租税は、それぞれの国における資本主義経済の発展の程度とその個性的な有様とを反映して、それぞれに特徴的な制度と構造をもっている。しかし、それはまた同時に、今後における資本主義社会の変化にともなって、租税体系と各種租税の仕組みを適宜変更させていかなければならないことを意味している。その場合に必要とされるのは、直面している租税問題に対する深い洞察に基づいた的確な判断である。17世紀のイギリスにあって、国内外ともに大きな変革期・転換期の中で展開されたペティの租税論は、まさに、そのようなものであったのである。すなわち、ペティの租税論は、当時のイギリスが置かれていた諸状況と動向とを適確に理解し、それに適合させつつ租税の新たな発展方向を示すものであったのである。換言すれば、ペティの租税論は、与えられた歴史的租税環境を見直し、新たなるものへと前進させていく非凡なものを内蔵していたのである[19]。

注
（1）田添京二『欧州経済学史の群像』白桃書房、1995年、33頁。
（2）Leonard Gomes, *Foreign Trade and the National Economy: Mercantilist and Classical Prespectives*, New York, 1987, p. 12.
（3）藤田哲雄「重商主義期の戦争とイギリスの財政統計―近代イギリスにおける租税・財政政策と『政治算術』―」、『経済科学研究』（広島修道大学）第9巻第2号、2006年2月、138頁。
（4）Cf. William J. Ashworth, *Customs and Excise. Trade, Prodution, and Consumption in England 1640-1845*, Oxford, 2003, pp. 7-8.
（5）田添京二、前掲書、21頁。
（6）大倉正雄『イギリス財政思想史―重商主義期の戦争・国家・経済―』日本経済評論社、2000年、4-5頁。
（7）宮本憲一・鶴田廣巳編『所得税の理論と思想』税務経理協会、2001年、26頁。
（8）大倉正雄、前掲書、48-50頁。
（9）菅原修「ウィリアム・ペティの累積的国内物産税論について」、『富山大学経

済学部論集』(富山大学)第10号、1956年6月、90頁。
(10) フィッツモーリスは、ペティをカメラリストであると位置づけて、「ホッブズが理論に描いたところを、ペティは実際に適用しようとした。……租税制度の全面的改革を通して国家富源を積極的に開発することにより、さらに国家活動が教育や海軍および商業知識を含めた多くのいまだなおざりにされている諸方面に拡大されることによって与えることのできる利益を取り扱っている」といっている (Edmond Fitzmaurice, *The Life of Sir William Petty, 1623-1687*, London, 1895, p. 188)。また、相澤秀一も、フィッツモーリスと同様の立場に立って、「カメラリズムはそのイデオロギーとしては、多分に政策的意味を持ち理論体系というよりはむしろ一つの財政行政的な技術であった。17世紀のイギリスにおける政治的問題は、国家すなわち国王の収入に関する問題であった。いかにして収入ある公平な課税がなされうるかの財政問題であった。こうした問題解決の献策が1662年、ペティによってなされた。ここにかれがカメラリスト的性格を多分に含んでいる根拠がある」としている(相澤秀一「ウィリアム・ペティーの経済説」、『経済論叢』(京都大学)第40巻第3号、1935年3月、131頁)。
(11) 菅原修、前掲論文、80頁。
(12) ロールは、ペティをカメラリストと位置づけることに対して「大変な誤解にもとづくものであり、経済思想史上におけるペティの正しい位置づけによって、はっきりと拒否されなければならない」といっている (Eric Roll, *A History of Economic Thought*, London, 1938, 2nd ed., 1945, p. 102. 隅谷三喜男訳『経済学史』(上)、有斐閣、1954年、122頁)。
(13) この見解をとる者には、ヘネー、白杉庄一郎、島恭彦などがいる。白杉庄一郎によれば、ペティは、「一面において重商主義に対し相当批判的な思想を抱懐してはいたが、しかも他面なお重商主義的思想をのこしており、それを完全に脱却していないばかりではなく、かえってそれを純化徹底しているとみられるべき傾向を示してさえいる」のである(白杉庄一郎「ペッティの『租税論』」、『経済論叢』(京都大学)第56巻第6号、1943年6月、73頁)。
(14) 菅原修、前掲論文、80頁。
(15) 井手文雄『古典学派の財政論(増訂新版)』創造社、1960年、157頁。
(16) 同上書、158頁。大内兵衛も、同様の立場で、「ようするに、マーカンティリズムというのは封建時代から資本主義時代へうつる相当長期間のいろいろの国の政策であり政策思想である。それは、資本主義がそのうちから生まれてきた星雲のようなものであった。イギリスのマーカンティリズムはそういう星雲としても典型的なものであったが、その典型的なマーカンティリズムのうちで一番早く資本主義的な形を整えかけてきたのが、ペティの経済学であり財政政策であった。彼の『租税論』は、そのペティの雄大な学説の最初の提題であり、

その解答であった。それは、マーカンティリズムではないとはいえぬが、本質的に資本主義的な志向をもち、その思想的胚種を有していた」としている（大内兵衛「ウィリアム・ペティ『租税及び貢納論』の学説史的意義」〔東京大学経済学会編『古典学派の生成と展開』有斐閣、1952年、所収〕、76頁）。マルクス、エンゲルス、ロール、宮本憲一なども、ペティに対してこうした立場に立っている。
(17) 大内兵衛、前掲論文、47頁。
(18) C. H. Hull, ed., *The Economic Writings of Sir William Petty*, Vol. I, Cambridge, 1889, p. lxx.
(19) 大川政三・小林威編『財政学を築いた人々―資本主義の歩みと財政・租税思想―』ぎょうせい、1983年、「はじめに」。

参 考 文 献

1　外国語文献

Aman, F. and Aspromourgos, T., "Petty contra Hobbes: A Previously Untranslated Manuscript", *Journal of the History of Ideas*, Vol. 46, No. 1, 1985.

Ashley, M., *England on the 17th Century, 1603-1714*, Harmondsworth, 1954, 3rd ed., 1970.

Ashley, W. J., *The Economic Organization of England*, London, 1914. 徳増栄太郎訳『英国経済組織の史的考察（改訂増補）』森山書店、1939年。

Ashwoth, W. J., *Customs and Excise: Trade, Production, and Consumption in England 1640-1845*, Oxford, 2003.

Aspromourgos, T., "The Life of William Petty in relation to His Economics: a Tercentenary Interpretation", *History of Political Economy*, Vol. 20, No. 3, 1988.

——, "Political Economy and the Social Division of Labour: the Economics of Sir William Petty", *Scottish Journal of Political Economy*, Vol. 33, No. 1, 1986.

——, "New Light on the Economics of William Petty (1623-1687): Some Finding from Previously Undisclosed Manuscripts", *Contributions to Political Economy*, Vol. 19, No. 1, 2000.

——, "The Mind of the Oeconomist: An Overview of the 'Petty Papers' Archive", *History of Economics Ideas*, Vol. 9, No. 1, 2001.

——, "An Early Attempt at some Mathematical Economics: William Petty's 1687 algebra letter, together with a previously undisclosed Fragment", *Journal of the History of Economic Thought*, Vol. 21, No. 4, 1999.

——, "The Invention of the Concept of Social surplus: Petty and Hartlib Circle", *European Journal of the History of Economic Thought*, Vol. 12, No. 1, 2005.

——, *On the Origins of Classical Economics: Distribution and Value from William Petty to Adam Smith*, London and New York, 1996.

Aubrey, J., *Aubrey's Brief Lives*, ed. by O. L. Dick, London, 1950.

Bacon, F., *Novum Organum*, London, 1620, in James Spedding, Robert Leslie Ellis and Douglas Denon Heath, eds., *The Works of Francis Bacon*, Vol. I, London, 1858, rpt. Stuttgart, 1963. 桂寿一訳『ノヴム・オルガヌム』岩波書店、1978年。

——, *Advancement of Learning*, London, 1605, in James Spedding, Robert Leslie Ellis and Douglas Denon Heath, eds., *op. cit.*, Vol. III. 服部英次郎・多田英次訳『学問の進歩』岩波書店、1974年。

―――, *The Essays or Counsels, Civil and Molal*, London, 1625, in James Spedding, Robert Leslie Ellis and Douglas Denon Heath, eds., *op. cit.*, Vol. IV. 渡辺義雄訳『ベーコン随想集』岩波書店、1983 年。

Bauer, S., "Political Arithmetic" in H. Higgs, ed. *Palgrave's Dictionary of Political Economy*, Vol. I, London, new ed., 1925.

Beer, M., *Early British Economics from the XIIIth to the Middle of the XVIIIth Century*, London, 1938, rpt. New York, 1967.

Bevan, W. L., "Sir William Petty: A Study in English Economic Literature", *Publications of the American Economic Association*, Vol. 9, No. 4, 1894.

Blaug, M., "Economic Theory and Economic History in Great Britain, 1650-1776", *Past and Present*, No. 28, 1964.

Bonar, J., *Philosophy and Political Economy in some of their Historical Relations*, London, 1893, 2nd ed., 1909. 東晋太郎訳『経済哲学史』大鐙閣、1921 年。

Braddick, M. J., *The Nerves of State: Taxation and financing to the English State*, Manchester, 1996. 酒井重喜訳『イギリスにおける租税国家の成立』ミネルヴァ書房、2000 年。

―――, *Parliamentary Taxation in Seventeenth-Century England*, Woodbridge, 1994.

Brett, N. G., "James, Petty and Graunt", *The Times Literary Supplement*, No. 1598, 1932.

Brewer, A., "Petty and Cantillon", *History of Political Economy*, Vol. 24, No. 3, 1992.

Brewer, J., *The Sinews of Power: War, Money and the English State, 1688-1783*, London, Boston, Sydney and Wellington, 1989. 大久保桂子訳『財政＝軍事国家の衝撃―戦争・カネ・イギリス国家 1688-1783―』名古屋大学出版会、2003 年。

Bowley, M. E. A., *Studies in the History of Economics Theory Before 1870*, London, 1973.

Bora, P., "Sir William Petty: macchina e organism alle origini dell economia politica", *Transactions of the Fifth International Congress on the Enlightenment*, ed. by H. Mason, The Voltaore Foundation, Oxford, 1980.

Buck, P. S., *The Politics of Mercantilism*, New York, 1942.

Butterfield, H., *The Origins of Modern Science, 1300-1800*, 2nd ed., London, 1957. 渡辺正雄訳『近代科学の誕生』、講談社、1978 年。

Cerroni, U., "W. Petty fondatore della teoria del valore-lavoro", *Politica ed economia*, Vol. 4, No. 5, 1973.

Chalk, A. F., "Natural Law and the Rise of Economic Individualism in England", *Journal of Political Economy*, Vol. 59, No. 4, 1951.

Chandaman, C. D., *The English Public Revenue 1660-1688*, Oxford, 1975.
Clark, G. N., *The Wealth of England, from 1496 to 1760*, Oxford, 1946. 大淵彰三監訳、亀山潔・岩田文夫訳『イギリスの富―イギリス経済史 1496-1760―』学文社、1970 年。
――, *Science and Social Welfare in the Age of Newton*, Oxford, 1947.
Coleman, D. C. ed., *Revisions in Mercantilism*, London, 1969.
――, *Industry in Tudor and Stuart England*, Macmillan, 1975.
――, *The Economy of England, 1450-1750*, Oxford, 1977.
――, "Mercantilism revisited", *Historical Journal*, Vol. 23, No. 4, 1980.
Costello, K., "Sir William Petty and the Court of Admiralty in Restoration Ireland", in Paul Brand, Kevin Costello and W. N. Osborough, eds., *Adventures in the Law: Proceedings of the Sixteenth British Legal History Conference*, Dublin, 2005.
Court, W. H. B., *The Rise of the Midland Industories, 1600-1838*, Cambridge, 1938.
Creedy, J., "On the King-Davenant 'Law' of Demand", *Scottish Journal of Political Economy*, Vol. 33, No. 3, 1986.
Cunningham, W., *The Growth of English Industry and Commerce*, London, 1882, rpt., Cambridge, 1903. 塚谷晃弘訳『イギリス資本主義発達史』邦光書房、1963 年。
Dale. P. G., *Sir W. P. of Romsey*, Romsey, 1987.
D'avenant, C., *An Essay upon Ways and Means of Supplying the War*, London, 1695, in Sir Charles Whitworth, col. and rev., *The Political and Commercial Works of that Celebrated Writer Charles D'Avenant*, LL. D., Vol. I, London, 1771, rpt. Farnborough, 1967.
――, *An Essay on the East-India Trade*, London, 1696, in Whitworth, col. and rev., *op. cit.*, Vol. I. 田添京二・渡辺源次郎訳『東インド貿易論』東京大学出版会、1966 年。
――, *Discourses on the Public Revenues, and on the Trade of England*, London, 1698, in Whitworth col. and rev., *op. cit.*, Vol. I.
Davis, R., "English Foreign Trade, 1660-1700", in W. E. Minchinton, ed., *The Growth of English Overseas Trade in the 17th and 18th Centuries*, London, 1969.
Deane, P., "William Petty", *International Encyclopedia of the Social Sciences*, No. 12, 1968.
――, *The State and the Economic System*, Oxford, 1987. 中矢俊博・家本博一・橋本昭一訳『経済認識の歩み―国家と経済システム―』名古屋大学出版会、1995 年。

Deyon, P., *le mercantilisme*, Paris, 1969. 神戸大学・西洋経済史研究室訳『重商主義とは何か』晃洋書房、1975年。

Dempsey, B. W., "The Historical Emergence of Quantity Theory", *Quarterly Journal of Economics*, Vol. 50, No. 1, 1935.

Dickson, P. G. M., *The Financial Revolution in England: A Study in the Development of Public Credit 1688-1756*, London and New York, 1967.

Dobb, M., *Studies in the Development of Capitalism*, London, 1967. 京都大学近代史研究会訳『資本主義発展の研究』(全2巻)、岩波書店、1954-1955年。

Dowell, S., *A History of Taxation and Taxes in England*, London, 1884, rpt. New York, 1965.

Dussauze, H., and Pasquie. M., *Les oeuvres économiques de Sir William Petty*, Paris, 1905.

Endres, A. M., "The Functions of Numerical Date in the Writings of Graunt, Petty, and Davenant", *History of Political Economy*, Vol. 17, No. 2, 1985.

――, "The King-Davenant 'Law' in Classical Economics", *History of Political Economy*, Vol. 19, No. 4, 1987.

Engels, F., *Herrn Eugen Dührings Umwälzung der Wissenschaft*, Stuttgart, 1894, in *Karl Marx-Friedrich Engels Werke*, Bd. 20, Berlin, 1962. 栗田賢三訳『反デューリング論―オイゲン・デューリング氏の科学変革―』(下)、岩波書店、1974年。

Evans, G. H., Jr., "The Law of Demand: The Roles of Gregory King and Charles Davenant", *Quarterly Journal of Economics*, Vol. 81, No. 3, 1967.

Farrington, B., *Francis Bacon: Philosopher of Industrial Science*, London, 1951. 松川七郎・中村恒矩訳『フランシス・ベイコン―産業科学の哲学者―』岩波書店、1968年。

Fisher, F. J., "Commercial Trends and Policy in Sixteenth Century England", *Economic History Review*, Vol. 10, No. 2, 1940.

――, "London's Export Trade in the Early Seventeenth Century", *Economic History Review*, 2nd ser., Vol. 3, No. 1, 1950.

Fisk, H. E., *English Public Finance: From the Revolution of 1688*, New York, 1920.

Fitzmaurice, E., *The Life of Sir William Petty 1623-1687*, London, 1895.

Garegnani, P., "Value and Distribution in the Classical Economists and Marx", *Oxford Economic Papers*, Vol. 36, No. 2, 1984.

Goblet, Y. M., *La Transformation de la Géograhie Politique de l'Irlande au XVII siecle dans les Cartes et Essais Anthropogéographiques de Sir William Petty*, Vol. II, Paris, 1930.

――, *A Topographical Index of the Parishes and Townlands of Ireland in Sir*

William Petty's MSS Barony Maps (c. 1655-9) and Hiberniae Delineatio (c. 1672), Dublin, 1932.

Goodacre, H., "William Petty and the Early Colonial Roots of Development Economics" in J. K. Sundaram, ed., *The Pioneers of Development Economics*, London, 2005.

Gould, J. D., "The Trade Depression of the early 1620's", *Economic History Review*, 2nd ser., Vol. 7, No. 1, 1954.

――, "The Trade Crisis of the early 1620's and English Economic Thought", *Journal of Economic History*, Vol. 15, No. 2, 1955.

――, "The Date of England's Treasure by Forraign Trade", *Journal of Economic History*, Vol. 15, 1955.

――, *The Great Debasement, Currency and Economy in Mid-Tudor England*, New York, 1970.

Grampp, W. D., "Liberal Elements in English Mercantilism", *Quarterly Journal of Economics*, Vol. 66, No. 4, 1952.

Graunt, J., *Natural and Political Observations…, upon the Bills of Mortality*, London, 1662, in C. H. Hull, ed., *The Economic Writings of Sir William Petty*, Cambridge, 1899. 久留間鮫造訳『死亡表に関する自然的及び政治的諸観察』栗田書店、1941 年。

Greenwood, M., "Graunt and Petty", *Journal of the Royal Statistical Society*, Vol. 91, No. 1, 1928.

Gregory, T. E., "The Economics of Employment in England, 1660-1713", *Economica*, Vol. 1 & 2, No. 1, 1921.

Groenewegen, P. G., "Authorship of the Natural and Political Observation upon the Bills of Mortality", *Journal of the History of Ideas*, Vol. 28, No. 4, 1967.

Groves, H. M., *Tax Philosophers: Two Hundred Years of Thought in Great Britain and the United States*, Wisconsin, 1974. 高木勝一・山城秀市・大淵三洋訳『租税思想史―大ブリテンおよびアメリカ合衆国における 200 年間にわたる租税思想―』駿河台出版、1984 年。

Hales, J., *A Discourse of the Common Weal of this Realm of England*, London, 1581, new ed., by Elizabeth Lamond, 1893. 松村幸一・尾崎芳治・武暢夫・山田浩之・山下博訳「イングランド王国の繁栄についての一論」(出口勇蔵監修『近代ヒューマニズムの経済思想―イギリス絶対主義の一政策体系―』有斐閣、所収)、1957 年。

Haney, L. H., *History of Economic Thought: A critical account of origin anti development of the Economic Theories of the leading thinkers in the leading nations*, New York, 1920. 大野信三訳『経済思想史』(上)、而立社、1923 年。

Hargreaves, E. L., *The National Debt*, London, 1930, rpt. 1966. 一ノ瀬篤・齋藤忠雄・西野宗雄訳『イギリス国債史』新評論、1987年。

Harris, F., "Ireland as a Laboratory: The Archive of Sir William Petty", in Miachel Hunter, ed., *Archives of the Scientific Revolution: The Formation and Exchange of Ideas in Seventeenth-Century Europe*, Woodbridge, 1998.

Heckscher, E. F., *Mercantilism*, Stockholm, 1931, English trans. by M. Shapiro, London, 1935.

Heimann, E., *History of Economic Doctrines*, New York, 1945. 喜多村浩訳『経済学説史』中央公論社、1950年。

Henry, J., *The Scientific Revolution and the Origins of Modern Science*, London, 1997, 2nd ed., Hampshire, 2002. 東慎一郎訳『一七世紀科学革命』岩波書店、2005年。

Herlitz, L., "The Concept of Mercantilism", *Scandinavian Economic History Review*, Vol. 12, 1964.

Higgs, H., "Review of W. L. Bevan, Sir William Petty: A Study in English Economic Literature", *Economic Journal*, Vol. 5, 1895.

――, "Review of H. Fitzmaurice, The Life of Sir William Petty", *Economic Journal*, Vol. 1, 1895.

――, *Bibliography of Economics*, Cambridge, 1935, rpt. 1990.

Hill, C., ed., *The English Revolution 1640*, Oxford, 1940, 3rd ed., 1955. 田村秀夫訳『イギリス革命』創文社、1956年。

Hinton, R. W. K., *The Eastland Trade and the Common Weal in the Seventeenth Century*, Cambridge, 1959.

Hobbes, T., *Leviathan, or the Matter, Forme, & Power of a Common Wealth Ecclesiasticall and Civill*, London, 1651, in Sir William Molersworth, Bart, col. and ed., *The Works of Thomas Hobbes of Malmesbury*, Vol. III, London, 1839. 水田洋訳『リヴァイアサン』（一）、岩波書店、1973年。

――, *Elements of Philosophy: The first section, Concerning Body*, London, 1655, in Sir William Molersworth, Bart, col. and ed., *op. cit.*, Vol. I.

――, *De Corpore Politico, or the Elements of Law*, London, 1650, in William Molersworth, Bart, col. and ed., *op. cit.*, Vol. IV.

――, *De Cive*, London, 1642, in Sir William Molersworth, Bart, col. and ed., *op. cit.*, Vol. II. 本田裕志『市民論』京都大学学術出版会、2008年。

Hollander, J. H., "The Dawn of a Science", in *Adam Smith, 1776-1926*, New York, 1928, rpt. 1966.

Hoppit, J., "Political Arithmetic in Eighteenth-Century England", *Economic History Review*, Vol. 49, No. 3, 1996.

Houghton, W. E., Jr., "The History of Trades: Its Relation to Seventeenth-Century Thought: As Seen in Bacon, Petty, Evelyn, and Boyle", *Journal of the History of Ideas*, Vol. 2, No. 1, 1941.
Hueckel, G., "Sir William Petty on Value: a reconsideration", in W. J. Samuels, ed., *Research in the History of Economic Thought and Methodology*, Vol. 4, 1986.
Hughes, E., *Studies in Administration and Finance 1558-1825*, Manchester, 1934. rpt. 1980.
Hull, C. H., "Review of W. L. Bevan, 'Sir William Petty: A Study in English Economic Literature", *Political Science Quarterly*, Vol. 10, No. 2, 1895.
――, "Graunt or Petty?", *Political Science Quarterly*, Vol. 11, No. 1, 1896.
――, "Petty's Place in the History of Economic Theory", *Quarterly Journal of Economics*, Vol. 14, No. 3, 1900.
Hutchison, T. W., *On Revolutions and Progress in Economic Knowledge*, Cambridge, 1978.
――, *Before Adam Smith: The Emergence of Political Economy, 1662-1776*, Oxford, 1988.
Ingram, J. K., *A History of Political Economy*, Edinburgh, 1888, rpt. New York, 1965. 米山勝美訳『経済学史』早稲田大学出版部、1925年。
John, V., *Geschichte der Statistik*, Stuttgart, 1835. 足利末男訳『統計学史』有斐閣、1956年。
Johnson, E. A. J., *Predecessors of Adam Smith: The Growth of British Economic Thought*, London, 1937, rpt. New York, 1965.
――, *The Origins of Scientific Economics*, London, 1963.
Jonson, H. G., "Mercantilism: Past, Present and Future", *Manchester School*, Vol. 42, No. 1, 1974.
Jones, J. R., *Country and Court: England 1658-1714*, London, 1978.
Johnson, S., *A Dictionary of the English Language*, Vol. I, London, 1827.
Jordan, T. E., *A Copper Farthing: Sir William Petty and his Times, 1623-1687*, Sunderland, 2007.
――, ed., *Sir William Petty, 1674: Letters to John Aubrey*, New York, 2010.
Kargon, R., "William Petty's Mechanical Philosophy", *Isis*, Vol. 56, 1965.
Keir, D. L., "The Case of Ship-Money", *Law Quarterly Review*, Vol. 52, 1936.
Kennedy, W., *English Taxation 1640-1799*, London, 1913, rpt. 1964.
Keynes, G. L., *A Bibliography of Sir William Petty, F. R. S. and of Observation on the Bills of Mortality by John Graunt, F. R. S.*, Oxford, 1971.
Keynes, J. M., *The General Theory of Employment, Interest and Money*, London, 1936. 塩野谷九十九訳『雇用・利子および貨幣の一般理論』東洋経済新報社、

1970年。

Kühnis, S., *Die wert-und preistheoretischen Ideen William Pettys*, Winterthur, 1960.

Konferowicz, St., *Liczby premówity. Twórcy metod statyscznych, John Graunt i William Petty, na tle epoki*, Warszawa, 1957.

Lansdowne, Marquis of., *The Petty Papers, some unpublished Writing of Sir William Petty*, London, 1927.

——, *The Petty-Southwell Correspondence 1676-1687*, London, 1928.

——, *Glanerought and the Petty-Fitzmaurices*, London, 1937.

Larcom, T. A., ed., *The History of the Survey of Ireland, Commonly called the Down Survey, by Doctor William Petty, A. D. 1655-6*, Dublin, 1851, rpt. New York, 1967.

Letwin, W., "Sir William Petty: Portrait of a Genius by E. Strauss", *Quarterly Journal of Economics*, Vol. 14, 1900.

——, *The Origins of Scientific Economics: English Economic Thought 1660-1776*, London, 1963, rpt. Westport, 1975.

Lipson, E., *The Growth of English Society, A Short Economic History*, Glasgow, 1949, 3rd ed., London, 1954.

Magnusson, L., ed., *Mercantilist Economics*, Boston, Dordrecht and London, 1993.

——, *Mercantilism: The Shaping of an Economic Language*, London and New York, 1994. 熊谷次郎・大倉正雄訳『重商主義―近世ヨーロッパと経済的言語の形成―』知泉書館、2009年。

——, *Mercantilist Theory and Practice: The History of British Mercantilism*, Uppsala, 2008.

Malynes, Gerard de., *The Center of the Circle of Commerce*, London, 1623, rpt. New York, 1973.

——, *The Maintenance of Free Trade*, London, 1622, rpt. New York, 1979.

Marx, K., *Theorien Über den Mehrwert*, Stuttgart, 1805, in Karl *Marx-Friedrich Engles Werke*, Bd. 26, Berlin, 1971. 長谷部文雄訳『剰余価値学説史―資本論第4部―』青木書店、1958年。

——, *Zur Kritik der Politischen Ökonomie*, Berlin, 1859, in *Werke*, Bd. 13, Berlin, 1971. 杉本俊朗訳『経済学批判』大月書店、1964年。

Matsukawa, S., "Origin and Significance of Political Arithmetic", *The Annals of the Hitotsubashi Academy*, Vol. 6, No. 1, 1955.

——, "An Essay on the Historical Uniqueness of Petty's Labour Theory of Value", *Hitotsubashi Journal of Economics*, Vol. 5, No. 2, 1965.

——, "Sir William Petty: An Unpublished Manuscript", *Hitotsubashi Journal*

Economics, Vol. 17, No. 2, 1977.

McCormich, T., "Alchemy in the Political Arithmetic of Sir William Petty (1623-1687)", *Studies in History and Philosophy of Scinece*, Vol. 37, No. 2, 2006.

――, "A Proportionable Mixture: Sir William Petty, Political Arithmetic, and the Transmutation of the Irish", in Coleman Denehy, ed., *Restration Ireland: Always Settling and Never Settled*, Aldershot, 2008.

McCulloch, J. R., *Historical Sketch of the Rise and Progress of the Science of Political Economy*, Edinburgh, 1826.

――, *A Select Collection of Early English Tracts on Commerce*, London, 1856.

――, *The Literature of Political Economy*, London, 1845, rpt. Fairfield, 1991.

McNally, D., *Political Economy and the Rise of Capitalism*, Barkeley, 1988.

McNeilly, F. S., *The Anatomy of Leviathan*, London, 1968.

Mckechnie, W. S., *Magna Carta: A Commentary on the Great Charter of King John*, 2nd ed., Glasgow, 1914. 禿氏好文訳『マグナ・カルタ―イギリス封建制度の法と歴史―』ミネルヴァ書房、1934年。

McCormick, T., *William Petty: And the Ambitions of Political Arithmetic*, Oxford, 2009.

Meek, R. L., *Studies in the Labour Theory of Value*, London, 1956. 水田洋・宮本義男訳『労働価値論史研究』日本評論社、1957年。

Minchinton, W. E., ed. *The Growth of English Overseas Trade in the 17th and 18th Centuries*, London, 1969.

Misselden, E., *Free Trade, or The Means to make Trade Florish*, London, 1622, rpt. New York, 1971.

――, *The Circle of Commerce: or The Balance of Trade*, London, 1623, rpt. Clifton, 1973.

Mitchell, B. R. and Deane, P., *Abstract of British Historical Statistics*, Cambridge, 1962.

Molines, A., *An Anatomical Account of the Elephant Accidentally Burnt in Dublin on Friday, June 17. in the year 1681. Sent in a Letter to Sir William Petty, Fellow of the Royal Society*, London, 1682.

Monroe, A. E., *Monetary Theory before Adam Smith*, Cambridge, 1923.

Müller, W., *Sir William Petty als politischer Arithmetiker*, Gelnhausen, 1932.

Mullett, C. F., "Sir William Petty on the Plague", *Isis*, Vol. 28, No. 1, 1938.

Mun, T., *England's Treasure by Forraign Trade*, London, 1664, rpt. New York, 1910. 渡辺源次郎訳『外国貿易によるイングランドの財宝』東京大学出版会、1965年。

Naldi, N., "Land Scarcity and the Petty-Cantillon Sequence. A Note on Two Aspects of Brewer's Interpretation of Cantillon", *History of Economics Ideas*, Vol. 3, No. 3, 1995.

Nef, J. U., *Industry and Government in France and England, 1540-1640*, New York, 1957. 紀藤信義・隅田哲司訳『十六・七世紀の産業と政治—フランスとイギリス—』未来社、1958 年。

O'Brien, D. P., ed., *History of Tatation*, Pickering & Chatto, 1999.

O'Brien, P. K., "The Political Economy of British Taxation, 1660-1815", *Economic History Review*, 2nd ser., Vol. 41, No. 1, 1988. 玉木俊明訳「イギリス税制のポリティカル・エコノミー 1660 ～ 1815 年—イギリスとヨーロッパからの視点—」（秋田茂・玉木俊明訳『帝国主義と工業化 1415-1974』ミネルヴァ書房、所収)、2000 年。

――, "Inseparable Connections: Trade, Economy, Fiscal State, and the Expansion of Empire", 1668-1815, in P. J. Marshall, ed., *The Eighteenth Century: The Oxford History of the British Empire*, Vol. II, Oxford, 1998. 玉木俊明訳「不断の関係—貿易・経済・財政国家・大英帝国の拡大（1688-1815)」（秋田茂・玉木俊明訳『帝国主義と工業化 1415 ～ 1974—イギリスとヨーロッパからの視点—』ミネルヴァ書房、所収)、2000 年。

Ogg, D., *England in the Reign of Charles II*, Oxford, 1934.

Pasquier, M., *Sir William Petty, ses idéls économiques*, Paris, 1903.

Pepys, S., *The Shorter Pepys*, ed. by R. Latham and W. Matthews, London, 1985. 臼田昭訳『サミュエル・ピープスの日記』（第 5 巻)、国文社、1989 年。

Pérez-Ramos, A., *Francis Bacon's Idea of Science*, Oxford, 1988.

Petty, W., "An Explication of Trade and its Increase", in Marquis of Lansdowne, ed., *The Petty Papers, some unpublished Writings of Sir William Petty*, Vol. I, London, 1927.

――, *A Treatise of Taxes and Contributions*, London, 1662, in C. H. Hull, ed., *The Economic Writings of Sir William Petty*, Vol. I, Cambridge, 1899. 大内兵衛・松川七郎訳『租税貢納論』岩波書店、1952 年。

――, *Political Arithmetick*, London, 1690, in C. H. Hull, ed., *op. cit.*, Vol. I. 大内兵衛・松川七郎訳『政治算術』岩波書店、1955 年。

――, *Verbum Sapienti*, London, 1691, in C. H. Hull, ed., *op. cit.*, Vol. I. 大内兵衛・松川七郎訳『賢者には一言をもって足る』岩波書店、1952 年。

――, *Quantulumcunque concerning Money*, London, 1695, in C. H. Hull, ed., *op. cit.*, Vol. II. 松川七郎訳『貨幣小論』（森戸辰男・大内兵衛編『経済学の諸問題』法政大学出版局、所収)、1958 年。

――, *The Political Anatomy of Ireland*, London, 1691, in C. H. Hull, ed., *op. cit.*, Vol. I. 松川七郎訳『アイァランドの政治的解剖』岩波書店、1951 年。

参 考 文 献

Powell, L. F., "Petty and Graunt", *The Times Literary Supplement*, No. 1603. 1932.
Reungoat, S., *William Petty: Observateur Des Iles Britanniques*, Paris, 2004.
Roll, E., *A History of Economic Thought*, London, 1938, 2nd ed., 1954. 隅谷三喜男訳『経済学説史』(上)、有斐閣、1951年。
Roncaglia, A., "Petty, William (1623-1687)", in J. Eatwell, M. Milgate and P. Newman, eds., *The New Palgrave: A Dictionary of Economics*, Vol. III, London, 1987.
――, *Petty: the Origins of Political Economy*, 1977, trans. by M. E. Sharpe, New York, 1985. 津波古充文訳『ウィリアム・ペティの経済理論』昭和堂、1988年。
――, "William Petty and the Conceptual Framework for the Analysis of Economic Development", in K. J. Arrow, ed., *The Balance between Industry and Agriculture in Economic Development*, Vol. I, London, 1988.
Roscher, W., *Zur Geschichte der englischen Volkswirtschaftslehre im sechzehnten und siebzehnten Jahrhundert*, Leipzig, 1851. 杉本栄一訳『英国経済学史論――一六・一七両世紀に於ける――』同文館、1929年。
Sabine, B. E. V., *A Short History of Taxation*, Butterworths, 1980.
Sabine, R., *William Petty: Observteur Des Iles Britanniques*, Paris, 2004.
Schacht, H., *Der theoretische Gehalt des englischen Merkantilismus*, Berlin, 1900. 川鍋正敏訳『イギリス重商主義理論小史』未来社、1963年。
Schmoller, G., *The Mercantile System and in Historical Significance*, New York and London, 1896. 正木一夫訳『重商主義とその歴史的意義――都市的・領域的および国家的経済政策――』伊藤書店、1944年。
Schumpeter, J. A., "Die Krise des Steuerstaates", in Aufsätze zur Soziologie, Mohe, 1953. 木村元一・小谷義次訳『租税国家の危機』岩波書店、1983年。
――, *History of Economic Analysis*, London, 1954, rpt. Oxford, 1976. 東畑精一訳『経済分析の歴史』(2)、岩波書店、1956年。
Seligman, E. R. A., *The Shifting and Incidence of Taxation*, New York, 1899, 5th ed., 1927, rpt. 1969. 井手文雄訳『租税転嫁論』(第1部)、実業之日本社、1950年。
Sewall, H. R., *The Theory of Value before Adam Smith*, New York, 1901, rpt. 1971. 加藤一夫訳『価値論前史――アダム・スミス以前――』未来社、1972年。
Sharp, L. G., *Sir William Petty and Some Aspects of Seventeenth Century Natural Philosophy*, University of Oxford: D. Phil Thesis, 1977.
Sinclair, J., *The History of the Public Revenue of the British Empire*, London, 1785, 3rd ed., 1803.
Slatter, M. D., *Calendar of Literary and Personal Papers of Sir William Petty 1623-1687*, London, 1980.

Smith, A., *An Inquiry into the Nature and Causes of the Wealth of Nations*, London, 1776, ed. by Edwin Cannan, London, 1904, 2nd ed., 1920. 大内兵衛・松川七郎訳『諸国民の富』(I) (II)、岩波書店、1965 年。

Soos, P. E., *The Origin of Taxation of Source in England*, Amsterdam, 1997.

Steuart, Sir James, *An Inquiry into the Principles of Political Oeconomy*, London, 1767, ed. by Andrew S. Skinner, N. Kobayashi and H. Mizuta, London, 1988. 小林昇監訳、飯塚正朝・加藤一夫・竹本洋・渡辺邦博訳『経済の原理』名古屋大学出版会、1993、1998 年。

Stone, L., *The Causes of the English Revolution, 1529-1642*, London, 1972. 紀藤信義訳『イギリス革命の原因—1529-1642 年—』未来社、1978 年。

Strauss, E., *Sir William Petty, Portrait of a Genius*, London, 1954.

Strauss, L., *The Political Philosophy of Hobbes*, trans. by E. M. Sinclair, Oxford, 1936, rpt. Chicago, 1952. 添谷育志・谷喬夫・飯島昇蔵訳『ホッブズの政治学』みすず書房、1990 年。

Supple, B., *Commercial Crisis and Change in England 1600-1642*, Cambridge, 1969.

Tawney, R. H., and Power. E., *Tudor Economic Documents*, Vols. I-III, London, 1924.

Thirsk, J., ed., *The Agrarian History of England and Wales, IV, 1500-1640*, Cambridge, 1967.

――, *Economic Policy and Project, The Development of Consumer Society in Early Modern England*, Oxford, 1978.

Thirsk, J., and Cooper, J. P., eds., *Seventeenth-Century Economic Documents*, Oxford, 1972.

Thomas, P. J., *Mercantilism and the East India Trade*, London, 1926, rpt. 1963.

Ulmer, J. H., "The Macroeconomic Thought of Sir William Petty", *Journal of the History of Economic Thought*, Vol. 26, No. 3, 2004.

Vamos, M., "A Note on Petty, Pepys and Pascal", *French Studies*, Vol. 22, No. 4, 1968.

Vickers, D., *Studies in the Theory of Money 1690-1776*, London, 1960.

Westergaard, H., *Contributions to the History of Statistics*, New York, 1932. 森谷喜一郎訳『統計学史』栗田書店、1943 年。

Williamson, J. A., *A Short History of British Expansion*, 4th ed., London, 1953.

Wiles, R., "The Development of Mercantilist Economic Thought", in Todd Lowry, ed., *Pre-Classical Economic Thought*, Boston, 1987.

Wilson, C., *Profit and Power: A Study of England and the Dutch Wars*, London, 1957.

Wood, H., "Sir William Petty and His Kerry Estate", *Journal of the Royal Society of Antiquaries of Ireland*, No. 64, 1934.
Zagorin, P., *Francis Bacon*, Princeton, 1998.

2 日本語文献

相澤秀一「ウィリアム・ペティーの経済説」、『経済論叢』（京都大学）第40巻第3号、1935年3月。
相見志郎「トーマス・マンの経済理論―我が国最近の重商主義論争によせて（一）―」、『経済学論叢』（同志社大学）第5巻第1号、1953年12月。
――、「トーマス・マンの経済理論―我が国最近の重商主義論争によせて（二）―」、同『経済学論叢』第5巻第2号、1954年1月。
――、『イギリス重商主義経済理論序説』ミネルヴァ書房、1960年。
――、「重金主義についての一考察―とくに重商主義との関係を中心として―」、『経済学論叢』第13巻第3・4・5号、1964年3月。
浅田実『商業革命と東インド会社』法律文化社、1984年。
遊部久蔵・小林昇・杉原四郎・吉沢友吉編『講座経済学史Ⅰ　経済学の黎明』同文舘出版、1977年。
阿部賢一「戦費調達法の帰趨」、『同志社論叢』第1号、1920年3月。
――、「サー・ウィリアム・ペテーの経済財政学説」、『同志社論叢』第2号、1920年6月。
――、『租税の理念と其分配原理』早稲田大学出版部、1926年。
池田嘉男「イギリス市民革命の租税構造」、『歴史』（東北史学会）第28輯、1964年3月。
池田浩太郎「ペティとヴォーバン―マーカンティリズムの財政思想―」、『経済研究』（成城大学）第72・73合併号、1981年3月。
池田浩太郎・大川政三『近世財政思想の生成』千倉書房、1982年。
石坂昭雄「租税制度の変革」（大塚久男・高橋智雄・松田幸八郎編『西洋経済史講座』第4巻、岩波書店、所収）、1960年。
――、「オランダ連邦共和国の租税構造＝政策―仲継貿易資本と間接消費税―」、『社会経済史学』（社会経済史学会）第29巻第3号、1964年3月。
――、「イギリス名誉革命期における内国消費税（Home Excise）の意義―重商主義的租税体系の成立をめぐって―」、『土地制度史学』第4巻第1号、1961年10月。
――、『オランダ型貿易国家の経済構造』未来社、1971年。
伊藤誠一郎「政治算術の継承に関する一考察―ベイコン、ペティ、ダヴナント―」、

『三田学会雑誌』(慶應義塾大学) 第90巻第1号、1997年4月。
――、「政治算術とホッブズの時代」、『経済学史学会年報』第41号、2002年5月。
井藤半彌『新版　租税原則学説の構造と生成―租税政策原理―』千倉書房、1969年。
伊藤宏之『イギリス重商主義の政治学―ジョン・ロック研究―』蒼樹出版、1989年。
井手文雄「サー・ウィリアム・ペティの租税論」、『商学』(横浜高等商業学校) 第33号、1941年12月。
――、『古典学派の財政論 (増訂新版)』創造社、1960年。
今井登志喜『英国社会史 (増訂版)』(上)、東京大学出版会、1953年。
稲村勲「ウィリアム・ペティの経済理論 (上) ―市民革命経済理論の解明―」、『立命館経済学』(立命館大学) 第19巻第6号、1971年2月。
――、「ウィリアム・ペティの経済理論 (中) ―市民革命経済理論の形成―」、『立命館経済学』第20巻第2号、1971年6月。
――、「ウィリアム・ペティの経済理論 (下の一) ―市民革命経済理論の形成―」、『立命館経済学』第21巻第1号、1972年4月。
――、「ウィリアム・ペティの経済理論 (完) ―市民革命経済理論の形成―」、『立命館経済学』第21巻6号、1973年2月。
岩下篤廣『財政経済主要理論の歴史的研究』崇文荘書店、1975年。
岩間正光『イギリス議会改革の史的研究』御茶の水書房、1966年。
宇治田富造『重商主義植民地体制論』(第1部)(第2部)、青木書房、1964年、1972年。
内田義彦『経済学の生誕』未来社、1961年。
梅谷泰夫「ホッブズ経済思想の一考察 (一) ―自然法とイギリス重商主義研究への序説―」、『三田学会雑誌』(慶應義塾大学) 第48巻第3号、1955年3月。
浦田昌計『初期社会統計思想研究』御茶の水書房、1997年。
遠藤湘吉「ホッブズ研究序説 (承前)」、『社会科学研究』(東京大学) 第2巻第2号、1950年7月。
大内兵衛「ペッティーの生涯と業績」(高野岩三郎校閲・大内兵衛訳『政治算術』栗田書店、所収)、1941年。
――、「ウィリアム・ペティ『租税及び貢納論』の学説史的意義」(東京大学経済学会編『古典学派の生成と展開』有斐閣、所収)、1952年。
――、「松川七郎教授の『ウィリアム・ペティ』」、『日本学士院紀要』第24巻第2号、1966年6月。
大川政三「ペティ財政論の初期資本主義的性格」、『一橋論叢』(一橋大学) 第36巻第6号、1956年12月。
――、「重商主義における消費税の諸論拠―ジェームズ・ステュアートの所論を中心として―」、『文理学部紀要 (社会科学)』(茨城大学) 第9号、1959年2月。
――、「ウィリアム・ペティ―資本主義の基盤整備をめざす重商主義的財政論―」

（大川政三・小林威編『財政学を築いた人々――資本主義の歩みと財政・租税思想――』ぎょうせい、所収）、1983 年。
大倉正雄『イギリス財政思想史――重商主義期の戦争・国家・経済――』日本経済評論社、2000 年。
――、「ウィリアム・ペティの戦費調達論――『財政・軍事国家』への序曲――」、『政治・経済・法律研究』（拓殖大学）第 2 巻第 2 号、2000 年 3 月。
――、「経済学形成期の政策思想――『開拓の精神』から『国際的友愛』へ――」、『政治・経済・法律研究』（拓殖大学創立 100 周年記念特別号）第 2 号、2001 年 3 月。
――、「ウィリアム・ペティの政治算術（1）――経済科学の曙――」、『政治・経済・法律研究』第 5 巻第 2 号、2002 年 12 月。
――、「ウィリアム・ペティの政治算術（2）――経済科学の曙――」、『政治・経済・法律研究』第 6 巻第 2 号、2004 年 2 月。
――、「ウィリアム・ペティ――経済科学の曙――」（坂本達哉『経済思想③ 黎明期の経済学』日本評論社、所収）、2005 年。
大場四千男「チューダー朝に於ける租税制度――臨時税と救貧税との関係を中心に――」、『経済論集』（北海学園大学）第 22 巻第 4 号、1975 年 3 月。
大淵利男「サー・ウィリアム・ペティの公債観」、『政治経済学』（日本大学）第 2 号、1958 年 3 月。
――、『イギリス財政思想史研究序説――イギリス重商主義財政経済論の解明――』評論社、1963 年。
――、「イギリス重商主義における租税転嫁論」、『日本法学』（日本大学）第 28 巻第 6 号、1963 年 2 月。
――、『近代自然法思想と租税の理論』評論社、1968 年。
――、「近代租税原則論と課税の公平」、『政経研究』（日本大学）第 7 巻第 3 号、1971 年 2 月。
――、「イギリス重商主義における租税論についての若干の考察」、『政経研究』第 32 巻第 1 号、1995 年 7 月。
――、「イギリスにおける初期の内国消費税論について」、『政経研究』第 6 巻第 3 号、1970 年 3 月。
大野信三『経済学史（全訂）』（上）、千倉書房、1955 年。
大野真弓編『イギリス史（新版）』山川出版社、1975 年。
大矢圭一『イギリス財政思想史』ミネルヴァ書房、1968 年。
岡野鑑記「ウィリアム・ペティの財政本質論」、『商経法論叢』（神奈川大学）第 10 巻第 3 号、1959 年 8 月。
――、「ペティとスミスの財政論」、『商経法論叢』第 11 巻第 2 号、1960 年 8 月。
――、『国家租税論』中央書房、1966 年。
奥田秋夫『イギリス貿易史の研究』広島大学政経学部政治経済研究所、1966 年。

大塚久雄『近代資本主義の系譜』学生書房、1947 年。
――、『近代欧州経済史序説』（上）、日本評論社、1944 年。
――、「重商主義成立の社会的基盤―比較史的な視角からの検討―」、『経済学論集』
　（東京大学）第 20 巻第 6・7・8 号、1952 年。
大畑文七『社会的財政学』丁酉出版社、1930 年。
越智保則・小野隆弘・関源太郎編『社会経済思想の展開―経済学の思想的基盤―』
　ミネルヴァ書房、1990 年。
鍛冶直紀「Petty の経済思想における宗教的背景について」、『大阪大学経済学』
　（大阪大学）第 32 巻第 4 号、1983 年 3 月。
加藤一夫『テューダー前期の社会経済思想』未来社、1966 年。
――、「ウィリアム・ペティの『ダイヤモンド談義』について」、『静岡大学教養部
　研究報告（人文科学篇）』（静岡大学）No. 12、1976 年 3 月。
金子甫「土地と労働との関係についてのウィリアム・ペティの問題提起（上）―
　ペティからスミスへの労働概念の系譜―」、『龍谷大学経済経営論集』（龍谷大学）
　第 23 巻第 1 号、1983 年 6 月。
――、「土地と労働との関係についてのウィリアム・ペティの問題提起（中）―ペ
　ティからスミスへの労働概念の系譜―」、『龍谷大学経済経営論集』第 23 巻第 2
　号、1983 年 9 月。
――、「土地と労働との関係についてのウィリアム・ペティの問題提起（下）―ペ
　ティからスミスへの労働概念の系譜―」、『龍谷大学経済経営論集』第 23 巻第 3
　号、1983 年 12 月。
――、『経済学的自然観の歴史―土地と労働の学説史の分析―』文眞堂、1997 年。
角山栄『資本主義の成立過程』ミネルヴァ書房、1956 年。
――、『イギリス絶対主義の構造』ミネルヴァ書房、1958 年。
――、『イギリス毛織物工業史論―初期資本主義の構造―』ミネルヴァ書房、1960
　年。
川島信義『ステュアート研究―重商主義の社会・経済思想―』未来社、1972 年。
川北稔「18 世紀イギリスの経済成長―1730 年から 70 年代まで―」、『社会経済史
　学』第 33 巻第 4 号、1967 年 9 月。
――、『工業化の歴史的前提―帝国とジェントルマン―』岩波書店、1983 年。
――、「『政治算術』の世界」、『パブリック・ヒストリー』第 1 号、2004 年 2 月。
河野健二「重商主義解釈の問題―Eli F. Heckscher に関連して―」、『経済学研究』
　（経済学懇話会）第 3 集、1948 年 12 月。
――、『絶対主義の構造』日本評論社、1950 年。
喜多登「ペティの財政理論について」、『政経論叢』（明治大学）第 27 巻第 6 号、
　1959 年 3 月。
――、「ペティの分業論」、『政経論叢』第 26 巻第 5 号、1958 年 2 月。

――、「英国財政近代化への足跡」、『政経論叢』第 27 巻第 3・4 号、1958 年 10・11 月。
北野熊喜男「絶対主義と重商主義」、『国民経済雑誌』（神戸大学）第 98 巻第 5 号、1958 年 11 月。
北村正次『経済学説史新講』多磨書店、1954 年。
黒田泰行「ウィリアム・ペティの価値理論について」、『商学論叢』（明治大学）第 40 巻第 2 号、1957 年 1 月。
熊谷次郎「イギリス重商主義帝国形成期の経済思想―キャラコ論争における植民地市場の意義―」、『桃山学院大学経済経営論集』（桃山学院大学）第 49 巻第 1 号、2007 年 5 月。
郡菊之助『統計学論考』（統計学研究第一分冊）、同文館、1938 年。
久保芳和「重商主義と東印度貿易論争―重商主義解釈の一試論―」、『経済学論究』（関西学院大学）第 5 巻第 1 号、1951 年 6 月。
久保田明光『近世経済学の生成過程』理想社、1946 年。
小谷義次「ペティ経済学の方法に関する一考察」、『経済学雑誌』（大阪市立大学）第 21 巻第 1・2・3 号、1949 年 9 月。
――、「ペティに於ける自然法と経済」、『経済学雑誌』第 23 巻第 3 号、1950 年 9 月。
小松芳喬『封建英国とその崩壊過程』弘文堂、1947 年。
小林昇「重商主義の解釈に就いて」、『商学論集』（福島高商）第 13 巻第 1 号・第 2 号、1942 年 1 月。
――、『フリードリッヒ・リスト序説』伊藤書店、1943 年。
――、『重商主義の経済理論』東洋経済新報社、1952 年。
――、「力の体系―重商主義における国家と経済―」（板垣與一編『経済学新大系 第 4 巻 国家と経済』河出書房、所収）、1952 年。
――、『重商主義解体期の研究』未来社、1955 年。
――、『経済学史研究序説』未来社、1957 年。
――、『経済学の形成時代』未来社、1961 年。
――、『原始蓄積期の経済諸理論』未来社、1965 年。
――、『経済学史序章』未来社、1965 年。
――、『国富論体系の成立』未来社、1973 年。
小林通『国際分業論前史の研究―主としてイギリス重商主義諸説を中心として―』時潮社、1997 年。
坂入長太郎『財政思想史―財政と財政学説・思想の史的研究―』酒井書店、1979 年。
酒井重喜『近代イギリス財政史研究』ミネルヴァ書房、1989 年。
――、『混合王政と租税国家―近代イギリス財政史研究―』弘文堂、1997 年。
――、『チャールズ一世の船舶税』ミネルヴァ書房、2005 年。
櫻井毅『資本主義の農業的起源と経済学』社会評論社、2009 年。

佐藤進「近代的租税制度としての内国消費税（Excise）の生成」、『経済学論集』（東京大学）第22巻第1号、1954年7月。
──、『近代税制の成立過程』東京大学出版会、1965年。
──、「租税思想史にみる間接税論議の視点」、『税務弘報』第35巻第8号、1987年8月。
篠塚信義「16〜17世紀の課税をめぐって」、『イギリス史研究』No. 32、1981年10月。
島恭彦『近世租税思想史』有斐閣、1938年。
──、「ホッブスの租税論とその周囲」、『経済論叢』（京都大学）第46巻第6号、1938年6月。
白杉庄一郎『経済学史概説』ミネルヴァ書房、1956年。
──、「ペッティの『租税論』」『経済論叢』（京都大学）第56巻第6号、1943年6月。
──、「ペッティの経済理論（上）」、『経済論叢』第57巻第1号、1943年7月。
──、「ペッティの政治算術論」、『経済論叢』第57巻第4号、1943年10月。
──、「ホッブスと重商主義―ホッブスの経済思想　その二―」、『経済論叢』第18巻第3号、1944年3月。
──、「ホッブスの経済思想」、『経済論叢』第58巻第1・2号、1944年2月。
──、「ペッティの経済理論（下）」、『経済論叢』第57巻第2号、1945年8月。
──、『近世西洋経済史研究序説―重商主義政策史論―』有斐閣、1950年。
──、『絶対主義論』日本評論新社、1957年。
城戸毅『中世イギリス財政史研究』東京大学出版会、1994年。
菅原修「清教徒革命の財政的構造（1）―革命準備期としてのジェームズ一世治下の財政―」、『経済学部論集』（富山大学）第9号、1956年3月。
──、「ウィリアム・ペティの累積的国内物産税論について」、『経済学部論集』第10号、1956年6月。
鈴木勇『イギリス重商主義と経済学説』学文社、1986年。
──、「価値および剰余理論の史的研究序説（3）―17世紀の労働説、W・ペティ―」、『経済学研究』（獨協大学）第52号、1989年3月。
──、『経済学前史と価値論的要素』学文社、1991年。
鈴木武雄・武田隆夫編『経済学演習講座　財政学』青林書院、1956年。
隅田哲司『イギリス財政史研究―近代租税制度の生成―』ミネルヴァ書房、1971年。
──、「イギリスにおける EXCISE（内国消費税）の生成」、『社会経済史学』第33巻4号、1967年9月。
関口尚志「重商主義の政策論」（山中篤太郎・豊崎稔監修『経済政策講座2　経済政策の史的展開』、有斐閣、所収）、1964年。
生越利昭「ホッブスにおける人間と労働の観念―重商主義の思想的基礎―」、『星

陵台論集』（神戸商科大学）第 6 巻第 1 号、1973 年 9 月。
仙田左千夫「イギリス絶対王制期における財政制度の形成過程」、『彦根論叢』（滋賀大学）第 129・130 号（人文科学特集第 22 号合併）、1968 年 3 月。
――、「イギリス・ピューリタン革命期における財政収入制度」、『彦根論叢』第 144 号、1970 年 7 月。
――、「イギリス王政復古期における財政収入の構造」、『彦根論叢』第 153 号、1971 年 12 月。
――、『イギリス公債制度発達史論』法律文化社、1976 年。
――、『十八世紀イギリスの公債発行』啓文社、1992 年。
田添京二「『政治算術』とペティーのイングランド―従属国における国民生産力の解放について―」、『商学論集』（福島大学）第 22 巻第 6 号、1954 年 3 月。
――、「政治算術家ペティー」（大川内一男編『経済学を築いた人々―ペティーからシュンペーターまで―』青林書院新社、所収）、1963 年。
高木壽一『近世財政思想史―資本主義財政思想の史的発展とマルクス主義財政論の特徴―』北隆館、1949 年。
高木眞助「重商主義の型的考察―商業資本型経済思想の其の一 ―」、『山口経済学雑誌』（山口大学）第 1 巻第 1・2 号、1950 年 3 月。
高野岩三郎「社会科学者としてのペッティー」、『大原社会問題研究所雑誌』第 2 巻第 2 号、1942 年 12 月。
――、『社会統計学史研究（改訂増補）』栗田書店、1942 年。
高野利治「サー・ウィリアム・ペティの経済学にかんする一考察 (1) ―『租税貢納論』を中心として―」、『関東学院大学 10 周年記念論文集』、1960 年。
――、「サー・ウィリアム・ペティの経済学にかんする一考察 (2) ―『租税貢納論』を中心として―」、『経済系』（関東学院大学）第 50 輯、1961 年 9 月。
――、「サー・ウィリアム・ペティの経済学にかんする一考察 (3) ―『租税貢納論』を中心として―」、『経済系』第 51 輯、1962 年 2 月。
高橋真司「ホッブズの人間観に関する一考察」、『研究報告』（長崎造船大学）第 16 巻第 2 号、1975 年 11 月。
高橋誠一郎『経済学史研究』大鐙閣、1920 年。
――、『重商主義経済学説研究』改造社、1940 年。
――、『古版西洋経済書解題』慶應出版社、1943 年。
竹内啓『社会科学における数と量』東京大学出版会、1976 年。
竹内謙二『重商政策発達史』日本評論社、1932 年。
竹本洋「王政復古期の租税と経済―『政治算術』による臨時税の経済的効果の測定―」、『経済学雑誌』（大阪市立大学）第 85 巻第 2・3 号、1984 年 9 月。
――、「王政復古期における公債」、『大阪経大論集』（大阪経済大学）第 166 号、1985 年 7 月。

竹本洋・大森郁夫編『重商主義再考』日本経済評論社、2002年。
田中浩「トマス・ホッブズのピューリタン革命観—リヴァイアサンにおける絶対主権論の現実的意味—」、『社会科学論集』（東京教育大学）第2号、1955年3月。
――、『ホッブズ研究序説—近代国家論の生誕—』御茶の水書房、1982年。
田中敏弘『イギリス経済思想史研究—マンデヴィル・ヒューム・スミスとイギリス重商主義—』御茶の水書房、1984年。
田村秀夫「ホッブズ『リヴァイアサン』の性格」、『経商論纂』（中央大学）第43号、1952年5月。
鶴見卓三「一重商主義者の救貧論」、『千葉大学文理学部紀要（文化科学）』（千葉大学）第1巻第1号、1953年2月。
常行敏夫『市民革命前夜のイギリス社会—ピューリタニズムの社会経済史—』岩波書店、1990年。
土生芳人『イギリス資本主義の発展と租税—自由主義段階から帝国主義段階へ—』東京大学出版会、1971年。
出口勇蔵監修『近世ヒューマニズムの経済思想—イギリス絶対主義の一政策体系—』有斐閣、1957年。
遠山馨「トーマス・マンの貨幣・為替相場論」、『西南学院大学商学論集』（西南学院大学）第3巻第2号、1956年10月。
――、「1620年代初期の不況」、『西南学院大学商学論集』第8巻第2号、1962年1月。
――、「1620年代初期の経済政策（一）」、『西南学院大学商学論集』第9巻第2号、1963年2月。
――、「1620年代初期の経済政策（二）」、『西南学院大学商学論集』第9巻第3号、1963年5月。
時永淑『経済学史』（第1分冊）、法政大学出版局、1962年。
中村英勝『イギリス議会政治史論集』東京書籍、1976年。
中桐大有「フランシス・ベーコンにおける近代科学の理念」、『理想』（理想社）第288号、1957年5月。
――、「フランシス・ベーコンの自然解析」、『文化学年報』（同志社大学）第5号、1957年1月。
中谷武雄「『経済学の父』はだれか」、『経済』第241号、1984年5月。
――、『スミス経済学の国家と財政』ナカニシヤ出版、1996年。
――、「ウィリアム・ペティ小論」（島ゼミナール恭友会編『時計の塔風雪に耐う』、所収）、1998年。
中山忠行「イギリス重商主義論序説」、『富山経済』（富山経済専門学校）創刊号、1980年10月。
西村孝夫『イギリス東インド会社史論』大阪府立大学経済学部、1960年。

――、『キャリコ論争史の研究―イギリス重商主義と東インド会社―』風間書房、1967年。
西村正幸『アダム・スミスの財政論講義―自由主義と財政―』嵯峨野書院、1981年。
能勢哲也『近代租税論』中央経済社、1961年。
萩原明男「17世紀〈科学革命〉におけるフランシス・ベェコンの歴史的意義について」、『科学史研究』第49号、1959年1月。
橋本弘毅訳『重商主義論叢―関税保護政策と国内産業―』慶應書房、1938年。
――訳編『重商主義の諸学説』新興出版社、1948年。
長谷川誠一『経済思想と学説の歴史』税務経理協会、1966年。
長谷田泰三『英国財政史研究』勁草書房、1951年。
花戸龍蔵『財政原理学説』千倉書房、1951年。
花田圭介「フランシス・ベイコン研究（一）―生涯について―」、『文学部紀要』II（北海道大学）、1963年2月。
――責任編集『フランシス・ベイコン研究』御茶の水書房、1993年。
浜林正夫「サミュエル・ハートリブの生涯と著作」、『商学討究』（小樽商科大学）第11巻第3・4合併号、1961年3月。
――、『イギリス名誉革命史』（上）（下）、未来社、1981-83年。
早川鉦二「イギリス古典学派の労働者課税論の展開（上）―W. ペティとA. スミスについて―」、『外国語学部紀要』（愛知県立大学）第2号、1967年12月。
林達『イギリス革命の構造』学文社、1965年。
――、『初期資本主義の構想』学文社、1966年。
――、『重商主義と産業革命』学文社、1989年。
張漢裕『イギリス重商主義研究―国民主義的生産力保有体系の一類型 その基盤・政策及び論説―』岩波書店、1954年。
平野喜一郎『社会科学の生誕―科学とヒューマニズム―』大月書店、1981年。
副島京子「名誉革命体制の政治と経済」、『歴史学研究』（青木書店）第387号、1972年8月。
藤田哲雄「重商主義期の戦争とイギリスの財政統計―近代イギリスにおける租税・財政政策と『政治算術』―」、『経済科学研究』（広島修道大学）第9巻第2号（通巻第17号）、2006年2月。
藤本幸太郎「ペチーとグロントの生涯（上）」、『統計学雑誌』（統計学社）第617号、1937年11月。
――、「ペチーとグロントの生涯（続き）」、『統計学雑誌』第620号、1938年2月。
船山栄一『イギリスにおける経済構成の転換』未来社、1967年。
――、「イギリス毛織物工業の構成と海外市場の動向」（高橋幸八郎・古島敏雄編『近代化の経済的基礎』岩波書店、所収）、1968年。
芳賀守『イギリス革命期の社会・経済思想―教育思想を中心に―』第三出版、

1980 年。
──、『イギリス社会思想史研究』有斐閣出版サービス、1986 年。
──、「ベーコンとペティ」、『商学論集』(福島大学) 第 35 巻第 3 号、1966 年 12 月。
北條喜代治「租税利益説の生成」、『経済論叢』(京都大学) 第 96 巻第 2 号、1965 年 8 月。
保坂英一「外国貿易の展開」(大塚久雄・高橋幸八郎・松田智雄編『西洋経済史講座 II』岩波書店、所収)、1960 年。
堀江英一編『イギリス革命の研究』青木書店、1962 年。
舞出長五郎『経済学史概要』(上)、岩波書店、1937 年。
前田達郎「フランシス・ベーコン哲学研究序説」、『新潟大学教養部研究紀要』(新潟大学) 第 1 集、1969 年 3 月。
──、「F. ベーコンの帰納理論と近代科学の理論─科学思想史における帰納の問題─」、『新潟大学教養部研究紀要』第 9 集、1979 年 3 月。
──、「ルネサンスの科学と非科学─科学思想形成の一局面─」、『新潟大学教養部研究紀要』第 13 集、1982 年 12 月。
松尾太郎「『固有の重商主義』期におけるイングランドの貿易構造とアイルランド政策」、『歴史学研究』第 275 号、1963 年 4 月。
松川七郎「サー・ウィリアム・ペティの生涯」、『経済研究』(一橋大学) 第 2 巻第 1 号、1951 年 1 月。
──、「労働価値説の生成に関する一考察」、『経済研究』第 3 巻第 3 号、1952 年 7 月。
──、「ペティの国富算定論について」、『経済研究』第 3 巻第 4 号、1952 年 10 月。
──、「ペティの経済学的統計学的方法の社会的基盤─その測量論を中心とする一考察─」(有澤廣巳・宇野弘蔵・向坂逸郎編『世界経済と日本経済』岩波書店、所収)、1956 年。
──、「ペティの『貨幣小論』(1695 年)」(森戸辰男・大内兵衛編『経済学の諸問題』法政大学出版局、所収)、1958 年。
──、「A. Yarranton と W. Petty」、『経済研究』第 10 巻第 4 号、1959 年 10 月。
──、「イギリスにおける近代センサス論の 1 原型」、『経済研究』第 11 巻第 2 号、1960 年 4 月。
──、「政治算術の再評価のために」、『経済研究』第 12 巻第 1 号、1961 年 1 月。
──、「統計学史研究における 5 つの時期─政治算術・国状学の評価を中心にして─」、『経済研究』第 12 巻第 2 号、1961 年 4 月。
──、「アファナシェフ氏のペティ研究」、『経済研究』第 12 巻第 4 号、1961 年 10 月。
──、「ペティ労働価値説の歴史的特異性についての試論」、『経済研究』第 15 巻第 3 号、1964 年 7 月。

――、「王政復古後における Petty の公刊諸著作概観」、『経済研究』第 21 巻第 3 号、1970 年 7 月。

――、『ウィリアム・ペティ―その政治算術＝解剖の生成に関する一研究―（増補版）』岩波書店、1967 年。

松田寛「ペティ『租税貢納論』に関する覚書―第 5 章 14 をめぐって―」、『早稲田大学教育学部学術研究』（早稲田大学）第 15 号、1966 年 12 月。

松田弘三『科学的経済学の成立過程―価値＝剰余価値論と再生産＝恐慌論史序説―』有斐閣、1959 年。

馬渡尚憲「W・ペティの経済学（上）」、『研究年報経済学』（東北大学）第 36 巻第 4 号、1975 年 3 月。

――、「W・ペティの経済学（下）」、『研究年報経済学』第 37 巻第 1 号、1975 年 8 月。

水上健造「ペティ政治算術の一考察」、『和光経済』（和光大学）第 2 巻第 1 号、1968 年 1 月。

水田洋編『イギリス革命―思想史的研究―』御茶の水書房、1958 年。

水田洋『近代人の形成』東京大学出版会、1954 年。

見野貞夫『市民革命と古典経済学―剰余価値論の一つの年代史的断面―』有信堂、1967 年。

三辺清一郎「ウィリアム・ペティおよびベンジャミン・フランクリンの労働価値説を繞って」、『桃山学院大学経済学論集』（桃山学院大学）第 1 巻第 1 号、1959 年 11 月。

宮下幸太郎「ウィリアム・ペティ財政論の特色」、『経済論集』（北海学園大学）第 9 号、1961 年 2 月。

宮田美智也「『外国為替』論争と金融構造の変化――一七世紀初期イギリス信用制度に関する一視角―」、『金融経済』第 178 号、1979 年 10 月。

――、『近代的信用制度の成立―イギリスに関する研究―』有斐閣、1983 年。

宮本憲一「ペティ財政学の位置―財政学の生成過程に関する一研究―」、『法文学部論集法経篇Ⅰ』（金沢大学）第 1 巻、1954 年 3 月。

宮本憲一・鶴田廣巳編『所得税の理論と思想』税務経理協会、2001 年。

森七郎『古典派財政思想史』白桃書房、1964 年。

矢口孝次郎『資本主義成立期の研究』有斐閣、1952 年。

――編、『イギリス資本主義の展開』有斐閣、1957 年。

矢口孝次郎『イギリス政治経済史―初期王政と重商主義―』同文館出版部、1942 年。

――、「重商主義概念解釈史の概要」（社会経済史学会編『社会経済史学の発達』岩波書店、所収）、1944 年。

矢嶋道文『近世日本の「重商主義」思想研究』御茶の水書房、2003 年。

山内峰行「イギリスの Excise 生成期における貧民課税論の一特質について」、『神

戸学院大学紀要』(神戸学院大学)第 2 巻第 1 号、1971 年 9 月。
山﨑怜『《安価な政府》の基本構成』信山社出版、1994 年。
──、『経済学大系と国家認識─アダム・スミスの一研究─』岡山商科大学、2000 年。
山下幸夫「『高賃金の経済』論─その歴史的性格について─」(高橋幸八郎・安藤良雄・近藤晃編『市民社会の経済構造』有斐閣、所収)、1972 年。
山根祥雄「イギリス重商主義期の貧民教育思想」、『教育科学』(大阪教育大学)第 24 巻第 3 号、1975 年 3 月。
山中篤太郎・豊崎稔監修『経済政策講座 2 経済政策の史的展開』有斐閣、1964 年。
山之内光躬「包括的家政の解体と租税利益説」、『経済学論集』(桃山学院大学)第 3 巻第 2 号、1961 年 12 月。
山本義隆『一六世紀文化革命』(1・2)、みすず書房、2007 年。
吉岡昭彦編『イギリス資本主義の確立』御茶の水書房、1968 年。
吉田静一『市民革命と資本主義』未来社、1964 年。
吉田克己「ペティの公共経費理論」、『日本大学文理学部(三島)研究年報』(日本大学)第 22 輯、1974 年 1 月。
──、「ペティの租税原則について」、『日本大学文理学部(三島)研究年報』第 23 輯、1975 年 1 月。
──、「ペティにおける地租と家屋税および特権収入論」、『日本大学文理学部(三島)研究年報』第 25 輯、1976 年 2 月。
──、「ペティにおける富の概念とその増進策」、『日本大学文理学部(三島)研究年報』第 26 輯、1977 年 2 月。
──、「ペティの地代および利子に関する理論」、『日本大学文理学部(三島)研究年報』第 27 輯、1978 年 2 月。
──、「租税と国家─ペティの現実的租税論をめぐって─」、『思想』(岩波書店)第 741 号、1986 年 3 月。
──、「イギリス重商主義の公債論 (1) ─W. ペティを中心として─」、『国際関係研究』(日本大学)第 12 巻 1 号、1991 年 10 月。
──、「ペティ財政経済論の評価」、『国際関係研究』第 16 巻第 2 号、1995 年 12 月。
──、「ペティ租税論の構造と特質」、『研究年報』(日本大学)第 8 集、1996 年 2 月。
──、「ペティ財政経済論の方法的特徴」、『政経研究』(日本大学)第 33 巻第 1 号、1996 年 4 月。
吉田啓一『近代社会・経済思想史』北隆館、1949 年。
四元忠博『イギリス植民地貿易史研究』時潮社、1984 年。
和田小次郎『近代自然法学の発展』有斐閣、1951 年。
渡邊與五郎『重商主義と西洋の東漸』至誠堂出版、1986 年。
渡辺輝雄「サー・ウィリアム・ペティの経済学 (一)」、『東京経大学会誌』(東京

経済大学）第 11 号、1954 年 6 月。

──、「ウィリアム・ペティの価値理論」、『東京経大学会誌』第 25 号、1959 年 11 月。

──、『創設者の経済学─ペティ・カンティロン・ケネー研究─』未来社、1961 年。

──、「ペティーの"Superlucration"について─国富増進論─」、『貿易研究』（東京経済大学）第 9 号、1961 年 2 月。

渡辺源次郎『イギリス初期重商主義研究』未来社、1959 年。

渡邊一郎「ウィリアム・ペティの経済理論（重商主義研究第一部）」、『拓殖大学論集』（拓殖大学）第 9 巻、1938 年 11 月。

渡辺進「W. ペティーの思想（その 1）─宗教論を中心にして─」、『研究報告』（尚絅女子学院短期大学）第 28 集、1981 年 1 月。

──、「W. ペティーの思想（その 2）─W. ペティーの社会経済思想の形成─」、『研究報告』第 34 集、1987 年 12 月。

渡邊渡「ウィリアム・ペティの貨幣論」、『大倉学会誌』（大倉経済専門学校）改巻第 18 号、1948 年 11 月。

人名索引

ア 行

アームストロング（Clement Armstrong） 7
相澤秀一 234
アシュトン（T. S. Ashton） 143
アングルシア卿（Lord of Anglesea） 125
イーヴリン（J. Evelyn） 42
池田浩太郎 176
井手文雄 45
ヴァンダーリント（Jacob Vanderlint） 18, 22
ウィーラー（John Wheeler） 16
ヴィット（de Witt） 74
ウィリアムソン（J. A. Williamson） 74
ウィルソン（Charles Wilson） 58, 74
ウィルソン（Thomas Wilson） 16
ウェーバー（Max Weber） 6, 139
ウェールズ（Wales） 100
ヴォーバン（Seigneur de Vauban） 183
ウッド（William Wood） 18
エンゲルス（Friedrich Engels） 143
大内兵衛 43, 45, 119, 144, 234
大川政三 162
大塚久雄 28
大淵利男 176
オーモンド公（Duke of Ormond） 113
オールソップ（J. D. Alsop） 106
オッグ（David Ogg） 111
オレンジ公ウィリアム（William the Silent） 66
オンケン（August Oncken） 31

カ 行

カーター（W. Carter） 17
カナール（N. F. Canard） 189
カニンガム（William Cunningham） 28
ガリレオ（Galileo Galilei） 130
カルペパー（Thomas Culpeper） 16
川北稔 52
カンティロン（Richard Cantillon） 18, 22, 44
木村元一 176
キャンベル（R. Campbell） 18
ギリスピー（C. C. Gillispie） 130
ギルバート（Humphrey Gilbert） 16
キング（Charles King） 18
キング（Gregory King） 17
クザーヌス（Nicolaus Cusanus） 128
クラーク（G. N. Clark） 137
グラッドストーン（W. F. Gladstone） 173
グラント（John Graunt） 135-136, 148
クリフトン卿（Sir Gervase Clifton） 132
グルンツェル（Josef Gruntzel） 213
グレー（Alexander Gray） 28
クレーク（G. L. Craik） 43
グレシャム（Thomas Gresham） 16
グロティウス（Hugo Grotius） 69
クロムウェル（Oliver Cromwell） 9, 66, 72, 102
ケアリー（John Cary） 18, 22, 24
ケインズ（J. M. Keynes） 145, 162
ケネー（François Quesnay） 16, 152
ケネディ（William Kennedy） 87
コーク（Edward Coke） 17, 63
コーク（John Coke） 69
コーク（Roger Coke） 17
小林昇 28
ゴブレ（Y. M. Goblet） 42
ゴメス（Leonard Gomes） 227
コロンブス（Cristofoto Colombo） 2

サ 行

サウスウェル（Edward Southwell） 125, 137
サウスウェル（Robert Southwell） 42
ジー（Joshua Gee） 18
シャハト（Hjalmar Schacht） 33
シューアル（H. R. Sewall） 49
シュンペーター（J. A. Schumpeter） 44, 105
ジョンソン（Samuel Johnson） 110
シンクレア（John Sinclair） 170
ステュアート（Dugald Stuart） 143
ステュアート（James Steuart） 18, 22
ストラウス（E. Strauss） 130

263

スミス（Adam Smith）
　　　　　　　　　2, 151, 161, 186, 231
スミスフィールド（Smithfield）　　100
隅田哲司　　　　　　　　　　　　　13
セイ（J. B. Say）　　　　　　　　189
セリグマン（E. R. A. Seligman）　46
セルデン（John Selden）　　　　　70

タ　行

ダ・ガマ（Vasco da Gama）　　　　2
ダヴナント（Charles D'avenant）
　　　　　　　　　　　　18, 23, 42, 137
高野岩三郎　　　　　　　　　　　121
高橋誠一郎　　　　　　　　　　　 33
タッカー（Josiah Tucker）　　　　18
チャイルド（Josiah Child）　17, 136
ディーン（Phyllis Deane）　　　 143
デイヴィス（Ralph Davis）　　　　13
ディッグズ（Dudley Digges）　　　16
デーヨン（Pierre Deyon）　　　　 14
テーラー（W. L. Taylor）　　　　188
デカルト（René Descartes）　　　130
デッカー（Mathew Decker）　　　　18
デフォー（Daniel Defoe）　　　18, 26
テンプル（William Temple）　　　 17

ナ　行

ニューキャッスル公（Duke of Newcastle）
　　　　　　　　　　　　　　　　125
ニュートン（I. Newton）　　　　 126
ネフ（J. U. Nef）　　　　　　　　 51
ノイ（William Noy）　　　　　　　 69
ノース（Dudley North）　　　　　 17

ハ　行

バークリ（George Berkeley）　18, 22
バーボン（Nicholas Barbon）　　　17
パウエル（A. Powell）　　　　　　 42
ハクリュート（Richard Hakluyt）16, 84
バストン（Thomas Baston）　　　　18
ハチスン（Francis Hutcheson）18, 188
パチョリ（Luca Pacioli）　　　　127
バッキンガム公（George Villiers, 1st Duke of Buckingham）　　　　　 68
ハットフィールド（Gary Hatfield）131
ハムデン（John Hampden）　　　　 63
バラ（John Burougu）　　　　　　 70
ハリー（E. Hally）　　　　　　　136
ハリス（Joseph Harris）　　　　　18
ハル（Charles H. Hull）　　　 38, 41
ピアース（Paul S. Peirce）　　　　6
ヒックス（J. R. Hicks）　　　　　49
ピット（William Pitt）　　　　　173
ピム（John Pym）　　　　　　 65, 98
ヒューム（David Hume）　　　 18, 22
ファーガスン（Adam Ferguson）　 18
フィッシャー（F. J. Fisher）　　51
フィッツモーリス（Edmond Fitzmaurice）
　　　　　　　　　　　　　　　　234
フィリップス（Erasmus Philips）　18
フィンチ（Henage Finch）　　　　103
フォートリー（Samuel Fortrey）　17
フランクリン（Benjamin Franklin）18
プロトニコフ（И. С. Протников）　8
ベイコン（Francis Bacon）　　16, 128
ベイト（John Bate）　　　　　　　60
ヘイル（Matthew Hale）　　　　　136
ヘイルズ（John Hales）　　15, 20, 98
ベヴァン（W. L. Bevan）　　　　 130
ベーア（Max Beer）　　　　　 28, 49
ヘクシャー（E. F. Heckscher）　　31
ペッカム（George Peckham）　　　16
ペット（P. Pett）　　　　　　　 136
ペティ（William Petty）17, 20, 26, 93, 113, 136, 155, 165, 179, 203, 219, 227
ヘネー（L. H. Haney）　　　　　　46
ヘンリー（John Henry）　　　　　130
ボアギューベール（Pierre le Pésant, Sieur de Boisguillebert）　　　44
ボーダン（Jean Bodin）　　　 14, 44
ホートン（John Houghton）　　　136
ホーム（Henry Home）　　　　　 188
ホグベン（L. Hogben）　　　　　　42
ホッブズ（Thomas Hobbes）
　　　　　　　　　　　16, 132, 180, 205
ボルケナウ（Franz Borkenau）　 149
ポレックスフェン（John Pollexfen）18, 22

マ　行

マートン（Henry Marton）　　　　 69
マイツェル（Meitzel）　　　　　　43
マカロック（John R. McCulloch）　43

マクネリー（F. S. McNeilly） 134
マゼラン（Ferdinand Magellan） 2
松下周太郎 176
マリーンズ（Gerard de Malynes） 16, 21
マルクス（Karl Marx） 3, 38, 44
マルサス（T. R. Multhus） 163
マン（Thomas Mun） 16, 21, 25, 55, 214
マンデヴィル（Bernard Mandeville） 18, 22
マンリー（Thomas Manley） 17
ミッセルデン（Edward Misselden） 16, 21
ミラボー（V. R. Mirabeau） 183
ミルズ（Thomas Milles） 16
メルセンヌ（Marin Mersenne） 130
モンクレティアン（Antoine de Montchrétien） 14

ヤ 行

ヤコブ（L. H. von Jakob） 189
ヤラントン（Andrew Yarranton） 17
ヤング（Arthur Young） 24
ユークリッド（Eukleides） 132
ユスティ（J. H. G. von Justi） 169, 188

ラ 行

ライヘンバッハ（H. Reichenbach） 129
ラウ（K. H. Rau） 189
ランズダウン（Marquis of Landsdowne） 38
リシュリュー（Cardinal Armand Jean du Plessis de Richelieu） 75
リプスン（E. Lipson） 52
リルバーン（John Lilburne） 66
ルーヴァー（Raymond de Roover） 52
ルソー（J. J. Rousseau） 183
ルロア-ボリュー（Piérre Paul Leroy-Beaulieu） 189
レトウィン（William Letwin） 45
ロー（John Law） 18
ローリー（Walter Raleigh） 16
ロール（Eric Roll） 43, 144
ロック（John Locke） 17, 214
ロッシャー（Wilhelm Roscher） 9, 38, 43, 143-144
ロッツ（Walter Lotz） 189
ロバーツ（Lewis Roberts） 17
ロビンソン（Henry Robinson） 17

事項索引

ア　行

アイルランドの反乱　12
アフリカ会社（African Company）　91
安価な政府（cheap government）　161
イーストランド会社（Eastland Company）　91
イングランド銀行　15
ヴァージニア会社（Virginia Company）　54
ウイッグ（Whigs）　40
ウェールズ（Wales）　100
ウェストファリア条約（Peace of Westphalia）　70
ウエストミンスター条約（Treaty of Westminster）　73, 76
ウスターシャー（Worcestershire）　100
煙突税（Smoak-money）　212
王権神授説　61
王璽書公債（Privy Seal Loans）　92
王室家計　231
王室費（Civil List）　106
王室財政（royal finance）　87
王室重商主義（royal mercantilism）　6
王政復古（Restoration）　40, 66, 104, 115
王立為替取引所（Royal Exchange）　7
王領地（Crown Lands）　88, 165
オランダ西インド会社（Nederlandsche West-Indishe Compagnie）　71
オランダ東インド会社（Vereenigde Ost-Indische Compagnie）　70
オルダーマン・コケイン計画（Alderman Cockayne's Project）　52

カ　行

海外独占　91
外国為替取引　56
外国為替論争　57
解析幾何学　131
家屋税　191
科学革命（Scientific Revolution）　128
確実の原則（principle of certainty）　186
囲い込み　23, 98
数・重量・尺度　127-128, 131

課税協賛権　90
課税権　181, 184
課税対象　211
家宅検分（domiciliary）　105
価値理論　44
貨幣改鋳　169
貨幣経済　4, 127, 138
貨幣不足　20
為替条例（Statute of Exchange）　56
為替レート　21
官業収入　166
官職販売（sale of offices）　168
関税（Customs）　10, 88, 90, 97, 194
関税徴収請負制（form of the customs system）　90
関税率表（Book of Rates）　11, 90
間接税　90, 205
官房学（Kameralwissenschaft）　45
官房学者（Kameralisten）　31
官有財産収入　165
議会課税協賛の原則　87
議会協賛原則　87
議会の重商主義（parliamentary mercantilism）　6, 59
基金別財政　87
帰納法　129
給与債務証書（Debenture）　95
給与支払い猶予　94
教育費　157, 159
行政・司法費　157-158
強制公債（forced loan）　62, 94
――反対運動　62
行政の収入　168
共和国内国消費税（Commonwealth Excise）　103
均衡概念　160
近代財政学体系　179
近代的の租税制度　115
金納　187
区分的財政制度（sectional financial system）　87

266

事項索引

軍事費	157-158	コンベンション議会（the Convention Parliament）	115
経済的統制主義	5		

サ 行

経常的財産税	95	最高領主（supreme Lord）	87
経常的収入（ordinary revenue）	87	財産税	196
計量経済学	44, 145	最小徴税費の原則（principle of economy in collection）	186-187
毛織物輸出	53		
——関税	97	財政関税	30, 88, 97
——貿易	54	財政再建	227
原基工業化（プロト工業化）	53	財政論体系	118
建議要目	101	財務裁判所（Court of Exchequer）	60
現実的富（actual riches）	204	財務府裁判所（Exchequer Oppleas）	64
権利章典（Bill of Rights）	67	先取り（anticipation）	92
権利の請願（Petition of Rights）	63	査定官（assessors）	96
権利の宣言（Declaration of Rights）	67	サマセットシャー（Somersetshire）	105
航海条例（Navigation Act）	9, 58, 72	産業革命	53, 227
後期重商主義（later mercantilism）	6	産業資本家	213
公共経費	155-156	産業独占（industrial monopolies）	107
公共土木事業費	157, 160	産業保護主義（protectionism）	17
公債	92, 170	産業保護政策	6
——制度	170	三国同盟	76
公信用証書（Public Faith Bill）	94	30年戦争（Thirty Year's War）	37
高賃金経済論	26	算術的方法	144
公平な租税	207	残余議会（Rump Parliament）	66
公平の原則（principle of equality）	186	資金委員会（Committee for the Advancement of Money）	94
国王自活の原則	87		
国王大権	60	自然権	180
国内独占	91	自然法	180
国富	121	示談委員会（Committee for Compounding）	94
——の推計	140		
国民経済主義的財政	161	示談金（Composition）	95
国民国家	13	実験的数学主義	131
穀物法（Corn Law）	9-10	実験哲学（experimental philosophy）	128
国有の重商主義	28	資本主義社会	139
国家財政（public finance）	87, 231	資本の蓄積	206
国家収入体系	115	市民革命（Civil War）	6, 58
国庫証券（Exchequer Bill）	94	社会契約	181
古典学派（Classical School）	1	社会事業費	160
個別的取引差額主義	58	収益税	95
個別的貿易差額論（theory of particular balance of trade）	22	収益特権	92
		重課（double duty）	102
護民総監（Lord Protector）	66	19か条の提案（the XIX Propositions）	65
ご用金	193	宗教費	157-158
雇用差額論	22	重金主義	55
コルベール主義（Colbertisme）	4, 31		

267

重金政策	5	スペイン継承戦争	12
自由憲章（Charter of Liberties）	59	スペインの無敵艦隊（Invincible Armada）	
15分の1税（fifteenth）	88		67
収支均衡原則	161	税外収入	165
自由主義	18, 22, 171, 231	政治算術	125-126, 132, 141, 228
——国家観	173	——家（Political Arithmetician）	
——的租税原則	189		44, 137, 143
——的租税論	231	政治算術的方法	121, 230
重商主義（Mercantilism）	1, 4	生成期資本主義	138
——政策	6	生存費賃金説	24
——的貿易政策	11, 196	政府財政主義（fiscalism）	10, 12, 30
——の史的発達段階	28	世襲的内国消費税（Hereditary Excise）	
重農主義（Physiocracy, Physiocrate）			104
	1, 138	絶対主義的重商主義	6, 59
10分の1税（teenth）	89, 193	前期重商主義（early mercantilism）	6
自由貿易論	22	先駆的工業革命	138
週割税（Weekly Assessment）	95	潜在的富（potential riches）	204
商業革命（commercial revolution）	3	戦時租税論	119
商業資本	8-9	船舶税（Ship Money）	62-64, 92
商業数学（Commercial Arithmetic）	135	——裁判	83
商業独占（commercial monopolies）	107	全般の貿易差額論（theory of general	
商業覇権	14	balance of trade）	21
使用条例（Statute of Employment）	7	戦費調達	60-61
商店算術（Shop-Arithmetick）	135	総検査管制（general surveyors system）	
常備軍	89		90
商品経済	127, 138	総合関税徴収請負制（great form of the	
初期産業革命	51	customs system）	90
初期独占（early monopoly）	8, 107	総合的方法（synthetical method）	134
植民地税法（Plantation Duty Act）	9	租税	26
新課税（new duties）	90	——4原則（four maxims with regard	
新興市民階級	2	to taxes）	186
親政（personal rule）	63	——義務説（obligatory theory）	182
人頭税（Poll Tax）	93, 167, 191-192, 221	——経済	170-171, 231
推論（ratiocination）	133	——原則（Principles of taxation）	185
数学主義	127, 130	——交換説（exchange theory）	182
数学的方法	132	——国家（Steuerstaat, Tax State）	
数量的把握	137		105, 169-170, 231
数量的分析	144	——収入	171
数量的方法	139, 144	——主義	171, 173, 220
ステープル条例（Staple Act）	9	——政策	189, 207
ステープル勅令（Ordinance of the		——能力説	204
Staple）	7	——の経済的作用	209
スパニッシュ・マッチ	68	——の国民経済的原則	189
スペイン会社（Spanish Company）	91	——の根拠	179-180, 183

——の転嫁	197	独占特許（patents of monopoly）	90
——配分原則	182	——制度	91
——負担の公平	193	特別付加税（impositions）	90
——負担配分原則	204	特許会社（chartered company）	8
——利益説（benefit theory）		特許状（Letters Patent）	92
	182-183, 204	特許制度	8

タ　行

		特許貿易会社	91
第一次産業革命	138	特許料収入	9, 91
第一次対オランダ戦争（First Dutch War）		特権的収入	167
	73, 170	富籤収入	166
第一次内乱	65	取引差額主義	16
第三次対オランダ戦争（Third Dutch War）		トン税	88
	76	トン税・ポンド税供与法	11

ナ　行

第二次対オランダ戦争（Second Dutch		内国消費税（Excise）	95, 98, 100, 204, 221
War）	74, 119, 140, 172, 219	——委員会（Excise Commission）	102
第二次内乱	66	——絶対主義	173
大法令（Great Stature）	98	——中心主義	225
多人口賛美論	23	ナロウ・シーズの定め（Reglement for	
短期議会（Short-Parliament）	64	the Narrow Seas）	70
地域別納税固定方式	95	ニューキャッスル提案（Propositions of	
地租（Land Tax）	10, 165, 190	Newcastle）	65
中継貿易	53, 70, 72	入港税（dues）	88

ハ　行

中世的経済政策	7		
長期議会（Long-Parliament）	64	ハートフォードシャー（Hertfordshire）	
徴収請負制度	102		105
直接税	90, 205	罰金収入	168
直接徴収制度	104	ハムデン事件（Hampden's Case）	64
通行税（tolls）	88, 196	バルト海貿易	70
月割税（Monthly Assessment）	95-96	反内国消費税運動	100
——委員会（Commissioner for the		販売独占収入	167
Monthly Assessment）	96	東インド会社（East India Company）	
——の地方的不均衡性	96		16, 21, 70, 91
低賃金の経済（economy of law wages）論		非経常的収入（extraordinary revenue）	
	25, 208		87
転轍	214	必需品課税	214
統一国家	1	比例課税	186
動産税	89	比例税率	214
統治章典（Instrument of Government）	66	貧窮の効用（utility of poverty）	25
ドーヴァーの密約（Secret Treaty of		付加課税（imposition）	30
Dover）	76	物納	187
ドーセットシャー（Dorsetshire）	105	葡萄酒類輸出税	97
トーリー（Tories）	40	プファルツ戦役	12
独占許可料	167	プリマス（Plymouth）	100
独占大条例（Great Statute of Monopoly）	8		

ブレダ条約（Treaty of Breda）	75	戻税制度（draw back）	97
分析的方法（analytical method）	134	モンマスの乱	12

ヤ　行

ベイト事件（Bate's Case）	60		
ペストの大流行（Great Plague）	75	有期的内国消費税（Temporary Excise）	104
便宜の原則（principle of convenience）	186-187	有産国家	170
貿易委員会（Commission for Trade）	57	ユグノーの反乱	62, 68, 71
貿易革命	53	輸出関税	97
貿易競争	227	輸出奨励金（bounties）	15
貿易差額（balance of trade）	4	輸出税（export duty）	88, 195
——主義	16, 58	ユダヤ人特別税	196
——政策	5	ユトレヒト和議	12
——論	20, 22, 55	輸入関税	97
貿易促進法	58, 74	輸入税（import duty）	195
冒険商人組合（merchants adventurers company）	16	傭兵制度	89
		羊毛・皮革輸出税	97
封建的財産収入（王領地収入）	88, 90	羊毛の輸出禁止	53

ラ　行

封建的特権収入	88		
補完的租税体系	225, 229	ランカシャー（Lancashire）	100
保護関税	97	量出制入原則	161
保護主義	13	累進税率	214
補助金（subsidy）	60, 89	レヴァント会社（Levant Company）	54, 91
没収委員会（Committee for Sequestrations）	94	レヴェラーズ（Levellers）	101
ポンド・レイト方式	95	列挙品条項（enumeration clauses）	10
ポンド税	88	労働価値説	45
本来の重商主義	28	労働差額主義（balance of labour）	17

マ　行

		労働生産性	25
マグナ・カルタ（Magna Carta）	59	ロシア会社（Russian Company）	54
マドリッド条約	72	炉税（Hearth Tax）	104-105, 212
無議会政治	63	——反対運動	105
無産国家	170	ロンドンの大火災（the Great Fire of London）	75
名誉革命（Glorious Revolution）	38, 67		

ワ　行

メルセンヌ（Marin Mersenne）	130		
免税点	186	割符（Tally）	92

著 者 紹 介

吉田　克己（よしだ・かつみ）

　　1947年　愛知県に生まれる
　　1970年　日本大学経済学部卒業
　　1972年　日本大学大学院経済学研究科修士課程修了
　　現　在　日本大学国際関係学部教授

【主な著書】
『英国貿易財政論』（共著、高文堂出版社、1986年）
『財政の経済学』（共著、高文堂出版社、1987年）
『現代財政の構造と理論』（八千代出版、1999年）
『現代租税論』（共著、八千代出版、2000年）
『現代財政の理論』（八千代出版、2005年）
『現代租税論の展開』（八千代出版、2005年）
『現代の財政』（共著、税務経理協会、2006年）
『現代租税論の展開』［改訂版］（八千代出版、2012年）

イギリス重商主義とウィリアム・ペティ
―近代的租税論の先駆―

2012年8月27日　第1版1刷発行

　著　者 ― 吉　田　克　己
　発行者 ― 大　野　俊　郎
　印刷所 ― 松　本　紙　工
　製本所 ― 渡　邊　製　本（株）
　発行所 ― 八千代出版株式会社
　　　　　〒101-0061　東京都千代田区三崎町2-2-13
　　　　　TEL　03-3262-0420
　　　　　FAX　03-3237-0723
　　　　＊定価はカバーに表示してあります。
　　　　＊落丁・乱丁本はお取替えいたします。

ISBN 978-4-8429-1583-8　　　　　© 2012 Printed in Japan